村井敏邦

民衆から見た 罪と罰

民間学としての刑事法学の試み

●花伝社

民衆から見た罪と罰
——民間学としての刑事法学の試み——

◆目　次

はしがき――民間学としての刑事法学の試み

社会の一般の人々が犯罪や刑罰をどう見てきたのか。これを探るのが、この本のテーマである。制度としての、公式的な犯罪や刑罰がどうであるかではなく、人々がどう思い、どう感じてきたのかを知る。これによって、犯罪と刑罰の根底にある人々の法意識を探求したい。これが、筆者の意図である。これを、「民間学」という視点から刑事法を見るというテーマとして設定した。

武谷三男は、特権と人権という対概念を用いて物事を考えることを提唱している。「特権は私権及び身分をあらわすものであり、差別の論理である。これに対して人権は連帯の論理であり、身分や国家をはなれた、職能の立場、すなわち労働者とか、学者とか芸術家とか、いわゆる職に貴賤はないといわれる立場を意味する」(武谷編著『特権と人権』)という。

この武谷の概念を用いるならば、「知っている」のが一定階層の人間だけだった時代の「罪と罰」の法は、特権の時代の法であり、すべての人が「知っているはず」である時代の「罪と罰」の法は、人権の時代の法であるということになる。しかし、はたしてこの両者にどれほどの違いがあるのか、特権の時代には人権としての「罪と罰」論はまったく見つからないのか、また人権の時代にあっても特権としての刑事法学があるのではないか。

鶴見俊輔らは、武谷の人権としての学問を民間学という立場から説いている（鶴見俊輔他編『民間学事典』）。大学や研究所、あるいは政府機関等の公的な機関において行われている学問ではなく、民間の中で息づいている学問に焦点を当てるというのが、民間学のすすめである。

古今東西の民衆に流布され、広く読まれた説話や小説、民衆芸能のたぐいを題材として取り上げながら、特権ではない人権としての「罪と罰」論のあり方を考えてみたい、本書を書く動機はそんなところにある。そうだとすると、知られざる「罪と罰」論を探る試み、すなわち、民間学としての刑事法学を探り出す試みといってもいいだろう。方法としては、縦軸として歴史をとり、横軸として地域をとって、視点としては民衆の視点をとる。たとえば、十辺舎一九の『東海道中膝栗毛』で出てくる滑稽化された犯罪の話などから、その時代の民衆の犯罪観をさぐり、当時の支配階級であった武士階級の犯罪観と対比させ、さらには、ヨーロッパや現代の犯罪観と比較してみる。そうした中から何が出てくるかを考えてみようというわけである。

そのために、できるだけ刑事法の専門家以外の人による犯罪や刑罰の問題についての発言を拾い、また、素材としては、民間に流布している説話や小説、その他、被疑者、被告人、被害経験のある人などの事件関係者の発言、その周囲にいた人々の声の中で、犯罪や刑罰の問題がどう扱われてきたか、また、現にどう扱われているかを紹介し、検討することに意を用いた。取り上げる素材は、筆者なりの順序と系統性を意識していたのだが、読者にはたぶんに羅列的で場当たり的と感じられるかもしれない。しかし、そうではあっても、それぞれの叙述には、最初に設定したテーマを少しでも深める努力はしているつもりである。その意図が読者に十分に伝わらなかったとすれば、それはひとえに筆者の力不足のせいである。

そもそも「民間学」とは何かということ自体が明確なものではない。「民」に対して「官」があるとするならば、「官学」に対するのが「民間学」ということであろうが、何をもって「官学」というのかも、必ずしもはっきりしない。たとえば、本書では、日本では宮武外骨や森鷗外など、外国ではドストエフスキーの犯罪や刑罰の見方をかなりの紙面を使って扱っている。しかし、このような人たちの考えが民間学としての刑事法を形作ってきたかというと、そうではない。そこにあるのは、あくまでもこの人々の見方でしかない。何らかのまとまりをもった学問としての犯罪と刑罰観ではない。

「民間学」というものを「民間に流布する学」というものとして捉えると、これまた、漠然としてそんなものがあるわけがないということになりそうである。その意味では、そもそも、「民間学の視点」から刑事法を見るという試み自体が無茶なことなのかもしれない。

しかし、なお、「民間学としての刑事法」の視点にこだわりたい気持ちが筆者にはある。学としてそれ自体まとまりがあるものではないところにこそ、「民間学」の「民間学」たる特質があるともいえよう。

筆者は、いわゆる日本的風土論を好むものではない。「日本型」を強調することによって、現状を肯定したり、あるいは逆にそれを全面否定して、別の国の「型」をもってこようとする議論には、あまり賛成ではない。

しかし、他方、筆者もこの土地で生まれ、この土地で育ってきた。筆者のものの考え方、行動のパターンには、この土地の人々に共通するものがあることまで、否定することはできない。

共通するものは何で、特有のものは何かを探求したいという欲求は、誰にでもあるものだと思う。これを犯罪と刑罰を手がかりにして追究するというのが、「民間学としての刑事法」の視点であると、筆者は考えている。

本書は、「はじめの一歩」であって、筆者にとっての「民間学としての刑事法」探求の旅はこれからはじまる。

I　刑罰の変遷

第1話　知らされないはずの法度と知っているはずの法律

●「知らされる、知らされない」と「知る、知らない」の違い

「よらしむべし、知らしむべからず」という言葉がある。もともとは、孔子の論語にある言葉（「民可使由之、不可使知之」）であり、孔子がこの言葉で意味したのは、民衆を法に従わせることはできるが、立法理由をわからせることはできないという嘆きだということだ（大木雅夫『日本人の法観念』）が、これが、民衆に法を知らせないで、ただただ法を信頼させるべしという統治の方法として伝えられ、江戸時代の民衆統治の方法がまさにそうだったといわれる。これを刑事法にあてはめると、どのような行為が犯罪となり、どのような処罰が用意されているかを民衆は知らされないということになる。犯罪の法を定め、刑罰を科すのは、専ら統治者の意の中にあるから、民衆はただ統治者を信頼していればいい。これが江戸時代の統治の法であるというのだ。「奉行中の外、他見あるべからざる」という秘密法典として制定された「公事方《くじかた》御定書《おさだめがき》」が、その証拠とされる。

江戸時代といったが、実は、明治以降、第二次大戦終了まで同様であったといっていいだろう。

明治以降は、刑法も定まり、ヨーロッパから罪刑法定主義の思想も伝えられてきた。刑法理論においては、犯罪と刑罰は行為の前に法律で定められていなければならないということが、第二次世界大戦前にも認められていた。その点では、江戸時代とは違っているが、法律を定める主体は、依然として民衆ではなく、一部の統治者でしかない。「知らせない」と「知らせる」との違いだけのようである。民衆が主体的に「知る」ということではない。

「知らせない」から「知らせる」に変わっただけでは、民衆が主体的に「知る」ことを保障したことにはならない。民衆が「知る」主体として位置づけられたのは、第二次大戦後である。国民主権下ではじめて、民衆は法を「知らされる」客体から「知る」主体に変わった。

小説『長崎犯科帳』の世界

永井路子の短編に、『長崎犯科帳』という作品がある。そこに、次のような一節がある。

《もともと男が嫌いなほうではない。いや、それどころか、婚家先を不縁になったのも、表向きは躰が弱いので、ということにしてあるが、実は近所の男との密事《みそかごと》が亭主にばれてしまったからで、「恐れながらと訴えてみろ。てめえだって、そのままの面《つら》じゃあすまねえ所だ。いたずら女は鼻削ぎのお仕置きだくれえ、知らねえわけでもあるめえ」という。》

これは、現代の作家の書いたものだから、これによって当時の一般民衆が「いたずら女は鼻削ぎのお仕置き」ということを本当に知っていたという例証にならないことは、もちろんである。しかし、「知らせない」というたてまえとは別に、実際には、非公式な形で民衆は法を知っていたようである。

『長崎犯科帳』からの引用をもう少し続けてみよう。長崎屋敷の札場《ふだば》で長崎屋敷でしか通用しない銀札の贋物が発見された。長崎奉行所の探索が開始された。

《この奉行所の厳重な捜査はその途中で思いがけない副産物を産んだ。規定外の取引とか、ひどい掛値売りとか、唐品関係以外の人間の銀札買いなどが次々と暴露されたのである。もっとも日頃狡猾な連中が、正直にそれを告白したのは、わけがあった。自分が贋札作りの犯人だと思われたくなかったからだ。

贋札作りは獄門――それが当時の掟だった。これに比べればすこしの不正は罪が軽い。商人たちはこの打算から馬鹿に正直になってしまったのである。》

「贋札作りは獄門」ということが、一般には知れ渡り、その他の罪はこれよりも軽い刑罰だというのが知られていた。しかし、たてまえとしては、どの罪にどの刑罰という法度が一般に流布されていたわけではない。にもかかわらず、人の口から口へ、伝えられていった気配がある。

●知られていた「公事方御定書」

民衆に知らされていないはずの法律が、実際には知られているという仕組みについては、高橋敏が『江戸の訴訟――御宿村一件顛末』の中で記している。高橋は、富士山麓の一村御宿村（現在の裾野市御宿）で起きた無宿人殺害事件の処理の経過を詳しく分析した結果、「幕府の民衆支配はよくいわれるような『知らしむべからず、よらしむべし』では決してなかった」という結論に到達している。

そもそもの事件は、御宿村の平山源右衛門のところに客分として滞在していた惣蔵という無宿人が、対立する無宿人の一団に源右衛門宅に殴り込まれて殺されたことに端を発していた。源右衛門宅では、殺された惣蔵の死体を無人になっていた近くの寺に埋めた。ところが、当時の村人たちが守るべき基本法令である「五人組帳前書」によると、何人に対しても一夜の宿を貸すことは禁じられていた。もちろん、無宿人を泊めるなどはもってのほかであった。さらに、変死人が出た場合には、そこの居住者らは直ちに検使願いをその地を支配する領主に提出しなければならなかった。源右衛門は、無宿人を泊めただけではなく、変死体の検使願いを提出しないでひそかに埋葬してしまった。このことが公になると、当の源右衛門だけではなく、五人組や名主その他親類縁者一同にまで難が及ぶ。そこで、村では源右衛門を出奔させるなどして、事件のもみ消しを図った。

しかし、折から関東各地では武装した無宿人たちが跋扈《ばっこ》して我が物顔に暴れるという事件が起き、御宿を統括する韮《にら》山《やま》代官はこれらの無宿人の鎮圧に取りかかっていた。そのため、無宿人同士の騒動の一環として惣蔵殺しも明るみに出てしまい、村内でひそかに処理しようとした御宿村の幹部たちの思惑ははずれ、出奔して行方知れずになっている源右衛門にかわって、父親の永左衛門と名主に江戸の勘定奉行から召喚状が届いた。

召喚された訴訟関係者たちが宿泊するのが「公事宿《くじやど》」である。「公事宿」は、江戸だけではなく、大阪や京都などにもあって、訴訟関係人たちを宿泊させるだけではなく、訴訟手続などの手伝いをすることを公認され、また、同時に旅人の監視の役割を負っていた。公事宿は、幕府の「訴訟システムの末端」として位置づけられていた。

この公事宿で建前としては秘密とされている法律に接することができた。御宿村名主の一人吟右衛門は、公事宿で当時の刑事法「公事方御定書」を筆写して、「秘密録」という記録にして残した。「公事方御定書」には、無宿人に宿を貸す罪、変死人の届けをしない罪などについて記載されている。しかし、この法律は、奉行以外は見られないことになっていたはずである。それがどうして「公事宿」にあるのか、どうして吟右衛門は筆写できたのか。高橋は次のように述べている。

《幕府の厳重をきわめた御定書の配布とは裏腹に、内実のところでは多くの私写本が秘密裡に、あるいは半ば公然と流布したことも偽らざる事実である。まさに吟右衛門の秘密録、公事方御定書一〇三カ条の筆写はその有力な論拠となるものである。おそらくは評定所—三奉行—下僚—公事宿のルートで写しとられ、流布してきたものであろう。在職時のみ貸与、ともなれば、その間に他者が写すことは十分可能であり、ねずみ算的に流布しても不思議はない。》

秘密とされているものが一般に流布されるには、民衆の側のニーズが背後にあったことは明らかである。

《公事方御定書への関心は、裁かれる民衆の側にとっても大なるものがあった。先例主義もあったとはいえ、近世の裁きの基本は御定書一〇三カ条にあった。刑事訴訟に携わるものにとっては日常的に六法全書のごとく座右になくてはならなかったであろう。江戸で訴訟者を

受け入れ、訴訟の手伝いをなかば公認された公事宿にとっては、喉から手が出るほど欲しかったであろう。》

公事宿の亭主は、評定所や三奉行所に日常的に出入りするなかで、ひそかに御定書を写させてもらい、これを訴訟で江戸に呼び出されて公事宿に滞在していた名主に金をとって書き写させていた。この仕組みは、「近世社会の公・私、たてまえと本音の断絶と一体化の、えもいわれぬ関係」（高橋）を示している。

《訴訟の当事者にとって裁判は切実である。みずからの犯罪がどれくらいの刑罰に当たるのかをあらかじめ知っておきたいのは当然である。いっぽう裁く側にとっても、法が公平・迅速に行われるためには、判決の基本線となる御定書の内容を周知徹底していたほうがやりやすかったかもしれない。このような裁かれる側、裁く側の利害が一致して、曖昧模糊とはしているが公私が相補いあった、えもいわれぬ阿吽《あうん》の世界をつくったのであろう。》

たてまえと本音の違いの意味

ここに疑問がわいてくる。御定書の内容が周知徹底されるということについて、裁く側と裁かれる側とで利害の一致があったとするならば、なぜ秘密法にしたのかということである。この疑問に対するひとつの回答は次の通りである。「たてまえ上は厳重な秘密のヴェールに包み込んで、お上の下々に対する憐憫と温情の情状酌量のお涙頂戴の名裁きの余地を残したのである」。

これに対して、大木雅夫は少し違った見方をしている。大木『日本人の法観念』によると、もともと、公事方御定書を制定した八代将軍徳川吉宗は、法令の周知徹底をはかった人である。「法律を教えられていない民を処罰することほど悲しいことはない」といい、御定書などの法律が一般民衆まで知られていないために、訴訟が多くなっており、「もし法律が周知されていれば、訴える者もないはずだ」と述べ、民衆に法度を周知させるために、法度集や五人組帳などを手習いの手本にさせていたという。

大木は、「それにもかかわらず吉宗の制定した公事方御定書は、秘密法典であった。これは、言行不一致ではないか」とみずから問い、「しかしそれには相当の理由がある」とする。

《それは一種の先例集でもある。その条文は、いずれも直接適用される規範として定立されたわけではなく、擬律《ぎりつ》に関する老中の諮問に対し評定所一座が答申する際の拠りどころにしようとして、諸先例を一般化し条文化した一種の先例集なのである。最初から公布を目的とした法典でなかったことは、看過されるべきではない。》（『日本人の法観念』）

訴訟を担当する奉行などの役人の心得、準則だったから、部外秘とされたのであって、民衆に法律を知らせないという目的からではなかったというのが、大木の見方である。

これは、公事方御定書の性格から説くもので説得力がある。しかし、犯罪と刑罰についての先例集であれ、それに基づいて、あるいは少なくともそれを基準として裁きが行われていたことは否定できないのであり、それを単なる役人の心得、準則として部外秘としたことと、法令を民衆に周知徹底するということとの間には、依然として大きなギャップがある。先例主義の江戸時代にあっては、公事方御定書に書かれている基準こそ、裁かれる民衆が知りたい内容であったはずであり、それを秘密にすることには、肝心のことは民衆に知らせないで、武士の権威と温情の拠りどころとしようとした幕府の政策判断があったと考えるべきであろう。

●知らされているか、現代の法律

現代の法律は、公布という方法によって民衆に知らされる。公布の方法は、官報に登載することであると規定されている。しかし、官報をいちいちみて法律が公布されていることを確かめる人は、特別にその方面の専門家か研究者以外には考えられない。一般の人はもちろん、法学部の学生でも官報で法律が公布されていることを知るということは、ほとんどないといっていいだろう。官報による公布という方法は、人々に法律を周知徹底するのに適当とは言い難い。

形式的に官報に発表しさえすれば、法律を民衆に知らしめることになるならば、法律の公布という形式の有無にはあまり意味がない。

また、「法を支配階級の意思の表現とみる立場からすれば、たとい法を公布しているにもせよ、支配階級は、それによってむしろ赤裸々に『法による専制』を行っているにすぎないともみえるのであり、このように考えれば、公布の有無がどれだけの相違を生じうるかについては、誰しも懐疑的にならざるを得ないであろう」（大木『日本人の法観念』）という指摘もある。

刑法や刑事訴訟法など、刑事法の基本法律は必ず公布という形をとり、官報に発表されるだけではなく、市販の六法全書にも載せられている。このような法律にはだれでもアクセス可能である。しかし、そうした法律でも具体的な執行に関わる規定になると、実務上の基準にすぎないから、という理由で一般に公表されない。のみならず、研究者がアクセスするのもきわめて難しい。その点では、江戸時代とそれほどの違いがない。

とくに、刑罰の執行については、公表されない実務的基準が数多くある。たとえば、矯正関係の通達や通知などが載せられている、いわゆる「矯正六法」は、刑務官など矯正実務家以外には秘密のヴェールで隠されている（二〇〇一年に発生した名古屋刑務所内での受刑者死亡事件を契機として設けられた行刑改革会議の議論を経て、二〇〇四年末には、矯正関係訓令、通達類は公表されることになり、この点の改善が行われた）。

死刑については、秘密のヴェールはより厚い。死刑の執行が行われたのかどうかということすら、ごく最近まで公表されなかった。公表しない理由には、プライヴァシーの保護ということが加わる。

たしかに、犯罪と刑罰の法律に関しては、関係者のプライヴァシーに配慮を必要とすることが多い。無責任な好奇の眼に関係者をさらすというのは、極力避けるべきであろう。しかし、執行の数や時期について公表することが、関係者のプライヴァシーを侵害するとは思われない。それにもまして考えなければならないのは、プライヴァシー侵害の可能性を含めて公表するしないの基準が、もっぱら関係実務当局だけの判断で決められていることである。やはり、江戸時代の公事方御定書の秘密法化と違いがないように思われる。

第2話　「おそろしや」鈴ヶ森——死刑の残虐性

●鈴ヶ森刑場

《おそろしや罪ある人のくびだまに
　つけたる名なれ鈴がもりとは》

江戸時代、旅の起点は、日本橋と決まっていた。現在の日本橋と違って安藤広重の浮世絵に描かれたような太鼓橋である。「お江戸日本橋七つ立ち」と唄にも歌われている。十返舎一九の『東海道中膝栗毛』の主人公弥次郎兵衛《やじろべえ》とその居候《いそうろう》の喜多八《きたはち》（「北八」とも表記される）も、日本橋を起点にして、「神風や伊勢参宮より、足引《あしびき》のやまとめぐりして、花の都に梅の浪花へと、心ざして出行」く。途中掛け合い的に狂歌のやり取りするうちに、はやくも品川から鮫洲を過ぎ、鈴ヶ森にさしかかる。ここで、弥次郎兵衛が詠んだのが冒頭の狂歌である。

うたの意味は、鈴ヶ森が獄門になった罪人の首を晒《さら》す場であることから、「おそろしいことだ、罪人の首に鈴をつけてお守りにしたから、鈴がもり（守り）という名になったのだろうか」というものである。「森」と「守り」をかけている。

もちろん、これは作者の十返舎一九の創作であって、鈴ヶ森の名のいわれは違う。かつてこの地にあった八幡宮に鈴の音のする石が霊石として伝えられていた。『江戸名所図会』は、この神社の伝記に「この霊石によりて、この地の名を鈴石の森といふ。後中略して、すずのもりといふ」とあるのを紹介している。

『東海道中膝栗毛』の初編が出版されたのは、一八〇二（享和二）年である。大阪めぐりを完了し、さらにそもそもの旅に出た理由が語られる発端部分が書かれたのが一八一〇（文化七）年で、初編から八年の歳月が費やされて東海道の旅が終わっている。しかし、弥次喜多の旅がこれで終わったわけではない。東海道の旅が大評判だったので、一九はこのあと、金毘羅参詣・宮島参詣・木曾街道などの『続膝栗毛』を執筆し、一八二二（文政五）年にこれを終了した。『膝栗毛』は、実に二〇年間の歳月を費やした大長編ものとして完成した。

鈴ヶ森が処刑の場所になったのは、一六五一（慶安四）年からであるから、『東海道中膝栗毛』初版発行の年には、もちろん刑場として人々に知られており、恐れられていた。

ここで最初に処刑されたのは、家光の落しだねと称して現われた由比正雪の一党が、謀反を起こしたとされた慶安の変の首謀者の一人、丸橋忠弥であるといわれている。

現在は、大経寺前の第一京浜国道一五号線と旧東海道とがぶつかる三角地帯に「鈴ヶ森刑場跡」がある。磔台と火あぶり台、首洗い井戸などが残っている。弥次喜多たちは何もいわずに通り過ぎたようだが、鮫洲の先の立会川（現在、京浜急行の同名の駅があるところ）にかかる浜川橋がある。これは、罪人が刑場に引かれていく最後の場所で、家族とはここで別れる。涙を流しながらの別れであったので、別名「涙橋」とも呼ばれていた。かつては、この橋を渡ると、死が待っていた。

歌舞伎「鈴が森の場」

《長兵衛　お若えの、お待ちなせェやし。
（ト声をかける。権八《ごんぱち》、びっくりして上手へ行きかけ、思入あって）
権　八　待てとおとどめなされしは、拙者が事でござるかな。
長兵衛　左様さ。》

写真1　現在の鈴ヶ森刑場跡の石塔。「南無妙法蓮華経」の文字（撮影＝富永齊）

十返舎一九が弥次喜多の道中を完成させた一八二二年の翌年、一八二三（文政六）年三月六日、鶴屋南北の「浮世柄比翼稲妻《うきよづかひよくのいなずま》」が、市村座で初演されている。「鈴が森の場」は、この芝居の一幕であるが、実際には、この幕だけが独立に上演されることが多い。右に引用したのは、その中でも最も有名な町奴《まちやっこ》幡随院《ばんずいいん》長兵衛《ちょうべい》と敵持ちの身の白井権八が鈴ヶ森で出会ったときのせりふである。

幡随院長兵衛と白井権八のやり取りは、「南無妙法蓮華経」と大書された石塔の前で行われる。この石塔は現在でも立っている。刑死した人間を供養するために、一六九三（元禄六）年に立てられたとされている（写真1）。

白井権八のモデルになったのは、平井権八という人物で、この男は、実説では、この石塔が建立される一〇年以上前の一六七九年、ここで磔の刑になっている。また、幡随院長兵衛が旗本奴の水野十郎左衛門に風呂場で殺害されるのは、さらにそれをさかのぼること二二年、一六五七（明暦三）年のことである。（幡随院長兵衛が水野十郎左衛門に殺害される場面は、河竹黙阿弥「極《きわめ》附《つけ》幡随《ばんずい》長兵衛《ちょうべい》」［湯殿の長兵衛］で有名）

したがって、長兵衛と権八が供養塔の前で出会うというのは、ありえない。この話は、南北のまったくの創作である。

平井権八の罪と罰

鶴屋南北の作品名に、「浮世柄比翼」とあるのは、権八・小紫の男女の恋物語が主題でもあるからである。現に、目黒には比翼塚というのがあり、これは、権八が処刑されたことを知った小紫（実は濃紫）が後を追ってその墓の前で自殺したことから、二人を供養するために作られたとされている。心中の最初だともいわれるが、この真偽も実をいうと怪しい。

芝居では、権八は、主家を乗っ取ろうとしていた伯父を殺害して出奔し、敵として追われる身になったことになっている。しかも、好き合う仲となった小紫が、実は自分が殺害した伯父の娘ということも後にわかる。自分のしてきた罪業の深さに、最後は、権八自ら敵として討たれるという結末。

しかし、実際の平井権八の罪は、大宮の街道で小刀売りを殺して金を奪ったというもの、強盗殺人だが、芝居のように主家を救うためというようなたいそうな動機ではない。もっぱら遊ぶ金ほしさの犯行であったようだ。これでは、単なる小悪党で権八・小紫の悲恋物語の主人公にはならない。そこで、芝居では、客が満足するように権八は罪からして格好のいいものに脚色してある。

平井権八の主要な罪は追いはぎ、強盗殺人罪である。しかし、それだけで磔になったわけではない。磔や火刑、獄門などの死刑の場合には、処刑の場所に捨札というものを立てておく。これには、処刑された者の罪状が書かれている。権八の捨札が残っている。

《此のもの儀、武州大宮原において小刀売りを切り殺し、金銀を奪取し、其の上之を追い剥ぎし、本人並び宿次の証文をたばかり取り、あまつさえ手鎖を外し、欠落《かけおち》致し候段、重々不届に付き、品川においてこれに磔を申し付ける。》（三田村鳶魚《えんぎょ》『江戸の白波』）

権八の処刑は「公事方御定書」の制定前である。したがって、「御定書」の例によることはできないが、強盗殺人だけで死刑は間違いない。そのほかに、証文を取り、さらに、いったん逮捕されたのに、手錠を外して逃走したという罪が加わって、磔刑ということになっている。

●江戸時代と現在の死刑の比較

江戸時代は、死刑執行の場所について原則、犯罪地主義がとられていた。江戸が犯罪地の場合には、執行場所は鈴ヶ森と小塚原（「骨か原」と書かれることもある）の二箇所が原則であった。

写真２　伝馬町刑場跡（東京、日本橋小伝馬町）

日本橋を境にして北は小塚原、南は鈴ヶ森とされていた。しかし、後には、各牢内で執行されるようになり、江戸の場合、たとえば、伝馬町の牢の刑場（現在の日本橋小伝馬町の安楽寺とその向かいの十思公園が刑場跡である——写真２）が有名である。

現在は、死刑の執行は監獄内の刑場で行うとされている。死刑執行の設備をもっているのは、北から、札幌刑務所、宮城刑務所、東京拘置所、名古屋拘置所、大阪拘置所、広島拘置所、福岡拘置所の七つの施設である。どこで執行されるかは、それまでどこに収容されていたかによって決まる。何らかの原則があるのかどうかについては、一般には秘密にされている。

死刑言い渡しと執行の方法

現在は、死刑の言い渡しは公判廷において判決の宣告という形で行う。死刑に限らず、判決に対しては上訴という方法で不服申立てができる。通常の上訴手段がなくなれば、判決は確定するが、これで直ちに死刑が執行されるわけではない。死刑の執行については、法務大臣の命令がなければならない（刑訴法四七五条一項）。法務大臣が執行命令書に承諾の印を押さなければ、死刑執行はされない。それだけ、法務大臣の責任は大きい。

法務大臣による死刑執行の命令は、判決確定の日から六ヶ月以内にしなければならないということになっている（同条二項）。しかし、再審請求などが出された場合には、その手続きが終了するまでの間は右の期間に含まれない。執行までの六ヶ月の期間に含まれないというだけであって、再審請求があれば、執行が停止されるというのではない。死刑の執行に対する慎重さという点からは、少なくとも、再審請求があれば、執行ができないことにすべきである。法務大臣が執行を命じたときには、五日以内に執行をしなければならない（四七六条）。

現在の死刑執行の方法は、監獄内での絞首と定められている（刑法一一条一項）。これに立ち会うのは、検察官、検察事務官、監獄の長またはその代理人が必要的となっている（刑訴法四七七条一項）。刑訴法四七七条二項には、「検察官又は監獄の長の許可を受けた者でなければ、刑場に入ることはできない」とある。逆にいえば、検察官または監獄の長が許可すれば、一項に記載されている者以外にも立会いが認められるということである。しかし、一般の人の立会いが認められたという例はない。

執行の具体的な状況については、秘密のヴェールに包まれている。

江戸時代における死刑の執行は、言い渡しの直後に行われた。不服申立ての方法はない。言い渡しの場所は、牢内の閻魔《えんま》堂の前で、奉行所の役人（検使）によって言い渡される。言い渡し後、付加刑として引廻しや晒しがあれば、そこから町内を引廻し、あるいは一定の場所に晒す。獄門は、処刑後に首を晒す付加刑である。

河竹黙阿弥「四千両小判梅葉《しせんりょうこばんのうめは》」には、当時の死刑言い渡しの模様が描かれている。

≪伝右（検使黒川伝右衛門）奥御金蔵へ忍び入り、盗みいたせし野州犬塚村無宿入墨富蔵、上槇町徳兵衛地借藤十郎、右両人内藤紀伊守殿御指図により、今日お仕置に行わるゝ、科《とが》の次第を申し聞けん。

（以下、富蔵、藤十郎両人に対する人定質問、省略）

伝右　科の次第を申し渡す、承れ。

富蔵、藤十　はッ。

（ト辞儀をする。その後伝右衛門は証文を開いて両人の罪状を申し聞かせる。省略）

伝右　……公儀を恐れざる仕方、両人共重々不届至極につき、引廻しの上浅草に於て磔申し附候。》

この作品は、一八五五（安政二）年に起きた江戸城本丸の御金蔵破りに基づいている。浪人藤岡藤十郎と野州無宿富蔵が共謀の上、本丸御金蔵に侵入して小判四千両を奪ったという罪で、犯行の翌々年二月二六日に逮捕され、五月一三日に千住で磔刑に処せられたという事件である。この作品の初演は、一八八五（明治一八）年一一月千歳座である。もともとは、興行士で代言人の資格を持つ田村成義が、千歳座興行の歌舞伎の種を探して町奉行の記録をあさっているうちに、この事件に目をとめ、黙阿弥に相談して劇化したというものである。ほぼ記録に基づいているので、言い渡しの場面は、こうしたところだと信じてよいだろう。

磔や火あぶりの刑は、一般に公開されていた。もちろん、このような死刑執行に対して、庶民が異議を唱えるということはできなかったが、残虐な刑の執行を目の当たりに見ることによって、執行される者たちに対する憎しみよりも、むしろ、憐れみを生じさせたであろうことは、平井権八や富蔵などが一種英雄視されて、歌舞伎など大衆芸能の主人公とされていたことでも、推察される。

●江戸期の死刑論争

荻生徂徠の危機感

保元物語や平家物語の江戸期の写本に、平安時代に八一〇（弘仁元）年から一一五六（保元元）年まで死刑が執行されなかったのに、保元の乱の時、死刑が復活されたのを批判して、「死罪をおこなえば海内《かいだい》に謀叛のもの絶えず」という記述が見られる。このような死刑に対する批判的な論調に対して、江戸の学者荻生徂徠《おぎゅうそらい》（一六六六—一七二八）はその著『政談』の中で、奉公人が奉公先から逃げ出す「欠け落ち」に対して、死刑の一種である斬刑を言い渡すべきであるとした後、次のように述べている。「中ごろより、人を殺すを不仁なるなどというようなる理屈はやりて、それに武家にあるまじき利勘のせんぎを第一にするより、給金を取戻すにて欠け落ちの罪消え行き、法の乱れたる故、近年欠け落ちする事を奉公人の常とする風俗かくの如く執り行わずんばかつてすむべからざる也。」

この議論は、欠け落ちには律を基にすると、斬刑は言い渡せないが、武家の法の場合には、律と違う刑を言い渡していいのだ、という徂徠の見解との関係で行われている。あくまでも、武家の秩序と権威を維持するために本来ならば死刑にあたらない行為に対してであっても、死刑を言い渡すべきであるというのが、徂徠の議論である。

徂徠の議論に対して、死刑に批判的な論述が、当時においても一般にはむしろ盛んであったのだろう。そこに徂徠は危機感を抱いていたのだろう。それが、右の論述の基礎にあるようだ。とくに、保元物語や平家物語は庶民に読まれる。そこに展開されている死刑批判論が庶民の間に一般化することに、いっそうの危機感を募らせたのではなかろうか。

しかし、徂徠の議論は支配階級としての武家のものであるのに対して、保元物語や平家物語の死刑批判論は、庶民にとってのものといえるだろう。

本居宣長の慎重論

荻生徂徠から少し時代を下った本居宣長《もとおりのりなが》（一七三〇―一八〇一）「玉くしげ別本」は、徂徠とは違って、死刑の執行は慎重であるべきだと説いている。

《刑は随分広く軽いのがよい。但し生かしておいてはたえず世の中に害を加えるであろう者などは殺すのもよいだろう。さて一人でも人を殺すということは、はなはだ重大な事で、大抵の事であれば死刑にはしないと決まったことは、誠にありがたいことである。そうであるのに、最近は決して殺してはいけない者をも、事件の吟味にむずかしい点などがあれば、毒薬などを用いて、病死として其吟味をすます事なども、世にはあると聞いている。決してあってはならないことである。刑法のきまりはよくても、その法律を守るということで、かえって軽々しく人を殺すことがある。よくよく慎重であるべきだ。たとえ、少々法律にはずれることがあったとしても、ともかく事情をよく調べて軽くするほうは問題がないであろう。外国では、怒りにまかせてみだりに死刑を行い、貴族であっても容赦なく厳罰に処するというのに対して、わが国では、身分の重い人はそれを考慮して刑をも軽くすることは、これもまた、ありがたいことである。》（現代語訳）

穂積陳重『法窓夜話』（八四話）では、宣長は、「除害主義の死刑論を説き、徴証主義の断訟論〔証拠主義の刑事訴訟論――引用者〕を唱えられた様である」としている。穂積が「除害主義」と表現しているのは、「生かしておけば世の中に害をなすべき者だけを死刑にするのはよい」という考え方を示している。今日的に言えばこの程度では死刑慎重論とはいえないが、当時としては死刑の執行に慎重を期すべきだと主張した論として注目されるものである。ただし、貴人に対する刑は軽くすべきだとの議論は、帝王学的であり、庶民のものとは言い難い。

庶民の異議

庶民の死刑に対する感情は、狂歌や川柳という形で表れている。冒頭の弥次さんの狂歌も、獄門という気味の悪い刑を茶化すことによって、こうした残虐な刑に対する庶民の異議の一端を示していると見ることができる。

弥次さんの狂歌もそうであるが、より直接的には、「どうしてくりょう三分二朱」という川柳が当時の庶民の気持ちを端的に伝えている。これは、一〇両盗めば首が飛ぶ、すなわち死刑になるという武家の定めた法に対して、被害を九両三分二朱と届けることによって、死刑を免れさせていた、という当時一般に行われていた被害届の実態を示している。死刑が廃止される以前のイギリスには、陪審員たちが、事実を変えて死刑に当らない罪を認定した歴史があるが、日本にも同様のことがあったということだ。

海外で処刑されたある日本人

アメリカにおける電気椅子による処刑の第一号は、一八九〇年ニューヨーク州立オーバーン刑務所でのウィリアム・ケムラーに対するものである。第二号は、その翌年、同じくニューヨークのシンシン刑務所での執行である。この時、電気椅子で処刑された者の中に、一人の日本人がいた。名前は'Sibuya Jujiro'と記されている。「シブヤ・ジュージロ」、漢字で書けば「渋谷　重次郎」か。記録によると、船乗りであったらしい。なぜ彼がアメリカに渡ったのかはわからないが、おそらくは漂流民であろう。罪名は強盗殺人である。四人の共犯の一人として、一八九一年に死刑の執行を受けたという記事が『警察新聞』("Police Gazette")に出ている。海外で死刑になった日本人の第一号である。一般犯罪で電気椅子にかかって処刑された日本人は、この他にもう一人いることが確認できた。

第3話　「ミ、ヲキリ」――脅しとしての身体刑

●長崎犯科帳と刑罰

第一話に挙げた永井路子の『長崎犯科帳』にある物語は、実際にあった事件をもとにしたもののようである。江戸時代、刑事判決の記録は「犯科帳」という形で残されていたが、そのほとんどは現在では失われている。その中で、長崎奉行の扱った事件記録帳は、一六六六（寛文六）年から一八六七（慶応七）年までの二〇〇年間のものが完全な形で長崎県立図書館に保存されている。弁護士の森永種夫は、この貴重な刑事判決記録を仔細に研究して、その結果を『犯科帳――長崎奉行の記録』（岩波新書）にまとめている。

そこには、小説に出てくる二つの話のモデルと思われる事件が紹介されている。まず、にせ銀札作り事件であるが、これは、一七四九（寛延二）年にあった次のような事件がモデルのようである。

仏像彫りの宇右衛門は、長兵衛という男にそそのかされて、茶売りの庄次郎の家を仕事場に提

供されて、にせ銀札の板木を彫り、にせ銀札を作った。家主の庄次郎らがこれを使った。そのうちの七兵衛、卯之助、千吉の三人は恐ろしくなって自訴したので、事件が明るみに出た。

判決では、にせ銀札を作った宇右衛門が獄門で一番重く、自訴した三人は比較的軽い刑となっている。主犯格の長兵衛は行方をくらましている。長兵衛に利用されただけの宇右衛門であるが、にせ銀札作りは「獄門」という極刑を免れなかった。

みつをめぐる事件と判決

もう一つの浮気女の件については、一六七二（寛文一二）年の事件に次のようなものがある。

《本鍛冶町の長右衛門は、町内のみつが一三歳のころから人も知る仲となっていた。浮気ものの みつは、その長右衛門の目を盗んで、ときどき江戸町の三郎兵衛とあっていた。それと知ってなかまの平右衛門と八左衛門とが長右衛門にみつのふしだらを教えてやった。長右衛門は三郎兵衛に会っていろいろ話しあった末、今後あんな不貞な奴からは二人ともお互いに手を引こうと約束した。ところが、その間にみつが今度は八左衛門と親しくなっていることがわかった。長右衛門は怒って、聞きたいことがあるから出てこいと、八左衛門に呼び出しをかけた。平右衛門はそれと聞いて、「お前が行っては危ない、代りにおれが行ってやる」と、長右衛門のところへやって来た。話をしているうちに激しい口論となり、長右衛門は平右衛門に傷を負わせた。》（『犯科帳――長崎奉行の記録』）

この事件で、判決は、長右衛門と平右衛門が刎首《ふんしゅ》獄門、八左衛門が牢舎において陰茎切り、みつが牢舎において鼻削ぎ、三郎兵衛が入牢のみとなったという。みつに対する鼻削ぎの刑は、浮気娘だからというだけではなく、そのことが原因で二人の男が刃傷沙汰を起こしたというためであろう。

長崎奉行の下す刑罰

長崎奉行は、刑事民事に関する裁判権のみならず、外交関係を処理する権限を付与され、人々に「九州鎮台」と呼ばれるほどに重要な職であった。この時代、各藩はそれぞれに藩の法律をもっており、独立の裁判権を保持していたが、幕府直轄地長崎の奉行は、江戸町奉行、勘定奉行、寺社奉行とともに、幕府の法令にしたがって裁判を行っていた。

みつに対して行われた鼻削ぎのような身体刑は、戦国時代に行われて、それが江戸期まで続いたようである。鼻削ぎは、鼻の先の肉を削ぎ取る。このほか、耳切り、指切りなどが行われた。髪を剃る（剃髪刑）などという刑罰もあった。

幕府は、一七〇九（宝永六）年一二月二六日、諸奉行、諸国に対して、「科人の仕置に耳・鼻を削ぎ又は指等を切り候様なること向後《こうご》無用に仕る可き旨」という命令を発し、これを禁止したが、その後も諸国で行われた。幕府自身、一七一八（享保二）年には、抜け荷に耳鼻削ぎの刑を復活している。しかし、一七二〇（享保）年、吉宗は、耳削ぎ・鼻削ぎの刑に代わって「敲《たたき》」を設け、耳・鼻削ぎの刑を正式に廃止した（『古事類苑法律部二』）。

「公事方御定書」（一七四二）では、身体刑としては、入墨と敲だけとなったが、藩法によっては、水戸藩のように幕末まで耳鼻削ぎの刑を残していたものもある。

幕府の法令にしたがう長崎奉行の下す刑罰からは、一七二〇年以降には耳鼻削ぎの刑は正式に除かれたわけであるが、みつの事件はそれより以前であるので、このような刑罰が用いられていた。

●片仮名書言上書「ミヽヲキリ」

鼻削ぎ、耳切りは、中世には、地頭が農民を自分の命令に従わせるための恫喝の手段としても用いられたことが、紀伊国阿弓河《あてがわ》村上村の農民たちから荘園領主に提出された片仮名書きの訴状（言上状または申状）によってわかる。この文章は、高校の日本史の教科書にも載せられているので、なじみのある人が多いだろう。

一二七五（建治元）年一〇月二八日、上村地頭の暴政に堪りかねた上村の農民たちは、地頭の非法を一〇三箇条にしたためて、荘園領主に提出した。その第四条で、彼らは地頭による耳・鼻削ぎの脅しを次のように訴えている。

《阿テ河ノ上村百姓ラツヽシミテ言上

……ヲンサイモクノコト、アルイワチトウノキヤウシヤウ、アルイワチカフトマウシ、カクノコトクノ人フヲ、チトウノカタエセメツカワレ候ヘハ、ヲマヒマ候ワス候。ソノヽコリ、ワツカニモレノコリテ候人フヲ、サイモクノヤマイタシエ、イテタテ候エハ、テウマウノアトノムキマケト候テ、ヲイモトシ候イヌ。ヲレラカコノムキマカヌモノトナラハ、メコトモヲヽイコメ、ミヽヲキリ、ハナヲソキ、カミヲキリテ、アマニナシテ、ナワホタシヲウチテ、サエナマント候ウテ、セメセンカウセラレ候アイタ、ヲンサイモクイヨイヨヲソナワリ候イヌ。ソノウエ百姓ノサイケイチウ、チトウトノエコワチトリ候イヌ

（御材木の事、あるいは地頭の京上、あるいは近夫と申し、かくのごとくの人夫を、地頭のほうへ責め仕われ候へば、ヲマ暇候わず候、その残り、わずかに漏れ残りて候人夫を、材木の山出しへ出で立て候えば、逃亡の跡の麦蒔けと候て、追い戻し候いぬ、お前らがこの麦蒔かぬものならば、妻子《メコ》どもを追い籠め、耳を切り、鼻を削ぎ、髪を切りて尼になして、縄絆をうちて苛まんと候て、責めせんごうせられ候間、御材木いよいよ遅なわり候いぬ、その上、百姓の在家一宇、地頭殿へ壊し取り候いぬ）》

脅しとしての身体刑

この部分の解釈については、いろいろの見解があるようだが、ここでは、黒田弘子『ミミヲキリハナヲソギ——片仮名書百姓申状論——』によっておく。それによると、「御材木のことですが、やれ京上夫だ、やれ近夫だといっては地頭方に責め仕われますので、まったくもって暇がありません。（私ども番頭が）わずかに残った人夫を材木の山出しに行かせますと、地頭は『逃亡の跡の麦を蒔け』といって追い戻すのです。『お前らが麦を蒔かないならば、妻子どもを牢に入れ、耳を切り、鼻を削ぎ、髪を切って尼のようにし、縄で縛って痛めつけるぞ』などとひどく責められますので、御材木の納入はいよいよもって遅くなってしまいます。そのうえ百姓逃亡跡の在家一宇を壊して持っていってしまいました」という意味になる。

「京上夫」「近夫」は賦役のことで、前者は京都に上洛して行う賦役であり、後者は近隣で行う

賦役である。理不尽な地頭の命令に抵抗している農民を従わせるために、地頭は、当時、刑罰として行われていた耳切り等を農民の妻子にするぞと、脅したことを摘発する文章である。耳切り、鼻削ぎは、農民たちにとって恐ろしい刑罰であると考えられていたからこそ、地頭はそれを脅しの道具にしたのであり、また、そうした地頭の脅しの非道なことを訴える農民の悲痛さがある。

地頭の行為が当時の幕府法の下でも非法であるとして、農民たちは訴えているが、何が「非法」であるかについては、「メコ（妻子）」の解釈によって少し違いが出るようだ。逃亡農民の妻子と考えると、地頭に逃亡農民を処罰する権限がないのに、処罰するぞと脅したことが「非法」ということになる（勝俣鎮夫「ミミヲキリ　ハナヲソグ」）。これに対して、逃亡しないで残っていた農民の妻子と考えると、逃亡農民の跡に麦をまけと残留農民に命じ、その妻子を人質にして痛めつけるぞと脅すことによってこれを強制しようとしたことだということになる。どちらが妥当かは、専門家でない私には決しようがないが、いずれにしても、弱い妻子に対する身体刑を脅しとして用いて、無理難題をふきかける地頭の行為は、もちろん、公刑罰の執行ではなく、権力を背景にした私刑というべきであり、いかに従順な当時の農民も、およそ従えるものではなかったのである。

●私刑としての耳鼻削ぎ

江戸時代、幕府は、公刑罰としての耳・鼻削ぎを禁じ、廃止するが、私刑としては各地に残っていたようである。

そのことを研究したのは、明治期の奇人にして反骨のジャーナリスト、宮武外骨（一八六七―一九五五）という人物である。この人物については、吉野孝雄『宮武外骨』、『過激にして愛嬌あり』、赤瀬川原平『外骨という人がいた！』などがある。吉野孝雄編・自叙伝『宮武外骨　予は危険人物なり』や『宮武外骨著作集』（全八巻）も公刊されている。

宮武外骨は、讃岐国（現在の香川県）阿野郡羽床村字小野の庄屋の家の四男に生まれ、「亀四郎」と名付けられた。「小野」出身ということで、後にペンネームとして、「小野村夫」を使った。本名も、一八歳の時、「外骨《がいこつ》」と改名し、さらには、廃姓宣言をして自ら「廃姓外骨」と称し、七七歳の喜寿の祝以来は、「とぼね」と称するようになった。このことだけでも、かなりユニークな人物であることがわかる。そのユニークさと反骨精神の故に、警察ににらまれ、筆禍事件を起こし何度も獄にはいる。それでも懲りずに権力を振るう人間に対して言論をもって対抗しつづけた。まさに、「過激にして愛嬌あり」で、かつ官憲に言わせれば、その自叙伝にいう通り、「危険人物なり」である。

そうした人物であるから、権力の象徴ともいうべき刑罰とその運用に対しては、大きな批判をもっていたようである。とくに、刑罰を背景にして弱者を脅すということに対しては、許すべからざることとして激しく糾弾した。

宮武外骨「私刑類纂」

『宮武外骨著作集』第四巻に掲載されている「私刑類纂《るいさん》」に、外骨の私刑論が展開されているが、これは単なる私刑のいろいろを集めたものというのではなく、不当な力の行使に対する摘発の意味があると思われる。『著作集』は大部なものなので読むのが大変という人用には、手ごろなところで、河出文庫『刑罰・賭博奇談』がいいだろう。

「私刑類纂」は、古今東西の私刑を集めたもので、読み物としても大変におもしろい。学術的な意味も大きい。当時東大教授だった吉野作造が中央公論誌上で、この書について推奨している。外骨という人物の紹介にもなるので、吉野作造『著作集』(四巻)からその部分を少し引用しておく。

《吾人の研究慾をそゝりつゝ同時にまた趣味慾を満足せしめた点に於て、外骨君の「私刑類纂」を推奨しておきたい、外骨君は変った物識りとして知られて居る、先には名著「筆禍史」あり、最近「奇態流行史」を公にするかと思へば、「半男女考」だの「猥褻風俗史」だのを続刊して、論壇の着想概ね人の意表に出る、徒《いたずら》に奇を衒《てら》ふに似たりと雖も、常に思ひ及ばざる境地に研究の辣手《らっしゅ》を触るゝ点に於て君もまた当代得易《えやす》からざる学者と謂ふべきだ、……》

吉野は、『帝国大学新聞』一九二三年四月一二日号にも、次のような文を寄せている。

《今問題になって居る「私刑類纂」は、真面目腐って紹介する分には須《すべから》く中田教授牧野教授などに譲るべきだ。現に牧野教授は面白いから批評と感想とを長く書きたいと云って居られる。中田教授は本書の編纂について可なりの援助を与へられたことは外骨君の序文にもある通りだ。序に《ついで》云っておくが序文には穂積教授や僕も助力したように書いてあるが、穂積教授は兎も角、僕の方のは大したものではない。只編纂と公刊との決意を外骨君に促すに付いては、僕も随分と骨折った積りだ。そは氏と会談の際、不図《ふと》西洋のリンチの事に及んだ所、同じような事は徳川時代にもあったとて幾多の面白い例を示されたので、之は珍しいと夫れから大いに勧めて更に沢山の実例を古書の中から探し出さした訳なのである。》

ここに出てくる「中田教授」とは、法制史・民法学者の中田薫のことであり、「私刑類纂」出版の翌年（一九二三年）、中田は外骨の勧めによって、『徳川時代の文学と私法』（半狂堂、後、岩波新書）を出版する。また、「牧野教授」は、刑法学者の牧野英一のことである。このように、多くの有名な学者が外骨のこの研究の価値を高く評価していた。

私刑としての耳鼻削ぎの例

外骨は、耳鼻削ぎは中国やロシアでも広く行われていたとしたうえで、「わが国においても、幡随院長兵衛を殺せし水野十郎左衛門などに、唐犬権兵衛が耳切り鼻そぎの私刑を加えしといえり。また『摂陽落穂集』に『享保四乙亥［一七一九］年十一月、唐船密商者五人、大阪高麗橋にて三ヶ日さらし、野江において鼻をそぎ、その後、銀銭などを遣わされ、御払にあいなり候は、珍しき御仕置きなり』とあり、役人の私刑と見るべし」と指摘する。密貿易に対する制裁を公刑罰の執行と見ずに、役人による私刑と見る外骨の眼の確かさが印象的である。

図1　「間男見つけた」（『夷曲集絵抄』、宮武外骨『刑罰・賭博奇談』より）

また、外骨は、一七八八（天明八）年の大阪版『夷曲集絵抄』にある「間男見つけた」の図（図1）

を引用して、この頃まで大阪でも鼻削ぎの刑があったことを示している。

《「鼻のさきはそがれにけりな　いたずらに　我間男と永寝せしまに」といえる小野小町の歌をモジリし狂体の題歌を異とせしによるなり。奸夫奸婦の鼻をそぐことは、我が国の風習としては、近年までアイヌ間に行われしのみならんと思いしに、天明の頃には、京阪地方にても同じく奸夫奸婦の鼻をそぐことの行われしを知るに足るべき、好資料とせんか。》

「花の色は、移りにけりないたずらに、わが身世に振る眺めせしまに」にかけた歌がなんとも妙であって、鼻削ぎの残酷性を感じさせない。いかにも大阪人の詠んだ歌と思わせるところがある。役人の私刑に比べて、庶民の私刑に対しては鷹揚というか、一種の受容的態度があったと思われる。

アイヌにおける耳鼻削ぎの意味

外骨は、アイヌでは、「死は人命の最終にて、懲罰の目的にそうものにあらず」という理由で、死刑を加えることがなかったとし、死刑廃止論の一材料と指摘たうえで、『蝦夷国志』によると、『悪事をなしたる者』を罰する法として、三つある。一つはイトラスケで、イトは鼻、ラスケはきることをいうので、『鼻をきる』ということなり。これは不義に女を犯したる者を刑するなり」と記している。

また外骨は、『蝦夷風俗彙纂』によって、「奸通〔姦通〕者に対しては、鼻そぎと髪剃りの二刑行われたことを知るべし。鼻そぎは近年まで行われしが、我が官憲の説諭にて今は止みしという」としている。「我が官憲の説諭」は、同化政策の一環として、アイヌ民族の風習として行われていた入墨などの廃止と同時であろう。当時の倭人の権力者は「土人」の「文明化」と称したが、アイヌの人たちにとっては、自らの民族としての誇りとしての伝統と風習を捨てさせられた抑圧政策の一環に過ぎない。このことに伴う悲劇と抵抗の歴史に刻まれた「罪」と「罰」の問題については、第一五話で改めて議論する。

耳鼻削ぎの残虐性と死刑

鼻削ぎや耳切りのような身体刑は、外骨の文章にあるように、以後も京阪神では私刑としては残っていたようであるが、正式な刑罰としては江戸時代にすでに廃止されている。身体に痕の残る刑罰が人間性を貶める過度に侮辱的なものであると認識されたためであろう。おそらくは、人々の目にその姿がとまることによって、その刑の残虐性が長く残ることに人々が耐えられなかった結果と見ることができる。

過度に侮辱的なものや残虐さが後々まで残る刑罰に対しては、社会が安定するに従って、人々の嫌悪感が募り、比較的早期に廃止されている。また、死刑についても、見た目の残虐性が際立っている鋸引きとか釜茹でのような刑罰は、戦国時代には行なわれていたようであるが、江戸期には、形式が残っていただけで実質的には実施されていない。

耳切りや鼻削ぎのような身体刑は、現在、憲法三六条にいう「残虐な刑罰」にあたると解されている。鼻を切られ、耳を切られるのは、それによる肉体的苦痛に加えて、社会的には肉体の欠損を通じて、生涯消えない犯罪者としての烙印を押されるという精神的苦痛が加えられる。しかも、どのような罪によってそのような身体刑が科されたかが、一目瞭然となるのであるから、耐えがたい羞恥の情を感じさせる。

このような身体刑が残虐な刑罰として、現在においては禁じられているのは当然である。見た目の痛々しさともあいまって、鼻削ぎや耳切りという刑罰に対する人々の嫌悪感は早くからあったものと思われる。

しかし、死刑は、このような身体刑が禁止されている現在においても、存続している。死刑は、鼻削ぎや耳切りに比較して残虐でないと人々は思っていたのだろうか。身体刑が肉体に苦痛を与えるのみならず、人間性をも損なう刑罰であることを考えたとしても、外骨が指摘するように、「命は最終的なものである」とし、これを奪うよりも肉体の一部を傷つける刑を選択するアイヌの人たちの思想は、死刑廃止論に通じるものがあると認めざるを得ない。

私刑論でこの点を取り上げた外骨の真意をあえて憶測するならば、死刑は国家による野蛮にして、最大に残虐な私刑であるといいたかったのではないだろうか。

第４話　私刑のきわみ——拷問

●拷問の歴史

第三話でのべたように、国家が権力を背景にして行う私刑《リンチ》は、最も厳しく評価されなければならない。「拷問」は、そうした意味における私刑の究極の形態といってよいだろう。

中世ヨーロッパ、宗教裁判の下で多くの拷問の方法が案出された。ヨーロッパ各都市には、犯罪博物館があり、そこには、当時の拷問器具が展示されている。ドイツのローゼンブルグの犯罪博物館が最も有名であるが、イタリア・ローマ、ミラノやオーストリア・ウィーン、その他オランダ・アムステルダムなど各地にある。明治大学刑事博物館にも、いくつか展示されている。ヨーロッパ各地の犯罪博物館を訪れると、人間の残酷な性を知らしめられるような気がする。もちろん、日本でも、とくに武家政治の下では、石抱き、逆吊りなどありとあらゆる残酷な拷問が行われていた。

「拷問」の「拷」は、「攷」に通じて、「木の小枝で打つ」という意味を持っている。「考」は、音の「こう」を取っているので、「考える」という意味はない。「考」自体、「拷」の意味で用いて、たとえば、『資治通鑑《しじつがん》』には、乃詣㆓詔獄㆒「考死」（拷問を受けて殺されること）や、請㆘下㆓州郡㆒「考治」㆖（拷問にかけて罪を調べること）という言葉がある。

「拷問」という言葉は、魏書『高祖孝文帝紀』（五世紀末？）に見られるようである。『日本書紀』欽明紀（巻第一九。欽明天皇二三年六月、六世紀半ば）には、皇后の鞍を盗んだという訴えを受けて、「虚《いつわり》なり。実《まこと》に非ず」と否認したため、拷問にかけられ、その結果悶死した（「地《つち》に伏して死《みまか》れり」）という馬飼い（馬飼首歌依《うまかいのおびとうたより》）の話が出ている。ここに「拷問」という言葉が使われているとする書もあるが、『日本書紀』では「苦問《たしなめとう》」という言葉が使われている。いずれにしても、冤罪による拷問死を書いた最初のものと見るべきか。

律令制下の「拷問」

唐律には、「断獄、拷㆑囚不㆑得㆑過㆓三度㆒」（訴訟を決するのに、囚人を三度以上拷問に掛けることはできない）とある。律令制がしかれた平安朝時代には、この唐律に従って、拷問は三度までと決められていた。しかも、この場合の「拷」の手段は、杖で打つことに限られており、一回の拷問が終了すると、次に加えるまでには二〇日を隔てなければならないし、杖を打つ回数は総数でも二〇〇を超えてはいけないとされていた。この時代、死刑の執行が停止されていたということも考え合わせると、仏教思想の影響の下、全体として人道主義的ともいうべき刑事司法運営であったと見られる。

もっとも、杖による拷問も、決して人道的とはいえないことはもちろんで、『宇治拾遺物語』

巻の二の四「金峯山薄打の事《きんぶさんはくうち》」には、七〇回の拷問を受け、その背中は紅の衣を水でぬらして着せたようにびしょびしょになったまま、獄舎に戻されたが、一〇日ほどで死亡した箔打ちの話が出てくる。

ここでは七〇回も拷問を加えられている。実際には、三度に限るという原則は守られていなかったようで、その結果、拷問死が現出していたことがわかる。

しかし、武家社会になって拷問はより残虐なものとなり、江戸時代にも取調べには拷問がつきものとなる。そうした拷問について、一般庶民はどのような思いを抱いていたのだろうか。幕末の一商人の述懐をみてみよう。

●幕末の商人と拷問

明治維新を生き抜いた大阪商人の一人は、幕府時代の「拷問」について、次のように述懐している（中村栄助「一商人と明治維新」）。

《その頃、私の父は、盛んに古金銀を買い集めていた。そして、慶長時代の大判や小判なども、ずいぶんたくさん手に入れたものだ。それと同時に、銅銭の撰り分けをやって、これを薩藩に売込み、同藩の大砲鋳造材料に供したのである。

ところが、幕府の通貨を集めて、幕府が恐れている薩藩に売るのだから、それを荷造りして、積み出すのもなかなか容易なことではない。まかり間違えば、幕府の役人から、捕らえ

図２　江戸時代の石抱き（『徳川刑政史拷問實記』）

られて酷い目に遭う、いや酷い目に遭うだけならよいが、大切な生命まで提供しなければならぬことになる。……

しかるに、同じようなことをやっているものが、他にも二、三人あったが、いつしか幕吏が嗅ぎつけて、奉行は頻《しき》りに密偵を出すようになった。そして、少しでも怪しいと睨んだら、直ちに奉行所へ引張り出して、厳しい訊問をやる。その場所は、今の祇園石段下弥栄小学校のあたりで、当時一般の人はそこを踊場と称していた。》

昔は公然と、しかし今は

栄助の述懐は続く。

《なんでもその頃、伏見に私の父と同じように、薩藩へ銅銭を売込んでいた境屋与助という男がいたが、この男は運悪くも、ついに幕吏に捕まって牢屋にぶち込まれた。人の風評《うわさ》では毎日白州へ引据えられて、厳しい訊問をうけているということであった、それから間もなく、病死したと伝えられた。しかし、事実は病死ではなく、幕吏の過酷な責苦に、耐え切れないで、悲惨な最後を遂げたものらしい。実際、当時の取調べには、ずいぶん酷いものがあった。例えば、算盤《そろばん》責の如き、ちょうど算盤形に刻まれた台の上に、正坐をさせられて、その上からぐんぐんと重錘《じゅうおもり》をかけられたので、たまったものではない。如何なる強情者でも、これには白状せずには居られなかった。たとえ事実無根であり、身に犯せる罪無く、潔白なものであって、この苦痛を脱せんがためには、その場遁《のが》れに、やむを得ず、無実を肯定するようなこともいわねばならなかった。当節でもときどき人権蹂躙の声を耳にするが、もし事実とせば、この方面だけは今なお進歩して居らぬ事となるわけで、遺憾至極といわねばならぬ。否、昔は公然とやっただけ、あるいは昔の方が罪が浅いかも知れぬ。》

傍点をつけた部分を注意してもらいたい。明治維新になり、拷問のような非道なことはないだろうという期待が裏切られていることに対する残念な気持ちが伝わってくる。

●田中正造と拷問

足尾鉱毒事件を告発しつづけた田中正造は、明治維新の前後にわたって投獄され、拷問を経験している。新聞記者として鉱毒事件を告発する正造に会い、その真情に心酔し、臨終にも立ち会った木下尚江が、正造の自伝を引用しつつ、彼の入獄の記録を紹介している（木下尚江「臨終の田中正造」）。

正造は、二〇歳の六角家領内の名主時代に、領主の悪政によって農民が窮乏していたのを救うため、名主総代として奔走した。そのため、正造は捕えられ入獄する。

《予が封鎖された牢獄と云うは、その広さ僅に三尺立法にして、床に穴を穿《うが》って大小便を兼ねしめるが如き、その窮屈さはよく言語の尽くし得る所にあらず。若し体の伸びを取らんとする時は、まず両手を床に突き、臀を立てて、虎の怒るがごとき状をなさざるべからず。また足の伸びを取らんとする時は、まず仰向きに倒れ、足を天井に反らして、あたかも獅子の狂うがごとき状をなさざるべからず。さりながら入牢中の困難はただにこれに止まらず。予がごとき入獄者の容易に毒殺せらるる例は、その当時珍しからぬ事――》

およそ立ち居振舞いのできない空間に閉じ込めること自体、拷問の一種である。

韓国のソウル市郊外にある独立記念館には、第二次大戦終了前の日本軍が捕えた韓国独立運動家を投じた拷問部屋がある。それは、三尺どころか、せいぜい三〇センチ、一尺の幅しかない、人一人がやっと入れるだけの細長い空間で、奥行きも人の厚さだけのものであった。私は単なる見物人としての体験で入ってみただけだが、それだけで物理的な自由のみならず、精神的な自由も一切失われる思いであった。こんな空間で一〇分いな一、二分でさえ我慢できるものではない。

明治維新後の拷問

正造が六角事件による獄舎の生活から解放されて塀の外に出たとき、時代は早くも明治になっていた。東京に出た正造は、一八七〇（明治三）年、官吏になって奥州花輪に赴任するが、そこで同僚殺人の嫌疑を受けて、再び三年以上牢獄生活を送り、幕府時代に優る拷問を経験する。

《君よ。たとい明治時代とはいえ、法律はなお拷問取調の時代であったことを念頭に置いてくれ。翁の自筆の文章から、当時拷問の実状を話して見たい。

「――予は再び口を開き、弾正台は今なお隣県山形にあり。（当時弾正台という巡廻裁判があったのだ）今ひとたびこの審問を受けたし、なにとぞ片時も早く御計らい下されたしと願いたるに、聴訟吏は何を思いけん。たちまち赫《かっ》と怒り、せき込み、直ちに拷問に掛けたり。疑いの点を糾すにはあらで、無法にも拷問の機械をば用いたり。そは算盤責めと云うて、木をもって製し、仰向けに歯を並べたる上に、膝をまくりて坐せしめ、膝の上に重量五貫目の角石を三つ積み重ね、側より獄吏手をもってこれを揺り動かす。脛はミリミリ破る。予は大渇『なぜ拷尋の必要ある』と。石は取り除けられぬ。痛みは反動して、脛を持ち去らるるがごとし。ようやく獄吏に引き立てられて獄に帰り、案外なる無法の処置に呆れたり。」》（木下尚江「臨終の田中正造」）

田中正造が受けたのは、石抱きの拷問である。尚江は、あるいは、これが明治維新直後だからと思っていたかもしれない。しかし、日本における拷問の歴史は、大正、昭和と激しさを増して、まだまだ続く。

●小林多喜二の拷問死

「蟹工船」などの名作を残した作家小林多喜二が警察で拷問を受け、壮絶な死を遂げたことは、だれ知らないことはない事実である。

江口渙「作家小林多喜二の死」より、多喜二の死の模様を紹介する。

《やがて警視庁から特高係長中川成夫が、部下のテロ係りの須田巡査部長と山口巡査を引きつれてやって来て、訊問にとりかかった。すると小林は今村を省みて、「おい、もうこうなっては仕方がない。お互に元気でやろうぜ」と、声に力をこめていい放った。

それを聞いた特高どもは「何を生意気な」というが早いか、中川警部の指揮の下に、小林を寒中まる裸にして、先ず須田と山口が握り太のステッキで打ってかかった。築地署の水谷主任、小沢、芦田などの特高係四五人が手伝った。》

多喜二の伝記（手塚英孝『小林多喜二（下）』）には、「二人はそれぞれ別室にいれられて、今村の拷問は築地警察の特高にまかされ、残忍な性格で知られている警視庁特高の須田と山口は多喜二にかかった。……惨虐をきわめた拷問は、前後三時間以上も、まったく無意識状態におちいるまでつづけられた。それはただの拷問ではなかった。明らかに殺意がこもっていた」と記されてある。

拷問のすえに、多喜二は当時築地署に拘留されていた岩郷義雄の第三房に「二三人の特高に手どり足どり担がれて」「まるでたたきつけるようにして投げ込まれた」。その時の多喜二の様子を同房の岩郷義雄は、次のように記している。

《激しい息づかいと呻《うめ》きで身もだえするこの同志は、もはや起きあがることすらできなかった。「ひどいヤキだ……」同房人たちは驚いた。……彼の着物をまくって見た。「あっ」と私は叫んだ。のぞきこんだ看守も「おう……」と、うめいた。……私たちが見たものは「人の身体」ではなかった。膝頭から上は、内股といわず太腿といわず、一分のすき間もなく一面に青黒く塗りつぶしたように変色しているではないか。寒い時であるのに股引も猿股もはい

ていない。さらに調べると、尻から下腹にかけてこの陰惨な青黒色におおわれているではないか。》

多喜二の死の報道

このような筆舌に尽くしがたい拷問の末、一九三三年二月二〇日午後七時四五分、築地署裏の前田病院に運ばれた多喜二は死亡した。多喜二の死について、翌二一日の『東京朝日新聞』夕刊は、次のように報じている。

《『不在地主』『蟹工船』等の階級闘争的小説を発表し一躍プロ文壇に打って出た作家同盟の闘将小林多喜二氏（三一）は二十日正午頃、党員一名と共に赤坂福吉町の芸妓屋街で街頭連絡中を築地署小沢特高課員に追跡され、約二十分間にわたって街から街を逃げ廻ったが、遂に溜池の電車通りで格闘の上取押えられそのまま築地署に連行された。最初は小林多喜二ということを頑強に否認していたが、同署の水谷特高主任が取調の結果、自白、更に取調続行中午後五時突然そう白となり苦悶しはじめたので同署裏にある築地医院の前田博士を招じ手当を加えた上、午後七時同病院に収容したが既に心臓まひで絶命していた。二十一日午後東京地方検事局から吉井検事が出張検死する一方、取調を進めているが、捕縛された当時大格闘を演じ撲り合った点が彼の死期を早めたものと見られている。》

「拷問」による死であることには、ひとことも触れていない。同紙に載せられた警視庁特高課長の談話は、「余り突然なことなので、もしやと心配したが、調べてみると、決して拷問したことはない。あまり丈夫でない身体で必死に逃げまわるうち、心臓に急変をきたしたもので、警察の処置に落ち度はなかった」とあり、また、市川築地署長は、「殴り殺したという事実はまったくない。当局としてはできるだけの手当をした。長い間捜査中であった重要な被疑者を死なしたことは実に残念だ」と述べた。

当局は、拷問死であることをひた隠した。「昔は公然とやっただけ、あるいは昔の方が罪が浅いかも知れぬ」という中村栄助の言葉が思い出されよう。

●松本清張の経験

推理作家松本清張も、戦前に留置場に入れられ、拷問を受けた。『半生の記』に次のように記されている。

《昭和四年の三月中旬のある朝、私の家に刑事が来て、まだ私が寝床にいるところを引っぱられた。両親はおろおろした。私は、木綿の厚い丹前を着て小倉警察署の二階に行った。……留置場では五、六人の容疑者といっしょだったが、思想犯関係は私一人だった。婦女誘拐、窃盗、詐欺の容疑者とここで十数日暮した。

今の留置場と違い、当時は不潔極まりなく、部屋の片隅に大小便をする溜りがあった。はじめの二日ばかりは、その臭気で飯が食えなかった。

飯といえば、最初入ったとき剥げた木箱の官食を口に入れたが、咽喉がひりひりと痛くて呑みこめない。そういう状態では、飯が石でも呑むように痛いということを初めて知った。

便所は二枚の板が四角い壷に差し渡されてあるだけで、同房の連中の目の前で大小便を垂れ流すのであった。

拷問は竹刀だった。これは私を捕えに来た近藤という酒焼けのした男だったが、どうしても仲間の名を言えといってきかない。留置場のすぐ上が道場で、殴るぶんには遠慮がいらない。私の場合は容疑がうすいとみてか、逆吊りや、煙草責めなどはなかった。》

●戦後は拷問がなくなったか

憲法三六条は、「公務員による拷問及び残虐な刑罰は、絶対にこれを禁ずる」として、拷問の絶対的禁止を高らかにうたっている。しかし、本当になくなったのだろうか。中村栄助が言っているように、法律上の禁止とは別に、実際には拷問が用いられてきた、あるいは現に用いられていないか。中世や江戸時代のような拷問具はなくなり、石抱き、逆吊りあるいは煙草責めという典型的な拷問は行われないかもしれない。しかし、清張が経験したように、警察の道場に連れて行かれ竹刀で叩かれたという訴えは依然として聞く。あるいは、正坐を強いる、体調が悪いといっているのに、医者にも見せず薬さえ与えず、長時間取調べを続ける。自白の任意性が問題になった事件では、被告人のこうした主張が行われることが多い。仁保事件のように、この主張が認められて自白の任意性が否定された事件もあるが、それは稀な事例に属する。

眼を世界に転じれば、軍事政権下で、あるいは独裁政権下で拷問を受けたという人の話が伝えられてくる。最近、イラクでは、英米軍によるイラクの人に対する拷問が行われている。拷問をなくす実効的な方策はないのだろうか。

第5話　拷問を実効的に禁止するには

●ピノチェト裁判

現代の国際社会は拷問を許さない。その一例がイギリスにおけるチリ元大統領ピノチェトの逮捕である。

一九七三年九月、ピノチェト陸軍司令長官率いるチリ軍事評議会は、アジェンデ社会主義政権を軍事クーデターによって倒して、軍事政権を樹立した。翌年、ピノチェトは、チリ共和国の大統領に就任し、一九八〇年までその地位にいた。その間、ピノチェト軍事政権は、戒厳令を布告し一切の政治活動を禁止すると共に、左翼狩りを行い、多くの人を拉致し拷問にかけ、あるいは殺害した。その後の調査で、軍政下の「左翼狩り」による死亡、行方不明者の数は、三一九七人に上ることが判明している。ピノチェト大統領は、七八年に恩赦法を制定して、人権侵害にかかわった軍人の罪を問わないとした。

一九九八年一〇月、イギリス訪問中のピノチェトに対して、スペインのマドリード中央刑事手続裁判所は、チリのスペイン人を殺害したという容疑で国際逮捕状を発行し、これに基づき、同月一六日、ボー街ロンドン市治安判事ニコラス・エヴァンスは、ピノチェトの逮捕状を発付した。さらに、二二日、一九七三年から七九年までの間の大量虐殺およびテロ行為を理由とするスペインの裁判所の逮捕状に基づき、治安判事R・D・バートルは、一九八九年犯罪者引渡し法八条一項による第二の逮捕状を発付した。

ところが、ピノチェト側の控訴を受けた高等法院部裁判所（Divisional Court）は、ピノチェトの行為が大統領就任中の行為として免責の対象になると判断して、二つの令状を却下した。

「拷問という犯罪は国家元首の職務の一部ではない」

ロンドン市警察本部およびスペイン政府による不服申立てを受けたイギリス上院は、一九九八年一一月二五日、三対二でピノチェトの逮捕を正当と判断した。

《一九八八年法一三四条一項における拷問の規定は、起訴が外国の公務所で勤務する公務員の行為に対する捜査を要請することを明らかにした。……「元国家元首は、国家元首としての職務の行使中に行われた行為について、イギリスの刑事裁判権からの免責を受ける。」……国民または外国人に対する拷問が、国際法上、国家元首の職務としてみなされないことは、あえていうまでもない。……もちろん、国際法によると、国家元首の職務には、その国の法または外国の法によって誤っているとされ、場合によっては違法とされた活動でさえ、含まれることがある。しかし、拷問……を含む一定の行為がだれの行為であれ受容され得ないものであることは、国際法上明らかとされてきた。》

スリン、ロイド二裁判官は、右の多数意見に対してピノチェトはイギリスの裁判権に服さないとして、少数意見を書いている。

《問題はただ一つ、上告人が国家元首であった時に犯したと主張されている行為に関し、連合王国の逮捕および犯罪人引渡し手続について元国家元首としての免責特権を有しているか否かであった。……拷問や大量虐殺を行うこと自体が国家元首の職務の一つであるとは、国際法上認められないことは明らかである。しかし、他の職務を遂行するに当って、国家元首が違法行為を犯したという事実があったからといって、それによって彼が職務の一つを遂行していたとはみなされないというわけではない。もしそうならば、犯罪行為に関する免責が問題になるだろう。……

次の問題は、ウィーン条約および一九七八年法の解釈、すなわち、何が国際犯罪と呼ばれるかに関する国際法の発展に照らして、免責が縮減されるか否かである。

国際法廷に告発が行われた場合には、国家や国家元首その他公務上または外交上の免責の主張を入れるべきでない犯罪を認める方向に、諸国が動いていることは疑いがない。

また、国際法違反の犯罪を認める方向への動きは、国内の裁判所、一九四六年国連総会決議、国際法委員会の報告、そして高名な国際法律家の著作物において見ることができる。

しかしながら、国際法の発展の現段階においては、これらの主張のいくつかは、希望的なものであり、萌芽的なものであるといわざるを得ない。

普遍的な裁判権に基づいて、国内の裁判所で国際法違反の罪のすべてを裁くことができるとする慣習が、広範な支持を受けて存在することは、示されてきていない。》

少数意見はこのように述べて、ピノチェトの免責特権を認め、イギリス国内における逮捕を不当とした。しかし、少数意見も、拷問が国際法違反の罪であり、国際法廷において裁かれることには異論を出していないことに注意する必要がある。

ピノチェト裁判のその後

一九九九年一二月一七日、上院は、一一月一五日の決定に関与した裁判官の一人がアムネスティ・インタナショナルと密接な関係があったという理由で、先の決定を無効とし、再審理を開くことを決定した。イギリス上院は、再審理においても、ピノチェトの治外法権を否定し、ピノチェトをイギリスで裁判することはできるとして逮捕の適法性を認めた。その後、イギリス政府は、スペイン政府からの身柄の引渡請求をピノチェトの健康上の理由から拒否し、政治的配慮に基づき、ピノチェトのチリへの帰国を認めた。チリ帰国後、ピノチェトに対しては、刑事訴追が行われたが、精神鑑定の結果、二〇〇一年七月二四日、サンチャゴ控訴裁判所は、裁判の中止を決定した。これで司法的解決は頓挫したかのようであったが、二〇〇四年五月二八日、裁判所がピノチェトの治外法権を取り消す裁決を行ったことによって、ピノチェト裁判の行方はまだ定まらない状態となった。

●拷問禁止の国際ルール

Ｂ規約七条

日本も批准した国連の「市民的及び政治的権利に関する国際規約（Ｂ規約）」第七条は、「何人も、拷問又は残虐な、非人道的な若しくは品位を傷つける取扱い若しくは刑罰を受けない」としている。そこでは、肉体的苦痛を伴うものだけが拷問とされているのではなく、精神的苦痛を与える行為も拷問であり、さらにそれより苦痛の程度が低くても、非人道的または人間としての品位を傷つける取扱いと認められる一切の行為が禁止されている。

一九九二年、この規約についての解釈基準を考える規約人権委員会は、規約七条の適用範囲に関する一般的意見を改訂して、「第七条における禁止は、身体的苦痛をもたらす行為だけではなく、被害者に対し精神的苦痛をもたらす行為にも及ぶ」とした。さらに、学校で行われる体罰や被拘禁者に対する独居拘禁も禁止されることを明らかにした。

拷問等禁止条約

このＢ規約七条を受けて、一九八四年一二月一〇日の国連総会において満場一致で制定されたいわゆる拷問等禁止条約（拷問及びその他の残虐な、非人道的な又は品位を傷つける取り扱い又は刑罰を禁止する条約）は、その第一条で拷問を次のように定義している。

《この条約の適用上、「拷問」とは、身体的なものであるか精神的なものであるかを問わず人に重い苦痛（pain or suffering）を故意に与える行為であって、本人若しくは第三者から情報若しくは自白を得ること、本人若しくは第三者が行ったか若しくはその疑いがある行為について本人を罰すること、本人若しくは第三者を脅迫し若しくは強要することその他これらに類することを目的として又は何らかの差別に基づく理由によって、かつ、公務員その他の公的資格で行動する者により又はその扇動により若しくはその同意若しくは黙認の下に行われるものをいう。「拷問」には、合法的な制裁の限りで苦痛が生ずること又は合法的な制裁に固有の若しくは付随する苦痛を与えることを含まない。》

何が「合法的な制裁に固有の若しくは付随する苦痛」であるかは、いささか解釈の余地があるが、かなり広い範囲の行為が拷問として禁止されていることがわかる。

さらに、加盟国は、この条約に基づいて、定期的に取調べの規則や方法、受刑者を含む被拘禁者の状況等についての審査する制度を設けることが義務付けられ（一〇条）、拷問を受けた個人が不服を申し立てる制度を十分に整備する義務（一二条）などが課されている。

条約のこれらの措置を実効的にするために、国連内に人権分野に能力と道徳的資質が高いと認められる一〇人の専門家から成る拷問禁止委員会（Committee against Torture）が設けられ（一七条）、加盟国はこの委員会に対して条約実施後一年以内、その後は四年ごとに報告書を提出しなければならない（一九条）。また、委員会が加盟国の領域で拷問が行われていると思われる信頼すべき情報を得たときは、委員会は当該国の政府の協力を得て、施設等の査察を含む調査を行わなければならない（二〇条）。

日本は？

一九九三年六月二五日の世界人権会議ウィーン宣言および行動計画は、「世界人権会議は、拷問及びその他の残虐な、非人道的な又は品位を傷つける取扱い又は刑罰を禁止する条約（拷問等禁止条約）の多数の国家による批准を歓迎し、他のすべての加盟国が迅速に批准することを奨励する」（五四条）としている。そして、「人間の尊厳に対する最も残虐な侵害のひとつが拷問行為であり、それは犠牲者の尊厳を破壊し、生命と生活を続ける能力を傷つけるものであることを強調する」（五五条）とし、「人権法及び国際法の下において、拷問からの自由は国内的あるいは国際的な紛争や武力紛争を含むいかなる状況においても守らなければならない権利であることをあらためて確認する」（五六条）としている。

憲法三六条において拷問の絶対的禁止を高らかにうたっている日本こそ、この世界人権会議の呼びかけに応じて、真っ先に拷問等禁止条約の批准国になってもおかしくない。しかし、日本は、B規約は批准しているが、個人通報を認める規約議定書には、批准していない。拷問等禁止条約には、一九九九年六月二九日、批准したが、その二二条の個人通報制度については、受諾宣言をしていない。

拷問禁止条約の実効性を担保するには、個人通報制度の受諾は不可欠である。この制度の受諾に難色を示している日本政府の態度には、拷問禁止への真剣な取り組みがないとの疑惑を国際社会から持たれかねない。

NGOなどの民間諸団体の役割

ピノチェトの告発においても、イギリス国内における逮捕と裁判においても、アムネスティ・インタナショナルやヒューマンライツ・ウォッチなどの、いわゆるNGOが重要な役割を果している。そして、その役割に対して、政府も裁判所も十分な配慮をしている。

たとえば、ピノチェト裁判においては、上院における手続について、アムネスティ・インタナショナル、拷問被害者のケアのための医療財団、ヒューマンライツ・ウォッチなどのNGOのほか、行方不明の被拘禁者の親族の会代表などの拷問被害者の個人としての関与をも認められている。その結果が、上院における逮捕の正当化であり、政府におけるピノチェトのスペインへの引渡し決定に結実している。

日本でも、拷問等の禁止に関するNGOには、日本弁護士連合会（日弁連）や監獄人権センター（CPR）などがある。日本政府はこれらのNGOの主張に十分に耳を傾ける必要があろう。元来、日本の政府は、政府の方針を批判する団体や個人に対してあまりにも受容性がない。実は、これがかえってこれらの団体や個人の政府に対する不信感を強化し、批判を強める原因となっている。拷問禁止に向かう国際社会の動きは、むしろ、これとは逆に、政府に批判的な意見をこそ重視する方向にある。これが、日本政府と国際社会とのギャップを招いていると考えられる。

精神的な苦痛を与える取扱い

さらに、拷問等禁止条約は、明瞭に、肉体的苦痛だけではなく精神的苦痛を与える取扱いをも拷問であると定義している。そして、そのような取扱いが行われているかどうかを査察する権限を国連拷問禁止委員会がもっている。

日本における犯罪捜査の過程においては、朝早くから夜遅くまで、しかも、逮捕・勾留期間二三日間にわたって、警察の取調室という密室の中で取調べが継続されるというのが、常態である。その間、明らかな肉体的苦痛を生じさせる拷問は少なくなったであろうが、その取調べ状況そのものが必要以上に精神的苦痛を与えるものであり、しばしば、通常与えられる家族との面会や定時の食事などに制約が加えられたという訴えが、聞かれる。

このような取扱いが続けられるならば、拷問等禁止条約の下では、個人またはＮＧＯの通報に基づき拷問禁止委員会の査察が行われ、問題はないという国側の報告書の内容に国連から不信感が生まれることが懸念される。日本政府が個人通報制度に関する議定書の批准や拷問禁止条約二二条の受諾を渋っているのは、そのことをおそれているのだろうか。もしそうでないとするならば、日本政府は速やかに個人通報制度を批准・受諾すべきであろう。

II　流刑と自由刑

第6話　流刑と民衆

●流刑と自由刑

近代自由刑は、刑務所（prison）収容によって自由を剥奪する刑罰の誕生をもって考えるというのが、刑事法学における一般的な理解である。そうした観点から、日本においては、人足寄場《にんそくよせば》への収容が近代自由刑の源流といわれている。自由を奪う刑罰という点では、それ以前にもあった。流刑《るけい》や預《あず》けは、ある意味では純粋自由刑であった。そこには追放としての性格、懲罰としての性格があり、それが近代自由刑とは異なるとか、あるいは、近代自由刑には社会復帰を目的とする処遇という観念があるが、流刑や預けはそうした観念とは無縁であったなどと議論することは可能であるが、自由を制限し剥奪する刑罰としては、まさに流刑はその最たるものであった。

流刑は「島流し」とも呼ばれるように、辺鄙《へんぴ》な土地、島が流刑地として選ばれていた。それだけに、流された流人たちには過酷な運命が待ちうけていた。しかし、その反面、流人とその土地の人々との間での交流も生まれている。その交流がもちろん、陽と出る場合もあれば、陰と出る場合もある。陽と出た場合には、流人たちは土地の人たちに歓迎されたが、陰と出た場合には流人にとっても土地の人にとっても悲惨な結果となっていた。

ここでは、こうした流人と土地の人との関係から、民衆の犯罪者に対する思い、刑罰に対する観念を考えることにする。

●流刑の歴史

流刑の歴史は古い。ヨーロッパでは、囚人をガレー船に乗せて未開の島に流すことは、ローマの時代から行われていた。中国では紀元前三千年ころの尭舜《ぎょうしゅん》の時代から流刑があったといわれる。ヨーロッパの流刑地としてはナポレオンがエルベ島、セントヘレナ島に流されたのが有名である。ナポレオンのような政治犯が流刑にあった場合、流刑地は再起を図る場所になる。そこで、故国からあまり近くの土地や島では、時の権力者にとってはかえって危険な面がある。政治犯に限らず、一般犯罪の場合でも、できるだけ遠方に送ることによって、その犯罪者からの影響を遮断する必要がある。流刑は、もとの社会への復帰をそもそも予定していないという意味において、たしかに、近代自由刑とは根本的理念において異なるといえよう。

アメリカ大陸が発見されると、イギリスはここを流刑地と定め、多くの囚人を送り込んだ。アメリカが銃携帯を市民の権利にしているのは、流刑地としての歴史と切り離しがたく結びついていると指摘する者もある。

イギリスはアメリカ合衆国が独立するまで囚人を送りこんだが、独立後はアメリカ大陸に代わってオーストラリアがイギリスの流刑地として選ばれた。オーストラリアはイギリスから送られた流人によって開拓されていった。

シベリア流刑

同様のことは、シベリアについて起きている。ロシアはシベリアを流刑地として流人を送り開拓をさせた。これはラーゲリとして二〇世紀まで続いた。ジョージ・ケナンは、「シベリアの発見と征服のほとんど直後から、つまり早くも一七世紀前半ぐらいから、ロシアの流刑囚はシベリアへ行き始めている。ロシアの法制度で最も早く流刑に言及しているのは、一六四八年のアレクセイ・ミハイロヴィチ帝の法律である」（『シベリアと流刑制度』）としている。

もっとも、この頃の流刑は、刑を受け終わった者、とくにむちや棍棒などの体刑を受けた者を社会から放逐する手段として行われていた。労働力として流人が考え出されてきたのは、ロシア政府がシベリアの広大な資源に目をつけてからである。具体的には、一七五三年に体刑が廃止されてから、それまでであれば死刑になっていた者をすべて終身流刑としてシベリアに送ることになった。

シベリアでの流刑生活はまことに悲惨なものであったようだ。ソルジェニーチンはソビエト時代に収容所に送られて、そのことを書いた『収容所列島』でノーベル賞を受けた。それよりほぼ一世紀前のツァー時代、ドストエフスキーは、ペトラシェフスキー事件に連座して（ペトラシェフスキーの会合で、ベリンスキーからゴオゴリに宛てた手紙を朗読したということで、しかも、ドストエフスキーの述べるところでは純粋に文学的興味で)、銃殺刑を言い渡され、その執行の寸前に四年間のシベリア送りに減刑されている。彼は、その間の記録を『死の家の記録』という作品に残している(第一〇話参照)。なお、ドストエフスキーとソルジェニーチンの比較について関心のある人は、川崎浹「ドストエフスキーとソルジェニーチン」(『現代思想』一九七九年九月号)などが参考になるだろう。

●日本の流刑

古事記下つ巻「允恭《いんぎょう》天皇」の章「木梨《きなし》の軽《かる》の太子《ひつじのみこ》」の項に、允恭天皇の死後の後継争いで、軽の太子が敗れ、「伊予の湯」(現在の愛媛県松山市道後温泉)に流されたという記事がある。書物に表われている最初の流罪である。

もっとも、日本書紀では伊予への流刑があったのは、允恭天皇二四(四三五)年六月で、流されたのも、軽の太子ではなく、その同母妹の軽《かる》の大郎女《おおいらつめ》ということになっている。

この事件の発端については、古事記は、軽の太子が軽の大郎女と恋愛関係に陥ったという、近親相姦が問題であったとしている。当時異母兄弟での婚姻は認められていたが、同母兄弟での関係は不倫な関係とされていた。この点は、日本書紀でも同様であるが、ここからの経緯が、古事記と日本書紀とでは異なる。

日本書紀では、允恭天皇が近親相姦のことを知ったが、すでに天皇は太子を後継者として指名していたことになっている。後継者に刑を加えるわけにいかない。そこで、軽の大郎女を流したのだとしている。その後、允恭天皇が死去すると、弟の穴穂《あなほ》の御子《みこ》（後の安康天皇）が謀反を起こし、軽の太子を打ち破ったというのが、日本書紀の記述である。

これに対して、古事記では、軽の太子の近親相姦が問題になったのは允恭天皇の死後であって、こうした不倫な関係にうつつを抜かす太子に家臣団（古事記の表現では、「百《もも》の官《つかさ》また、天の下の人ども、みな」）が愛想を尽かし、太子の下を離れ、弟の穴穂の御子についた。そこで太子は武備を整え、弟の御子と戦ったが、結局、太子が敗れて流刑になった。

本居宣長『古事記伝』によると、日本書紀の記述は誤解に基づき、たしかに允恭天皇存命中にも問題は指摘されていたが、嗣子のことでもあり処罰することができないのでそのままにしていた。しかし、その後、穴穂の御子が勝ったので、嗣子の立場がなくなり、流罪になったとしている。

いずれが正しいかを論じる必要はないであろう(日本最古の流人は女性であったというほうが、よりドラマチックであるとしても)。どちらにしても、日本最初の流刑の背景には、軽の太子と軽の大郎女との悲恋物語が隠されていたということである。日本書紀は、本文において軽の太子は穴穂の御子に包囲されて自決したとしながらも、「一に云はく、伊予国に流しまつるといふ」という説も紹介している。古事記では、軽の大郎女が伊予まで軽の太子を追いかけて行き、二人は流刑地で恋歌を読みながら「共にみずからしなせたまひき」ということになる。心中の第一号でもある。

古事記では流刑は「島放《ほお》り」であり、江戸時代になっても「島送り」と言っていたように、流刑地として選ばれたのは、島が多い。離島は、追放するのに好都合だからだが、必ずしも、島だけが流刑地となっていたわけではない。江戸時代には、幕府の流刑とは別に各藩も流刑をもっていた。各藩の流刑地には、離島に限らず遠隔の地が選ばれていた。ここでは、加賀藩の例を見てみよう。

ただ一つ現存する流刑小屋

小松空港から北陸自動車道を北に上り、小矢部ジャンクションから東海北陸自動車道を今度は南下し、福光インターチェンジから三〇四号線をさらに南下、国道一五六号にぶつかる。このあたりが五箇山《ごかやま》である。さらに、一五六号を南下すると、合掌造りで世界遺産に指定された白川郷《ごう》に至る。

富山県東砺波《となみ》郡五箇山、ここは江戸時代、加賀藩の流刑地であった。一六六七（寛文七）年から幕末までの二百年間で、一五〇余名の流罪人が五箇山に送られている。男は祖山《そやま》、女は小原に送られた。祖山に送られた流罪人として最も有名な人物は、大槻伝蔵である。いわゆる加賀騒動の張本人であり、歌舞伎や映画では、主君を殺害した不忠の臣として描かれる。

加賀騒動の真相は様々に論じられるが、よくわからない。少なくとも、伝蔵を主君殺害の犯人とする証拠はないようである。その意味では、この事件は冤罪の一つであり、地元では伝蔵の雪《せっ》冤《えん》活動は現在でも盛んであるようだ。中嶋繁雄『歴史を歩く　諸藩騒動記』の「加賀騒動――異能の人大槻伝蔵の悲劇――」は、地元での伝蔵の名誉回復運動を含む、内容豊かな叙述になって

写真3　五箇山の流刑小屋

いる。

五箇山の平村田向《たむけ》には、「お縮《しま》り小屋」と称された流人小屋が、現在も当時のままに残されている（写真3）。重要文化財、合掌造りの村上家の前で国道一五〇号線を横切り、庄川にかかった橋を渡るとすぐに、右手に細い道が上っており、その上に間口一間半（二・七七メートル）、奥行二間（三・六三メートル）の萱葺きの小屋がある。小屋の正面の柱に二〇センチ四方ほどの穴があいており、そこから覗くと、膳を前にして上下をつけて端座している伝蔵の像がぼんやりと見える。

小屋の横に立てられた看板には、次のように書かれている。

《加賀藩の流刑地として罪人が五箇山に送られて来たのは寛文七年（一六六七）が最初とされている。以来明治維新までの約二〇〇年間に一五〇余人が流されて来た。

流刑地は庄川沿岸の七集落（猪谷、小原、田向、大島、篭渡、大崩島、祖山）に限られている。藩は流刑人の逃亡を防ぐため、庄川に橋をかけさせず、一人では往来できない篭の渡しを使わせた。

流刑小屋には集落内に限って出歩ける平小屋、一歩も外へ出られないお縮り小屋、中に更に狭い檻を作って閉じ込める禁錮の三種類がある。お縮り小屋と禁錮は牢番が食事を柱の穴から差入れるだけであった。このお縮り小屋は明治以後は物置に利用されていたが、昭和三八年の豪雪で倒壊したため、古文書を参考にして復元したものである。

全国的にも流刑小屋の遺跡はなく、貴重な民俗資料である。》

大槻伝蔵は武士であるが、もちろん、五箇山には武士以外のいろいろな人が流されてきた。その中でも、お小夜という女性の流人の物語は悲しい。

田向から庄川沿いに国道一五六号を下ったところに、小原がある。この小原には「お小夜の入水の地」がある。お小夜は他人の夫と不貞を働いたという罪で、小原に流されて来た。相手の男も、祖山に流された。お小夜の罪はそれ程重大なものではなかったので、おそらくは平小屋入りだったのだろう。昼間は村人たちと一緒になって働き、歌がうまいので村の人気者になった。そうしたところから、再びある男性と仲良くなり、男の子を身ごもった。しかし、このことがお上に知られると、またこの男にも難儀が振りかかると思い、ある夜、お小夜は一人ひそかに庄川に身を投げて死んだ。

村人たちは、そうしたお小夜の悲しい生涯に同情して、お小夜入水の地として代々語り伝えた。そのあとが現在でも残されている。

●江戸の流人

七二五（神亀元）年三月、京都からの遠近で、流刑地が三等に分けられている。

る。

遠流《おんる》――伊豆、安房、常陸、隠岐、土佐など
中流《ちゅうる》――信濃、伊予など
近流《こんる》――越前、安芸など

このような流刑地の等級については、江戸時代になって荻生徂徠《おぎゅうそらい》が次のような異論を出している。

《流刑には古は遠流・中流・近流の三等あり。当時〔今日――筆者〕は八丈島を遠島という。古《いにしえ》はその罪人の古郷より遠近をわけて遠流・中流・近流といいたる事にて、あるいは備後・出雲・土佐・伊勢・尾張・上総・伊豆・常陸・上野・陸奥・出羽等へ流されたる事あり。大島・八丈島は江戸よりは遠流にてはあるまじき也。大島よりは船にてあさりなど売りに来るという。商人入り込みて島というようなる事にてはなきと也。八丈島も殊の外近けれど、近きという事は、島代官の秘する事也という。ことに安楽なる処なるよしなれば、遠流という事には当るまじき也。》（『政談』巻之四「刑罰の事」）

江戸からの距離で考えた場合、徂徠の論も官学的発想ではもっともだということになろう。しかし、この論には、人の心が表われていない。当時としては当然ということであろうが、流刑というもののあり方について、少しでも血の通った議論をしようとする様子がない。

伊豆大島の流人たち

伊豆の流刑地として最初に登場してくるのは、伊豆大島である。伊豆大島の流人第一号は、三位麻績王《おみのおおきみ》一子、次いで、役の行者すなわち役《えん》の小角《おずぬ》であるとされている。前者が天武天皇四年、

後者が文武天皇の三年のこととされている。七世紀末ということである。ここに流された者のうち、最も有名な流人は、保元元年の源為朝である。

《流罪は徳川末期の寛政ごろまで続いたが名のある者は少なかった。大島は国地に近く流人の者が船を盗んで夜逃げする事があったので、その後は遣わされなくなった。……その他やや聞こえたる流人としては、赤穂浪士の遺子がある。元禄一六年彼らは切腹仰せ付けられると共に、その遺子らは大島に流され、宝永四年大赦によって帰国した。……

流人は流れのおんじーっ子と呼び、その墓も各部落にある。又「クゲの流れ」と云うのは理屈ばかりこねて身体を動かさぬ者を謂うと。大島にこの言葉ができる程公卿の流人があったわけではないから、新島辺りから運ばれた言葉かもしれぬ。》（山口貞夫「伊豆大島図誌」）

八丈島の流人たち

「鳥も通わぬ八丈が島へ、遣らるる此の身はいとわねど、後に遺りし妻や子が、どうしてこの世を送るやら」と民謡・追分節の歌詞にも歌われるほど、江戸時代、八丈島と流罪とは切り離しがたい歴史をもっている。

八丈島への最初の流人到来は、慶長一一（一六〇六）年の宇喜多秀家である。最後まで大阪方に味方した秀家は、死一等を減ぜられて、一族一三人と共に八丈島へ流されて来た。その後、明治四年まで総計一七五一人が送られている。

流人に対する島の人たちの態度は、元禄のころまではむしろ好意的であった。そのころまでは、どちらかといえば思想犯が主として送られてきており、身分も高く、したがって島役人もあまり厳しい態度では接しなかった。島人たちは、流人を「クンヌ」(「くにびと」というような意味)と呼んで、親しく交際していた。流人たちにとっても、八丈島は気候的にも人情においても暖かく、「八丈島はまさに流罪人の別荘だったと言っても過言ではなかった」(葛西重雄・吉田貫三『増補三訂・八丈島流人銘々伝』)という評価さえある。この点では、徂徠の評価も当っている。八丈節の一節にも「沖で見た時や　鬼島と見たが　来て見りゃ八丈は　情島」とある。

しかし、元禄以降になると、流人が多くなり、罪の種類もさまざまで島人たちも歓迎的態度で接するというのではすまなくなってきたのであろう。享保以降は、流人に対する呼び方も、「クンヌ」から「ズニン」(徒人)というものに変化してきた。受刑者としてただ単に本州から来た人という親しみが失われてくる過程が、この呼び方の変化に表われている。

●土地の人々との交流の中で

流人の中には、さまざまな才能や職能を持った者がいた。そうした流人を通じて、島の人たちは江戸その他都会の文化に接し、それを吸収していった。流罪中に貴重な研究や芸術作品をものした人も多い。現在、八丈島の民俗誌として逸することのできない『八丈實記』の著者、近藤富蔵も流人の一人である。

近藤富蔵の父親は、千島、エトロフ探検で有名をはせた、旗本近藤重三《しげぞう》守重である。富蔵は、その長男である。父重三が目黒の別邸に築いた新富士の評判はたいしたものであったが、そのことで隣家の百姓塚越半之助と地所争いが生じた。富蔵は、この争いを知って、父への孝養のためにこれを解決しようと乗り出したが、前身が博徒の半之助は近藤家の言い分にまったく耳を貸そうとしない。そうしたいざこざのうちに、富蔵は、半之助一家を殺害してしまう（この事件は、訴訟（獄）のもつれから起きた事件として、当時「獄台の変」として江戸中に評判になった。「山開き目黒の新富士」という芝居にもなっている）。

富蔵は、このため、狼藉者打捨の科《とが》で八丈島送りになる。切捨て御免の当時の刑罰としては、旗本の長男である富蔵に対するこの刑は破格に重い。この背景には、父重三の失脚を狙った者の力が働いていたようである（こうした事件の顛末については、富蔵自身が「鎗北《そうほく》実録」という獄中記に記している）。

八丈島に流された富蔵は、半之助一家殺害を大いに後悔し、島での生活においては文字通り虫をも殺さないざんげの生活に入り、その一方で、和歌、俳句などをたしなみ、島民の教育啓蒙に尽くした。島には彼の逸話が数々残されており、富蔵と島民との交流の深さが偲ばれる。

富蔵は役所の手違いから赦免が大変遅くなり、一八八〇（明治一三）年になってやっと赦免される。しかし、赦免後もまた八丈島に戻って生活している。

『八丈島流人銘々伝』によると、富蔵のように、赦免後に再び島に戻って生活したという者も多く見られる。流刑中に土地の生活になじみ、結婚し子どももできたという者たちにとっては、流刑前の場所で、島帰りとして世間の冷たい視線を浴びながらの新たな生活は、決して快いものではない。それよりも島で暮らす方が何倍もよいということはあっただろう。

流刑が望ましい刑罰ということではないが、一定の場所に隔離して一般の人との接触を禁止した形で行われる刑罰よりも、土地の人との交流の中で執行される刑罰のほうが利のある方法だということの証左にはなろう。

第７話　佐渡水替人足から人足寄場へ

●能州無宿新太の災難

松本清張『無宿人別帳』に、「海嘯《つなみ》」という短編小説が収録されている。『無宿人別帳』は、一九五七（昭和三二）年から雑誌『オール読物』に連載されたものであり、「海嘯」という一篇はその第二話として語られている（第一話「町の島帰り」は、本書第四話で取り上げた清張自身の経験を基にしている）。「人別帳」は正式には「家数人馬書上帳《いえかずじんばかきあげちょう》」と呼ばれた。家族の人数名前さらには所有する家畜に至るまで書上げた帳簿で、国民総背番号制よりも恐ろしいものである。

無宿人というのは、この人別帳への記載から外された者を指すから、「無宿人別帳」ということはありえない。そのあり得ない名称を用いているところに、「無宿」として人としての扱いを受けなかった人々に寄せる作者の思いが表れている。

「海嘯」の主人公は、能州（能登の国）無宿新太である。新太は、道を歩いていて無宿人狩りに引っかかり、果ては石川島人足寄場《にんそくよせば》送りとなる。後述するように、石川島人足寄場は刑務所発祥の地と評価されている。そこで、ここでは、この小説を手がかりにして、人足寄場設置に至る江戸期の刑事施設の状況をみることにする。

無宿人狩りについては、第一話で少し出てきたが、とくに天保年間は、「天保水滸伝」という芝居や浪曲の題材になるほど、無宿人が増え、その無謀に手を焼いた幕府がいっせいに無宿人狩りを行った。小説の舞台は、このあたりの時代のようである。

物語は、新太が突然声をかけられたところからはじまる。声をかけた男は、目明しである。新太が無宿者だと知ると目明しは、彼を辻番所に連れて行った。そこから新太は、縄をかけられて、伝馬町の牢屋に入れられた。牢屋に入っても訳のわからない新太に対して、隣の男が次のようにいう。


《「おめえ、無宿者だろう？」

「へえ、まあ、そうですが」

「それだ」

「へ？」

「それだよ。おめえが無宿人だから牢送りになったのよ」

「え。そりゃまた、どういう訳で？」

「訳もへちまもあるものか。江戸中の無宿者ばかり狩りあつめて今夜はここで泊まらせ、明日は何処かに連れて行こうってえ寸法よ。お名主さんが居ねえのも道理、このご牢は仮牢だあな」》

普通の大牢や百姓牢が監獄に当れば、仮牢は数日間拘留するいまの警察署の留置場に相当していた。

江戸時代の牢屋は、永牢《ながろう》、過怠牢《けたいろう》という刑の執行の場として使われることもあったが、本来は、現在の刑務所のように既決受刑者の自由刑執行ではなく、刑が決まるまでの未決拘禁の場所であった。ここに出てくる伝馬町の牢屋についていえば、収容される者の身分によって、揚座敷《あげざしき》、揚屋《あげや》、大牢、二間牢、百姓牢、それに女牢に分れていた。清張の説明では、大牢や百姓牢は監獄に当るとしているが、既決の拘禁場所でないのはこれらも同じである。現在でいえば、拘置所に当ると考えればよい。

第二話で紹介した河竹黙阿弥の「四千両小判梅葉」には、伝馬町牢内の場がある。その冒頭のト書きに、「本舞台四間の間平舞台、正面柱二本、高さ三尺余の板羽目、この上へ大格子、二本目の柱際戸前口出入り、この上の格子に神棚取り付けあり、羽目に箸紙手拭掛《はしがみてぬぐいか》けあり、上の方画心に同じく板羽目大格子、下の方同じく、ここに五器口《ごき》、流しあり、飯笊《めしざる》、桶、手桶、箸笊《はしざる》、物相《もうそう》の面桶《めんつう》、茶碗、小道具に誂《あつら》えあり、名主、隅の隠居の上に夜具棚を取りつけ、夜具載せあり、すべて伝馬町大牢の体」とある。

日本法制史家の平松義郎は、江戸期の牢屋の特質として、①交談自由な雑居拘禁であったこと、②牢内秩序の規律は主として牢名主制によって維持されていたこと、③牢屋は未決拘禁の場所とはいっても、一種の刑罰のようにも見られていたことの三点を挙げている（平松義郎「人足寄場の成立と変遷」）。最後の点については、「囚人等、その罪の定まらざる程は、いまだ罪人にあらず」といったという八代将軍吉宗の言葉が伝えられているが、奉行たちは、牢屋に収容された者はそれだけで罪人と見ていたようである。

平松によると、その理由は、「一には高度に有罪の推定を受けた者だけを入牢させるのが原則であり、また入牢者の多くは無宿であったことにもよる。無宿はその存在自体が違法であり、罪人に類する者と考えられていた」からだということになる。そのため、「牢は拘置所の性格をもつとはいっても、その実態、運営はとかく苛酷な刑罰的施設に傾斜しようとすることも事実であった」。

しかも、牢に入れてそのまま長い間牢の中に留め置くということも行われた。この点について、荻生徂徠は「牢の中に長く留め置いて、自白を強要することは、役人の罪になることだ。こうしたことは、律令がしてはいけないこととして禁止している。それなのに現在でもある。律の戒めにあるように、よろしくないことだ」と激しく批判している（荻生徂徠『政談』巻の四「刑罰の事」）。現代にも当てはまりそうな指摘ではないか。

「仮牢」と「溜」

新太は、伝馬町の仮牢に収容されたということだが、これは正確な表現ではない。というのは、正式に「仮牢」と呼ばれたのは奉行所付属の施設であって、裁判が決着するまでの間のものであった。したがって、通常は、「町奉行所仮牢」というものである（これについては、村井敏邦『刑事訴訟法』参照）。もっとも火付盗賊改は、盗賊の探索から吟味、裁判、処分までを一手に引き受けていたが、とくに奉行所というものをもたなかったので、後述の長谷川平蔵の役宅内には、白州も「仮牢」も設けられていた。

これに対して、無宿人を一時収容する場所は「溜《たまり》（非人溜）」と呼ばれていた。これには、「浅草溜」と「品川溜」があった。

天明六、七（一七八六、八七）年頃は大飢饉のためか無宿者が急激に増えた。これらの無宿人は佐渡に送られる前に「溜」に入れられたが、この「溜」では無宿人を非衛生な場所にただ閉じ込めておくというだけで、一年に千二、三百人もの病死者を出すという状態であった。

清張は、一時的に収容されているという意味で、「仮牢だあな」といわせたのであろう。

自白の強要は役人の罪（荻生徂徠『政談』巻の四「刑罰の事」）

牢舎する事は罪の詮議未だすまざる内の事也。久しく牢舎におく事は、淹囚《えんしゅう》とて、かえって刑罰を司《つかさ》どる官人の罪也。その子細は、賂《まいない》を取り、または私の怨みありて、無理に罪におとしたれども、実に申付くべき罪なき故、未だ詮議することの済まぬと名を付け、牢に入れ置き牢死さする事多きによりて、官人の罪になるなり。また公事の裁決に心を用いず、ぶらつきて延引に及ぶもあり。いずれもその官人の罪になる事也。また罪人を牢舎に入れ置き、ひたものに〔ひたすら〕問いて、人を多くささするる〔犯罪者として指名させる〕事あり。

●佐渡送り

石川島人足寄場ができるまでの無宿人対策は、佐渡に送って水替人足として使うというもので、これは、佐渡の流人以上に悲惨な生活であったといわれる。

《佐渡送りと聞いて新太の顔色は無くなった。金山の暗い地の底で働かされる水替人足の仕事はこの世の地獄と聞いている。一度行ったら、生きて帰れるかどうか分らない。新太はその話を何度も聞いていた。彼の知った者で佐渡送りになって果てた者がある。陽の目の見えない地底の労働と、石埃を吸い込む毒とで、どんな頑丈な者でも早死にするということだ。

……

江戸市中や近国の無宿者を捕えて、佐渡の水替人足に遣らせたのは安永七年頃からであるが、これは幕府が江戸の治安の維持と、鉱山の労働力の充足との二つを狙ったものであった。》

ここにあるように、幕府は、一七七八（安永七）年四月、「近来御当地並びに近国とも、無宿者数多徘徊致し候ゆえ、火付盗賊も多く、騒がしき儀どもこれあり」として、無宿人の逮捕を命じるとともに、彼らを「懲らしめのため」に佐渡金銀山に送るというお触れを出した。

比較的古くから、佐渡で金銀が採れるということはわかっていたようであるが、注目されたのは、越後寺泊《てらどまり》の外山茂右衛門という商人が金ほり人を連れてきて、新しい方法で銀を採掘し出した一五四二（天文一一）年からのことという（田中圭一『佐渡金山』）。その後、上杉家の直轄支配時代を経て、一六〇〇（慶長五）年、佐渡は徳川幕府の直轄地（天領）となり、初代代官田中清六が着任する。このころは、まだ、金銀の採掘はだれでもできたので、各地から一攫千金を夢見る山師、金ほりなどが殺到し、いわゆるゴールド・ラッシュの状況であったようだ。そうした状況から、森鷗外の「山椒大夫」で描かれるような、「人買い」が跋扈《ばっこ》し、安寿と厨子王の悲劇も生まれた。

水替人足

「水替人足」というのは、鉱山の地下から水を汲み上げる仕事をする人のことである。佐渡では、当初は村人が人足に借り出されていた。しかし、賃金は安いうえに、仕事はきつい。田中圭一『佐渡金山』には、小木岬強清水《こわしみず》村の小さな漁村の例が書かれている。

《この村には割間歩《わりまぶ》の樋引《といびき》の割り当てが一ヶ月に五歩ずつかかってきていたところ、やがて十一月から翌年の二月まで水主《かこ》三四人のうち四人ずつ交替に水替人足を割り当ててきた。強清水から相川へは、ゆうに一日の行程である。水替に入る時間が昼であるから、前日に相川へ行って泊まり、翌日の昼から一日働いて昼に坑外へ出て一泊、翌日村に帰る。計四日間必要である。もちろん金で樋宿（宿泊場所）に頼むことになるが、それがまた高い。延宝八年（一六八〇）七月二十三日に強清水の惣百姓から出された訴状には、水主が年中に稼いだ五〇目、七〇目の賃金の大部分がそれにつかわれてしまうと嘆いている。水主たちにとって、頭では金銀山を一国の要《かなめ》と考えることができても、現実に課せられてくる水替人足の負担は家計を動揺させるほど重く、耐え難いものであった。》

やがて村人たちは、この負担に耐えかね、水替人足の割り当てを忌避するようになる。佐渡へ無宿人を送るというお触れの出た一七七八年の二月には、加茂郡の五カ村の村役人から「明一日限りで水替人足を御免してくれるよう」にという願いが出されている。

こうした村人たちの拒否と無宿人対策があいまって、無宿人の佐渡送りという政策が生まれた。

佐渡送りか寄場送りか

再び新太の物語に返ろう。

《ところが金山の水替人足には収容力に限度があるので、その代りとして、寛政二年、佃島の隣り、もと石川大隈守上地のうち三千六百坪に囲いを設けて無宿者を集めた。火付盗賊改役、長谷川平蔵の建策によったもので、とかく無宿者の中から犯罪者が出るので、それを島に隔離して、強制的に労働させた。授産場という意味もあるが、やはり囚獄の匂いが強い。人足寄場と称した。一定の期間がきて成績のよいものは、労務の賃金を与えて釈放するのが特色であった。》

人足寄場が、無宿者を収容し、職業を与えることで改善効果をあげるという、現在でいう特別予防効果をもっていたことは疑いがない。

老中田沼意次が失脚した後、一七八七（天明七）年に老中首座に就任した松平定信は、無宿人対策に頭を悩まし、佐渡の水替人足以外に、荒地を起こすなどの農地の世話につかせたり、非人手下《てか》に申しつけるが、できるだけ生業に就くように教育するなどの方策をとったりした。定信は、老中に就任した翌年の一七八八年には、佐渡水替人足の制度の拡張も図っている。従来は、「無罪の無宿」を送るという方針の下に、軽微な犯罪を犯し敲《たたき》や入墨などの刑を言い渡されて、引き取り人がいない者は「門前払」、すなわち奉行所の門前で解放していた。定信は、このような者も溜に入れて佐渡送りにした。「御仕置き相済み候上は、即ち無罪の無宿に候」というわけである。一種の保安処分である。

定信が火付盗賊改役方長谷川平蔵に正式に無宿人収容所の設置を命じたのは、一七九〇（寛政二）年二月一九日のことである。場所は隅田川河口に浮かぶ島、石川島であり、名称は「加役方《かやく》人足寄場」となった。「加役方」というのは、火付盗賊改という役が本来の役職の他に加えられたものであったからである。平蔵は、当時、先手弓頭《さきてゆみがしら》兼火付盗賊改役であった。

《（翌朝、新太らは呼び出された）役人が立ってみなを睨め廻し、「その方ら、本来ならば佐渡金山水替人足として彼の地へ発足させるべきところ、特別のご仁慈をもって石川島人足寄場において就役させる。有難く思え」と大きな声で云った。一同、へえい、といって畏まる。

新太は、ほっと安心した。この言葉をきいて胸が休まった。思わず安堵の吐息が出た。

……それから一同は役人に護送されて、ぞろぞろと永代橋際まで歩き、待っていた船に詰め込まれた。船は容赦なく岸を離れた。》

現在、永代橋のたもとから石川島を望むと、指呼の間である。これくらいの距離であっても、隅田川を越えなければならない。当時、一般の人が佃島に行くには、佃の渡しがあった。人足寄場送りの者をこの渡しに乗せるわけにはいかない。そこで、永代橋から、ということになったのであろう。

●石川島人足寄場

《船は石川島に着いた。「一同、静かに上がれ」と役人が注意する。佃島に接した南側に門があり厳重な囲柵《かこい》が張りめぐらされてあった。門を入ると右側に見張り番所が在り、広い中庭をかこんで左に大きな瓦屋根の役所があり、東側に人足小屋の低い杉皮の屋根が長く立ちならんでいた。小屋の中からこちらを覗いている人間もいた。》

写真４　石川島人足寄場跡に復元された石川島燈台（提供＝中央区観光協会）

『江戸名所図会』によると、人足寄場のあった石川島は、三大将軍徳川家光の時、石川大隈守八左衛門正次がこの地を拝領してから、そのように呼ぶようになったという。そのため、俗に、「八左衛門島」ともいわれていたようである。江戸の古図では、「森島」と名付けられており、その注に、「一名を鎧《よろい》島と号《なづ》く。古《いにし》へ、八幡太郎義家朝臣、鎧を収めて神体とし、八幡宮を勧請《かんじょう》す。石川島大隈守居住のときは、その庭中にありしが、いまは、鉄炮州《てっぽうず》稲荷境内にありと云々」とあるとしている。

現代の石川島人足寄場跡

現在は、全体が佃という地名になっている。明治維新によって人足寄場は取り壊され、その跡の南部が一八七〇（明治三）年に東京徒場となり、六年後、東京懲役署となった。その後、一八九六（明治二九）年に巣鴨監獄に移転し、この地から人足寄場の跡は完全になくなった。

その後、石川島播磨重工業の前進である石川島造船がここで創業し、さらに三井倉庫が移転してきた。今ではこの三井倉庫もなくなり、一八〇〇年代に建てられた石川島燈台跡（写真４）と佃川の水門のところに少しだけ残された三井倉庫の石壁に当時の名残を残すだけとなっている。

現在、人足寄場跡には、公園と高層マンションが建ち、わずかに公園の案内図に「石川島人足寄場跡」という表記が残っている。かつて、平蔵の伝記を書いた法制史家瀧川政次郎らは、この地に人足寄場記念碑を建てようと努力したが、地元住民の了解が得られないまま現在に至っている。

第8話　鬼平と人足寄場

火付盗賊改役長谷川平蔵の名が大衆的になったのは、池波正太郎『鬼平犯科帳』シリーズを通じてである。その第三巻の「あとがきに代えて」で、池波は、「尚、書きそえておくが」として、「長谷川平蔵は、幕府に建言し、犯罪者の厚生施設ともいうべき［人足寄場《にんそくよせば》］の設置をつよく要望し、幕府がこれを採りあげ、佃島の北どなりの石川島の内、六千坪へ［寄場］をもうけた。この［人足寄場］も、これから書いてゆく事件の舞台になることとおもう」と書いている。しかし、『鬼平犯科帳』には、人足寄場内の事件を扱った物語は見つからない。人足寄場を扱った小説には、松本清張「海嘯《つなみ》」のほか、山本周五郎『さぶ』がある。そこで、まず、「海嘯」と「さぶ」とに見る人足寄場観を対比させて見、次ぎに、『鬼平犯科帳』などを中心として、長谷川平蔵と人足寄場との関わりを見ることにする。

●二つの寄場観

まず、松本清張「海嘯」の中の寄場観であるが、そこでは、人足寄場について、「授産場という意味もあるが、やはり囚獄の匂いが強い」と述べられていた。この一文とともに、牢獄の中と同じように、同性愛で性を処理しているさまが述べられているところから、瀧川政次郎は、清張の人足寄場評を厳しいものとして紹介している（瀧川政次郎『長谷川平蔵――その生涯と人足寄場』）。

「海嘯」には、主人公の新太に島抜けをそそのかす権次という人物も登場する。権次は、石川島に送られる船の中で、佐渡送りではなく石川島送りと聞いて喜ぶ新太に、「佐渡だって石川島だって不自由な島に変わりは無えよ。そんなことで喜ぶようじゃ、おめえもおめでてえ男だな。この船の奴らみんなそうだ」と言う。他方で、石川島に二年もいるという卯之助は、島の生活に満足している。

《「おれは此処がありがてえところだと思っている。お飯《まんま》は下さる。寝るところもある。おまけに出る時は長目《ちょうもく》まで下さるのだ。考えても見ねえ。おれは、ここへ来るまでは橋の下や軒の蔭に寝ていたのだ。菰《こも》をかぶって往来を歩いたものだ。人に乞食のように見られてよ。無宿者てえな誰も相手にしねえから職は無え。人さまの裏口で餌をあさって廻った辛さが骨身にこたえているのだ。それにくらべると、ここは極楽だあな。おれはいつまでも居てえ。新太よ。おれの故郷《くに》の身内てえな水呑み百姓でな。朝から晩まで真黒になって働いても粟の飯を食い兼ねている。二朱の金を箪笥にしまったことは無え。病気になりゃア死ぬばかりよ。医者にもかかれねえ。ところが此処に居れば医者はついている。養生所は在る。仕事をした分の賃銭は、ちゃんとお上で積み立てて下すっている。……出来ることなら、おりゃア一生

でも此処に置いてもらいてえ。」》

しかし、権次はなおも辛らつだ。卯之助の言葉を新太から聞いた彼は、「飛んだ世迷言《よまいごと》を吐《ぬ》かす野郎が居たものだ」と怒って言う。

《「二年もこんな所に居たから頭に来たとみえる。人間、飯だけありゃア生きてるというもんじゃねえ。翼があって好きな所に飛び廻らなきゃ生き甲斐はねえのだ。この狭い島に飼い鼠みてえに閉じ込められておとなしく有難がってる奴の顔が見てえ。新太、そうだろう」

卯之吉の云った言葉にはすぐに相槌を打てなかったが、権次の云うことには新太はすぐにうなずいた。》

「人足寄場といえども自由を奪われていることには変わりない」。結局、権次のいうことにうなずかせたところに、清張の寄場観が現われているというべきか。

「さぶ」と栄二

山本周五郎の『さぶ』は、もとは一九六三年一月から七月まで『週刊朝日』に連載された。現在では、文庫で読むことができる。この作品では、人足寄場のことが克明に描かれている。

「さぶ」というタイトルであるが、主人公は、さぶの親友の栄二である。

江戸下町の経師屋芳古堂の住み込み職人である栄二は、ある日、仕事先の物を盗んだという濡れ衣を着せられ、事情を聞きに行ったその仕事先で手荒く扱われた上、怒鳴り込んで狼藉を働いたということで訴えられ、奉行所で吟味されることになる。「栄二は駕籠にのせられて、北町奉行所に連れてゆかれ、仮牢に入れられた。」

ここにある「仮牢」は、「海嘯」に出てくるものと違い、奉行所における吟味の間収容される、文字通り「仮牢」と称される施設を指している。「海嘯」の新太の場合は、純粋に無宿人として一時的に収容されていたが、栄二に対しては被害者からの被害の訴えがある以上、奉行所では取調べが行われた。その間の収容施設が「仮牢」である。

栄二は仮牢に七日間いたあと、人足寄場に送られる。栄二を取調べた吟味方与力は、栄二に同情的であり、被害者からの申し立ても「ただどなり込んで狼藉をされた」というだけのものだったから、「これまでのしらべではほかに余罪はないようだから、本来ならこのまま召放しにするところだが、住居も請人も申立てず、また職の有無も云わぬ以上、無宿人としての処分はまぬかれない、よって石川島の人足寄場へ送ることにしたから、そのように心得るがよい」と申し渡した。

「人足寄場は牢舎ではない」

石川島人足寄場に到着した栄二たちに、寄場同心岡安喜兵衛はいう。

《「この人足寄場は牢舎ではない」とその寄場同心は云っていた。……

この寄場は他の牢とは違い、収容者を罪人とはみなさない。衣服は規定によって、柿色に水玉を染め抜いた物を着せるが、髪毛はそのままだし、亭主のある女はかねをつけてもよい。手に職のある者はその職にはげみ、職のない者は好みの職を身につけることができる。それらの作業には賃金が支払われるし、それはやがて世間へ出たとき正業につく元手になる、——寄場同心のそういう言葉を、栄二はまるで聞いていなかった。》

この寄場同心元締役の岡安は、後に栄二のよき助言者となる。その岡安が、人足寄場について述懐する場面がある。

《人足寄場は一つの世界であり、役人たちもまた一つの世界である、というように岡安は語り継いだ。人間が集まってかたちづくる世界には、必ず善と悪とのせめぎあいがあり、善だけに統一することも、悪だけに占められることもない。特にこの寄場の「牢ではない」という原則には、多くの矛盾やあいまいな点があって、掟に違反した者の処罰には、当惑する場合が少なくないし、それをよく見ぬいていて、巧みに法を犯す者もあとを断たない。これらは表面にはあらわれないが、自分などには早くからわかっていた。》

岡安の云うところによると、奉行の成島治右衛門は、この寄場という制度をこころよく思っていない。したがって、寄場の中でばくちが行われていて、それを寄場役人が賄賂をもらって見逃しているというようなことを成島が知ったならば、「もともと寄場の制度に反対な成島どのは、町奉行へどんな進言をするかわからないし、そうなれば事は、この寄場の存廃にかかわるところまで発展するかもしれなかった」と語った後、さらに言葉を継いでいった。

岡安の寄場に寄せる思い

《「私はこの寄場を確保し、育ててゆきたいと思う。現在の制度にはいろいろ欠陥があるにしても、犯罪者になりそうな性格や境遇にある者を犯罪者になることから護り、職業と賃金を身につけて世間に復帰させる、ということには大きな意義があるし、人口の増加と生活状態とで、ますますむずかしくなる江戸という大きな世帯では、これからもっと重要な役割を負うことになるだろう。」》

実際にこのような同心がいたという証拠はない。これは、周五郎の寄場観であろう。清張の寄場観がいささか厳しいものであるとすれば、周五郎はより好意的に見ていたということであろうか。

なお、『さぶ』には、「加役人足寄場絵図」（図3）が載せられている。この図は、一八〇〇（寛政一二）年、勘定奉行所の役人であった太田南畝《なんぽ》（蜀山人）が仕事の関係で寄場に行った時に、寄場役人からもらってきた寄場初期の絵図の写しであると思われる。写真4でわかるように、現在は、島の南端にある位置に燈台がある。この燈台（常夜灯）は、幕末の一八六六（慶応二）年、当時の寄場奉行の清水純畸が、船舶の航行の安全のために、寄場作業として行われていた油絞りの益金を割いて、寄場人足の手で作らせたものである。「さぶ」の舞台は少なくともこの燈台ができる以前ということになる。

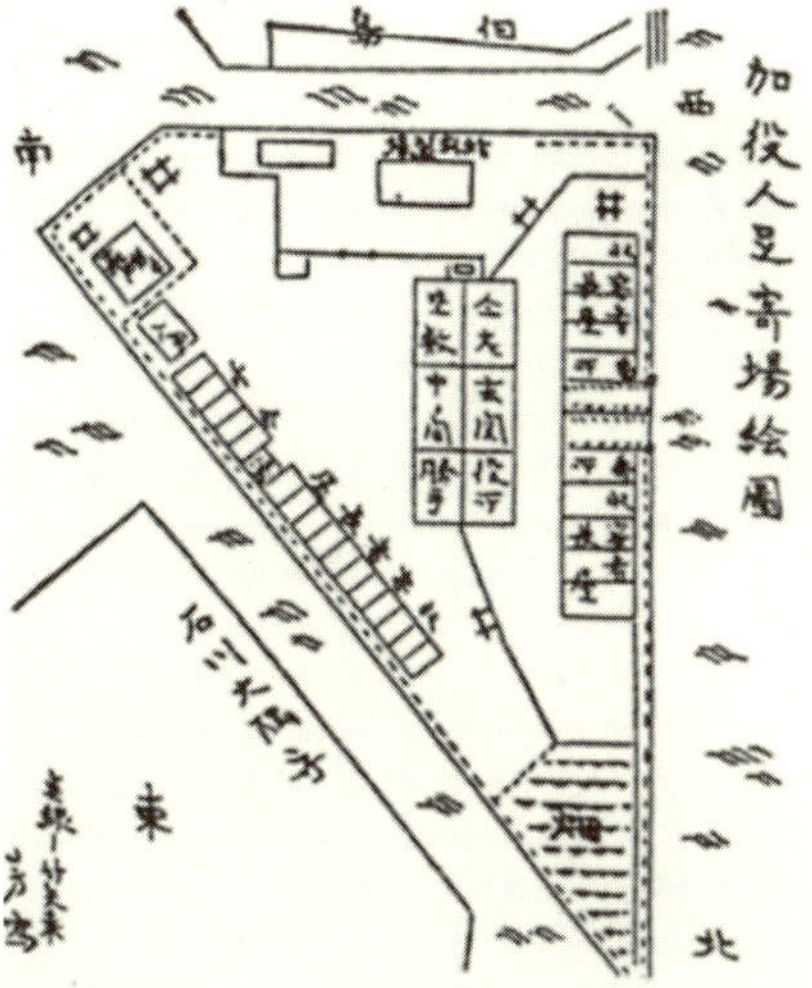

図3　加役人足寄場絵図。南端に位置する石川島燈台はまだない（山本周五郎『さぶ』）

人足寄場を襲った大津波

「さぶ」「海嘯」の両作品ともに寄場が大風大津波に襲われるという話をのせている。この大津波は、一八五六（安政三）年八月に実際にあった。この時には、寄場奉行は人足たちを一時的に解き放ち、高波が静まったら、早々に戻ってくるようにと命じたが、七〇余りの人足は寄場に残り、役人たちと一緒に防災に努めたという記録が残っている。「さぶ」の中でも、津波の際、「掛矢を持った清七の威しと、栄二の巧みな言葉の威しとで、われ勝ちの騒ぎはしずまり、病人、女たちに続いて、三艘の伝馬船に避難者が乗り移り、どうやら事なく大川へ漕ぎ出してゆき、あとに七十余人の人足が残った」という表現があり、栄二も、踏みとどまって役人たちと一緒に率先して寄場を護る行動をとっているので、この記録を基にしたのであろう。

これに対して、「海嘯」では、新太は襲ってきた大波のうねりに飛びこんで逃げるが、結局は寄場奉行の言うとおりに永代橋際に集まろうと決心する。一方は美談で、他方は掟破り寸前の行為を描いているが、そのどちらもあり得たことであろう。実際、寄場からの逃走はあとを断たなかったようである。

●寄場の発案者はだれ？

石井研堂『明治事物起源』第二編法制部の「囚人赭衣《しゃい》の始め」には、「寛政二戌《いぬ》年春の比《ころ》より、盗賊奉行長谷川平蔵殿御計にて、佃島八左衛門島の間に蘆など茂し所有、此所へ罪人を遣し、柿色の看板を着せ」という「写本千年草」の記事が載せられ、続いて、「『匏《ほう》庵十種』の記載また同一なり」として、次ぎのような一文が引用されている。

《寛政の頃府下盗多し、予が母方大伯父加役長谷川平蔵、白川候に建言し、多数の無宿賤民

図４　『江戸名所図会』に描かれた石川島（右の森のあたり）（『江戸名所図会』「（佃島）其二」、第１巻、角川文庫）

を駆りて佃島に移し、監守を厳にして業に就かしめ、之を寄場人足と号す。衣するに一様の赭衣に水玉を染め抜きたる衣服を以てし、逃走を防ぎたり。此囚人赭衣の濫觴《らんしょう》にして、今は水玉を除けり。

身の錆がついて其身も赤くなり　多久庵》

ここに、「白川候」というのは、白川藩主で老中になった松平定信のことである。長谷川平蔵が建策して、定信がこれを採用したというもので、池波正太郎もこれにならっている。

『鬼平犯科帳』第二巻「蛇の目」には、

《平蔵の、やることなすことが物凄い。

お上へ人足寄せ場のことなどを建言して、いやに人情ぶかいところを見せるかとおもえば、「煮ても焼いても食えぬやつ」

と断定したが最後、寸分の容赦もなく荒々しい処置をおこなう。》

とある。池波は、『鬼平犯科帳』に先立つ作品中でも、同様のことを述べている。「江戸怪盗記」には、すでに次ぎのような記述が見られる。

《この夜、火付盗賊改方の頭・長谷川平蔵が、思いたって巡回をおこなったのは偶然であった。

平蔵は、このとき四十六歳。若いころは［本所の銕《てつ》］とよばれ、江戸の暗黒街へ出入りをし、父から勘当をうけたほどの男が特別警察の長官になったのであるから、むろん手柄も多い。それればかりではなく、長谷川平蔵は石川島に［人足寄場］というものをつくり、死罪以外の囚人を教育、保護し、種々の内職をさせ、出獄後の益ならしめんとした。

この平蔵の進言を幕府が採用したのは、去年の二月である。》

このように、人足寄場については、長谷川平蔵が建言して、それを松平定信が採用したというのが、一般的な認識であった。「海嘯」に「火付盗賊改役、長谷川平蔵の建策によったもの」とあるのも、この一般的認識に依っている。

松平定信発案説

これに対して、石井良助などは、松平定信発案説を唱えた。定信は老中就任当初から人足寄場の構想をもっており、その具体化を平蔵に命じたという（石井良助「日本刑罰史上における人足寄場の地位」）。また、瀧川政次郎も、「人足寄場は、定信の工夫と発意によって作られた、と考えてよい。ただし、それを如何に具体化するについて建議し、又実際にその建設を担当したのが平蔵であったわけである」としている（瀧川政次郎『長谷川平蔵――その生涯と人足寄場』）。現在では、法制史家の見解は、これで固まっているようである。

定信はその自伝『宇下人言《うげのひとこと》』で、平蔵を登用した経緯と人足寄場の状況について、次のように書いている。現代文に訳して引用する。

《寄場というものが出来た。享保のころから無宿者がいろいろの悪行を行うために、その無宿を一個所に入れて置いたならばよいのではないかという建議もあったけれども実現しなかった。その後無宿養育所というものが、安永のころに設立されたけれど、これも成功しなかった。そこで、志ある人に尋ねたところ、盗賊改をつとめていた長谷川某が「こころみん（やってみましょう）」という。つくだ島のとなりに島があるので、これを補修して無宿を置

二人平蔵

「鬼の平蔵」で「鬼平」と命名したのは、池波正太郎である。長谷川平蔵宣以《のぶため》が本名である。父親も平蔵（宣雄《のぶお》）であるので、しばしば親子の混同が起きる。たとえば、江戸時代通史として広く読まれた、小宮山綏介『徳川太平記』（一八九七［明治三〇］年）は、「寛政二年二月廿日、先手頭火附盗賊改加役長谷川平蔵宣雄、建議して無宿の徒を加役方人足に取立、石川大隈守屋敷裡《うち》、葭《あし》沼の地一万六千三十坪の寄場を設く」と記し、これによったのであろう、熊田葦城『江戸懐古録』の第一〇三話「無宿島の由来」では、「火附盗賊改加役長谷川平蔵宣雄の発案によって石川島に設けられたもの」とされているが、これはあやまりである。平蔵宣雄は鬼平の父親であり、人足寄場とはまったく関係がない。

いて、あるいは縄をない、または米などをつくなどの仕事をさせ、幕府から米の金として一年いくらと定めて支給される。》

これに続けて、「これによって今は無宿というもの至って稀なり。以前は、町々の橋のあるところには、その橋の左右に連なっていたが、今はなし。こゝによって盗賊なども減じぬ」と定信は自画自賛している。

鬼平の役割

「志ある人に尋ねしに、……長谷川何がしこゝろみんといふ」という個所の解釈が問題であり、「無宿対策として何か良策がないか」と尋ねたところ、「わたしがやりましょう」と平蔵が名乗りをあげたのであれば、人足寄場のアイディアは平蔵のものだということになる。しかし、前後の関係から解釈すると、ここはそうではなく、「無宿養育所の建設についてよい案がないか」と尋ねたと見るほうがよいようである。

このように、人足寄場は長谷川平蔵の発案ではなかったようであるが、建設と当初の経営の任に当ったのは、平蔵であったことは間違いない。

ではなぜ、平蔵だったのか。

属人的な管轄でいえば、江戸の町人のことは町奉行、関八州の百姓は勘定奉行、旗本御家人は目付となっていた。平蔵の本来の仕事である火付盗賊改という役目は、そうした意味での属人的管轄をもっていなかった。無宿も右の属人的管轄のどこにも属していないので、いきおい無宿のことは火付盗賊改が扱うということになった。無宿養育所の建設は平蔵の本来の役目に属するから、「やってみましょう」と名乗り出たわけである。

ただし、平蔵に任せるについては、いささか懸念もあったようである。定信は次のようにいう。

「人足寄場ができて、幕府の財政支出は減り、無宿も減ったのは、長谷川の功ではあるが、この人は功利をむさぼるため、山師などという芳しからざることもあるようで、人々はこの人のことを悪く言う。そのことは知っていたけれども、そうした人でなければ、この創業は行いがたいとほかの老中とも相談して、まずやらしてみようということになった。」

人足寄場ができるまでは、幕府は無宿を捕えると、彼らを浅草の非人溜に預け、一人につきいくらという形で非人頭にその扶持を支払わなければならなかった。寄場ができることによってこの財政支出がなくなった。

「この人は功利をむさぼるため、山師などという芳しからざる事もある」というのは、平蔵が銭相場に手を出したことを指すようである。定信が田沼意次から老中を引き継いだ頃、世はまさに不況の最中であった。天明の大飢饉後の人々の困窮は極限に達しており、それが天明の打ちこわしへと発展する。そうした状態の中で、貨幣の価値は低下する一方であった。これに歯止めをかけるため、幕府は、鋳銭と真鍮銭の鋳造を禁止した。そこで、『宇下人言』は、「今に引き上げられるであろうと、長谷川平蔵というものが銭を買い上げた。世間の人は、平蔵がこうして功利に走るのを憎んで、銭価が高くなっても依然として諸物価の方が高く、銭価は低いではないかといって、非難した」と記している。

功利をむさぼるというのは、定信の最も嫌うところであったようで、したがって、平蔵のように利に聡い人物は定信の本来評価するところではない。しかし、人足寄場の経営にはかえってそのような人物の方がよいと考えて、平蔵を登用することに決めたという。この平蔵の登用法も功利的であまり誉められたものではない。

●人足寄場の経営

人足寄場に幕府は一定の支出を行ったが、財政難の折からそれほど多額をそれに割くわけにゆかない。まして、当時の川柳に「爪の先に火をともして五本丸で焼け」（爪の先に火をともすほどにけちけちしたのに、江戸城本丸が丸焼けで大損した）と詠まれるほどの倹約の定信である。人足寄場建設の年は建設費を含めて金五百両、米五百俵が支給されたが、その次の年はその半額に近い金三百両と米三百俵に減額されている。

《松平定信は、苦しい幕府財政のうちから、新設年度に米五百俵・金五百両の予算を捻出してくれたが、

「なれど明年からは約半分ほどになろう。その間、浮浪人たちの授産のたすけになるようにいたしくれるよう」

したしく、自邸へ平蔵をまねいて、申しわたした。》

『鬼平犯科帳』一巻の「むかしの女」では、そう書かれているが、定信がとくにやさしい言葉をかけて励ましたという記録はない。

石川島に盛り土を運びそれを地固めし、小屋を立て作業場を作り、作業に必要な設備を備え付け、職員を確保する。そのうえで、受け入れた被収容者の衣服から食事、寝具を整えなければならない。こうしたこと一切の切り盛りが平蔵の肩にかかっていた。幕府から支給される金と米では到底足りるものではない。平蔵としては、ほとんど自前で寄場経営を切り盛りしなければならない。平蔵の本来の職務である火付盗賊改の方も、金のかかる仕事である。

これに加えて、人足寄場の建設と取扱いを兼務するというのであるから、平蔵の苦労は並大抵ではなかったろう。銭相場で利を得てその利益を人足寄場の経営に充てるというのは、若い時に市井でさんざん悪さをした平蔵ならではの発想であっただろう。

定信は、寄場人足たちが働くことで産業が盛んになり、そこから一定の収入が得られると考えたようであるが、事はそううまくゆかない。平蔵は、材料費を安くするために古紙を石川島に送ってもらって、これを寄場人足に漉《す》かせて、紙を製造させた。「島紙」ということで、江戸の町で評判になったようである。そのほか、石灰や炭団《たどん》の製造なども、寄場の重要な財源になった。しかし、「島紙」と称されたことでわかるように、人足寄場でできたものを一般の江戸の人は、穢《けが》れたものと考えて使用しなかったようで、もっぱら地方に流れていったという。結局、人足寄場の産物は官給物とされ、人足たちの労働の多くは公共事業的なものにまわさざるを得なかったのが、現実であったようで、平蔵も寄場の製品の買い上げや労働力の利用を幕府と交渉している。

油絞りの採用

寄場経営という点から見たとき、注目されるのは、一八四一（天保一二）年から採用された油絞りである。これは利の多い作業で、寄場の事業として「不可欠の『永続の手業』となった」(平松義郎「人足寄場の成立と変遷」『人足寄場史』)。しかし、油絞りの作業は重労働であるため、それまでの無罪の無宿ではこれを担いきれない。『さぶ』の栄二は、経師《きようじ》職人としての腕があり、それを申し出ればそれなりの専門職を選ぶことができたが、とくに申し出なかったので、もっこ部屋行きを命じられた。そのことに関連して、寄場の仕事の内容が説明されている。

《牡蠣《かき》灰を焼くのも楽ではないが、もっとも激しい作業は油絞りで、これにはよほど躰力《たいりよく》のすぐれた者でも、長くは続かないということであった。ほかには彫物、竹笠作り、駕籠作り、紙漉《かみす》き、元結《もとゆい》、草履、縄細工、米搗《つ》き、大工、左官、百姓、炭団《たどん》、などという職種があり……もっこ部屋の残された人足たちは、これらの仕事の助け役をするわけで、材料を船からおろしたり、成品を積み込んだり、手のたりないところを手伝ったりするのであった。》

この苛酷な労働を伴う油絞りの採用を契機として、それまでは「無罪の無宿」のための作業訓練場という性格を基本にしていた寄場に、多くの有罪の無宿が投入されることになった。以来、その苛酷な労働内容と合わせて、人足寄場の性格は苦痛刑執行の場と化して行くことになった。

人足寄場の世話人

寄場経営には、寄場人足たちと社会との間に入って出所する人足たちの引取りの世話などをする人間、現在でいえば、保護司のような人が必要であった。人足寄場での世話人は「人足差配人」と呼ばれたが、これも平蔵は自ら調達していたようである。『鬼平犯科帳』二巻の「白波看板」には、次ぎのような記述がある。

《翌寛政二年の秋ごろから、夜兎《ようさぎ》の角右衛門は、長谷川平蔵のためにはたらきはじめている。角右衛門は回向院裏に小さな小間物屋をひらき、ひとり暮らしをつづけながら、江戸の暗黒街を探りまわり、火付盗賊改方の盗賊検挙をたすけた。

前にのべた葵小僧事件でも、角右衛門の活躍は非常なものであったらしい。

寛政三年になると、長谷川平蔵は、石川島に［人足寄場］というものをつくり、死罪以外の囚人を入れて、これを保護、教育し、手職をつけさせ、出獄後の益ならしめんとした。

幕府は、この平蔵の進言を採用し、かなりの経費も出したようである。

［人足寄場］ができると、角右衛門は小間物店をたたみ、寄場へ入って囚人たちのめんどうをみていたようだ。》

もっとも、後には、栄次という差配人のときにトラブルがあって、それ以後はこのような者を置かなくなったという（瀧川政次郎『長谷川平蔵』）。瀧川は、「山本周五郎の『さぶ』の主人公栄二は、この栄次をもじったものであろう」と述べている。

平蔵の解任

平蔵が寄場の取扱いを任されていたのは、一七九〇（寛政二）年二月一九日から一七九二（寛政四）年六月四日までの二年間強である。平蔵の後は、寄場奉行が任命され専属的に管轄することになった。ちなみに、平蔵は、それから三年後の一七九五（寛政七）年五月一〇日に死去した。松平定信が老中首座を解任された翌年である。平蔵の父宣雄は、京都町奉行になり備中守に任ぜられている。それに比較して平蔵宣以は、火附盗賊改どまりであった。瀧川はそこに、定信と平蔵との肌合いの違いがあったと見ている。

この肌合いの違いについては、池波も、『鬼平犯科帳』四巻八話「夜鷹殺し」の中で、平蔵にボソッと言わせている。

《「どうもな、立派な御方なれど白川候は、いまひとつ下情《かじょう》に通じておらぬので……」

一度だけ、そっと妻女の久栄へ、苦笑まじりにもらしたことがある。》

真実がどうであったかは不明であるが、平蔵が苦労の割に報いの少ない最期であったことは事実である。瀧川は、「私は平蔵をして斯かる気の毒な最期を遂げしめた松平定信に対して、好感がもてない」と述べ、「人足寄場創設の効の大半は長谷川平蔵に帰すべきである。その功労者をしてこのような死を遂げしめたことは、慥《たし》かに定信失政の一つというべきである」と断じている。

第9話　人足寄場から刑務所へ

●自由刑と人足寄場

松平定信の『宇下人言《うげのひとこと》』にあるように、当初の人足寄場が無宿人対策として設けられたことは疑いがない。働かずにぶらぶらしてちょっとした悪さをする無宿人たちが江戸に集まってくると、治安上よくないことはもちろん、労働力としてももったいない。しかも、世は不況の最中である。倹約を旨とする老中松平定信がこれを利用しない手はない。当初は、こうした考えのもと、無罪の無宿を中心として収容して、作業にあたらせた。しかし、それは決して福祉事業的なものではない。逃走を防止するために、柿色のお仕着せを着せられ、万一逃走した場合には、死罪が待っていた。現に逃走を企てて直ちに死刑に処せられた者も多い。

無宿中心の収容という意味では、人足寄場は刑罰の執行の場所というより、労働の性癖のない者に強制的に労働を課すことによって現在の危険を回避するとともに、将来の犯罪要因を除去するという、予防的保安的観点を重視した保安処分の場所であった。後には、とくに、第八話でふれた油絞り作業の導入以後は、有罪の無宿や幕末には政治犯を含めて小伝馬町の牢から刑を言い渡された者が送られてきて、刑罰執行の場としての色彩も濃くなったが、それでも、刑余《けいよ》的作業としての位置付けであったようで、なお、保安処分の一種と考えてよいだろう。その意味では、人足寄場を自由刑発祥の地とするのは、正確ではないということになる。

もっとも、明治に入り、ここが監獄として受刑者を収容することになったのであるから、場所としては、自由刑執行の源であるといっても、必ずしも間違いではない。

佃島徒場への移行

石井研堂『明治事物起源』には、「佃島徒場の始め」と題して、「明治三年二月二日、東京佃島をもつて徒場と定む」という記述がある。明治政府は、維新と同時に仮刑律を定め、自由刑としての徒刑を設けた。『明治事物起源』には、また、「明治元年六月、横浜にて仮律を定め、旧刑入れ墨、敲《たたき》以下を徒刑に換へ、横須賀に徒刑場を設置す。造船所内に土工多きをもってなり（横浜沿革史）」とも記され、これに続けて次ぎのように書かれている。

《明治三年一二月、新律を頒行《はんこう》す。徒刑あり。五年四月懲役法を設け、笞十を懲役十日、二十を二十日に代へることとなす。『日要』六年六月発布の改定律例には、笞杖徒流《ちじょうずる》の刑名を改めて一体に懲役となす。……

とけいの名があるでくさりがはなれ兼　　東楽
懲役の気だと伊勢屋の居候　　株木
押どりが番ひ《つがい》離れず土かつぎ　　曙悪》

「懲役法」、および同五年一一月制定の「監獄則」では、懲役という名が用いられ、それに合わせて、石川島徒場は東京府石川島懲役場と名を改めた。しかし、「鎖をされて労働をする者」という徒刑受刑者についての民衆のイメージは、名を懲役と変えても変化がなかったことが、これらの川柳に現われている。「近代自由刑」が、人間性を尊重した刑罰であるというならば、この姿はそこから程遠い。

「赤い人」

吉村昭の作品に『赤い人』というのがある。「赤い人」というのは、明治初期の受刑者の衣服の色が赤だったことに由来している。北海道の樺戸《かばと》集治監を舞台にした物語である。

徒刑、流刑、終身懲役などの重刑受刑者を収容する場所として「集治監」があてられていた。最初の集治監は、仙台と東京に置かれた。さらに、北海道に樺戸のほか、空知と釧路に集治監が設けられた。これらは、明治政府に対する不満分子を収容する場所として設置されたもので、神風連の乱や佐賀の乱、西南の役などの一連の内乱において多量の政治犯が捕縛され、こうした集治監に送られた。

北海道の集治監に送られたこれらの政治犯は、厳寒の中、柿色の囚人服一枚で苛酷な道路建設の労働に駆り立てられた。このことを書いたのが、『赤い人』という作品である（北海道における囚人道路については、映画「北の蛍」や安部譲二「囚人道路」などの作品でも取り上げられている）。

この「赤い人」の由来となった柿色の囚人服の発案者については、前掲の石井研堂『明治事物起源』に引用されている「写本千年草」の記事には、それが平蔵であるかのような記載がある。しかし、この点についても、異論があるようで、平松義郎「人足寄場の成立と変遷」によると、人足の衣服についての平蔵の原案は「波の模様」だったという。それが、柿色水玉になった経緯は明らかではないが、「恐らくは定信の案であろう」という。瀧川政次郎『長谷川平蔵』も同意見を述べた上で、次のようなエピソードを紹介している。

《柿色は中国の獄衣が赭衣であるところから思い付かれたと思うが、佐久間長敬は、柿色は最も廉価に染色できる色であるからであるといっている。水玉は、人足寄場が水中にある島であることから思いつかれたものであろう。この後も、寄場人足は、このユニホームを着せられて、江戸の町々へ外使《そとづかい》に出されたから、江戸の人々は、寄場人足のことを「水玉人足」と呼んだという。》

後には、水玉がなくなり柿色だけになり、明治以降の囚人服に引き継がれるのであるが、このような特別な色の衣服を着用させたのは、逃走してもひとめで人足寄場の者だということが分るので、逃走防止になるということからである。

石川島監獄署に対する住民感情

石川島懲役場は、一八七五（明治八）年一〇月、東京府から警視庁に移管され、警視庁懲役署となり、さらに、その二年後には、石川島警視監獄署と名を改めている。石川島監獄署に対する住民感情を示す次のような記述がある。

《監獄署は明治の中頃まであった由で、私共の子供の頃よく聞かされた話であるが、佃島の子供たちは赤ん坊やあい、たばこをやるから手を出せよと、監獄の塀の下から手を出したということである。この監獄が巣鴨に移されるので取り払われた後、長い間空地の原っぱになっていた。……佃島の者はこの原っぱのことを赤ん坊屋敷と呼んでいた。正しくは赤ん坊屋敷跡というべきで、赤ん坊というのは囚人達が皆赤い（褐色）獄衣を着せられていたので、そう呼ばれたのである。》

これは、石川島の住吉神社の祠官《しかん》平岡好道の随筆「佃つれづれ草」の一文である。監獄署の跡を「赤ん坊屋敷」と呼んだのは、親しみを込めてのものでは決してない。むしろ、恐れ軽蔑してそう呼んだようである。平岡は、右に続けて次のように述べている。

《この赤ん坊屋敷跡の原っぱは、冬になると子供が凧揚げをするのに好適の場所であり、夏はばったやこおろぎを取る遊場であったが、私の祖父は非常にやかましい人だったので、赤ん坊屋敷は不浄の地であるから、遊びに行ってはならぬと言って、行くことを固く禁じていた。……この赤ん坊屋敷が不浄の地であるからというので、私の父の代に、「石川島監獄跡清地祭」を行った記録が残っている。》

背中に「懲」と書いた赤い囚人服を着て鎖でつながれて労働する姿には、人々を恐ろしがらせる以外の人間的なものが見られないのは、当然である。

●獄中記

明治の奇人、宮武外骨《がいこつ》は、帝国憲法発布直後の一八八九（明治二二）年二月二八日発行の『頓《とん》智《ち》協会雑誌』二八号に、帝国憲法発布の図に擬した「頓智研法発布の図」（図5）、帝国憲法勅語に擬した「頓智研法囈語《たわごと》」、大日本帝国憲法に擬した「大日本頓智研法」などを掲載した。これが皇室に対する不敬罪にあたるとして、同年四月二五日、東京軽罪裁判所は重禁錮三年監視一年罰金百円の刑を言い渡し、外骨は大審院まで争ったが確定した。これによって、外骨は、画工、署名印刷人とともに同年一一月五日から三年間石川島監獄に収容される。以下、その時の模様を、「予の獄中生活」（『予は危険人物なり――宮武外骨自叙伝《みのうえばなし》』）によって見てみよう。

《控訴上告も其効なく、予等三人は石川島監獄へ送られることに確定して、予は同年十一月五日赭衣麦飯《しゃいばくはん》の身になった。当時二十三歳。法治国民たる者は、仮令《たとい》全くの冤罪であっても、裁判確定の上は其《その》刑に服さねばならぬのであるが、少壮驕慢《きょうまん》の予は「無法の重刑」と見て、此《この》刑罰に服従しない覚悟を定め、重禁錮刑であるから、労役に就かねばならぬのであるが、予は其労役に就かない事にした。三年間、獄則の罰法によって減食、屏禁《へいきん》、闇室《あんしつ》に入れられても構はない「勝手にしろ」といふ頑強の態度であった。》

ところが、当時の典獄（監獄署長）はなかなかに度量の広い人であったようで、

《毎日二回づゝ予が独居の監房へ来て、身体に異常ありませんか、読みたい本はないですか、

など云ふのみ「オイ押丁《おうちょう》、此布団は薄いやうだから、新しい厚いのと取り替へろ」とか窓外の灯台を見て「低くては夜間の読書に不便であらうから二三尺高めろ」とか命ずるなど、予の機嫌をとるばかり、果は「独りでは寂しいでせう」とて、予の共犯者たる安達徳山の二人を予の監房へ入れて呉れた。》

灯台の火を高くしろと命じたというのはいささか誇張であろうが、この当時もまだ灯台があったことがわかる。

外骨は、これより以前、一九〇四（明治三七）年五月七日から八月五日まで、大阪監獄に収容された経験がある。その際にも、「在獄日記」なるものを書いているが、その中に、次のような叙述がある。

図５　「頓知研究法発布の図」（『頓知協会雑誌』28号、明治22年、吉野孝雄『過激にして愛嬌あり』より）

図６　外骨が描く囚人護送の姿（外骨「在獄日記」）

《罪囚の無権利無価値なるは云ふ迄もあらざれど、堀川監獄に在る間は刑事被告人なる故十中の一二は無罪放免の者もありとて、其待遇上獄吏も幾分か恕する所あれど、既決囚となりて赤い衣服を着したる者が裁判所に呼び出さるゝは余罪発覚なりとて一層憎しとの感情あるにや、看守が予に対して「オイ赤早く歩け」とか「此赤い何をしやがツたのだ」など云ひたり。》

右の文に併せて、裁判所行きの服装を描いている（図6）。

巣鴨監獄獄中記

石川島監獄署は、一八八四（明治一七）年八月一一日、支署に降格され、さらに、一八九五（明治二八）年には、巣鴨に移転した。社会主義者堺利彦は、「獄中生活」にこの巣鴨監獄の状況を記している。

《まず玄関のような一室で素裸にせられて、それから次の室で、「口を開けい」「両手を上げい」「四ん這いになれい」などという命令の下に身体検査をうけて、そこで着物と帯と手拭《てぬぐい》と褌《ふんどし》とを渡される。いずれも柿色染であるが、手拭と褌とは縦に濃淡の染分けになって、多少の美をなしているからおかしい。着物は綿入の筒袖で、衿に白布が縫いつけられて、それに番号が書いてある。この白布は後に金札に改められた。堺利彦はこれより千九百九十号というものになり了《おわ》った。》

素裸にして両手を上げ、同時に片足づつ上げて一回りする。これを「カンカン踊」と称して、戦後になっても比較的最近まで行われていたという。外国でも strip search が行われていた時期があるが、被収容者にとっては大変に屈辱的であり、人間性を無視するやり方である。まして、「四つん這いになれ」というのは、まるで犬と同じである。現在の国際常識からいえば、拷問禁止条約に禁止されている「非人道的な取扱い」に当ることは明らかであろう。

名前を失い、番号だけで呼ばれるということも、個人としての顔を持たない存在として扱われるということで、屈辱的である。そのことが「なり了った」という表現で簡潔に示されている。

巣鴨監獄の構造は次のようであった。

別格扱いの外骨

宮武外骨は、石川島監獄で別格に扱われていたようである。これは、外骨の裁判に対する当時の人々の共感があったのではないだろうか。その間の事情については、外骨が以下のように記している（「是本名也」『予は危険人物なり』）のが参考になる。

《この判決がいかに詰まらないものであったかは、明治八年の新聞条例、讒謗律《ざんぼうりつ》の起草者と云はれた典型的官僚井上毅すらが、事件の当時、伊藤博文に寄せた「検察官並ニ警察官ノ弊害」といふ意見書中に於て、「其他出版条例等ノ違犯罪被告人増加スル所以《ユエン》ハ、無知無責任ノ記者ガ其言論を世ニ吐露スルモ実地恐ルベキモノニアラザルニ、其取調ヲ掌《ツカサド》ル吏属其人ヲ得ザルガ為メ、事ヲ尊大ニ取リ、為メニ謂《イ》ハレナキ獄ヲ起シ、到底政府ノ信用ヲ堕スヨリ他アラザルノ結果ヲ生ズルコト常ナルニ在リトス、其例ヲ挙グレバ頓智協会雑誌記者ガ不敬罪ヲ以テ告訴セラレタル事件ノ如キ、実ニ抱腹ニ堪ヘザルコトト言ハザルヲ得ズ」（伊藤博文編、秘書類纂法制史料、上巻、九四頁）と論じてあるに徴しても知られよう。》

《まず正面の突当りが事務所で、その左右に南監と北監とがある。両監とも手の指を拡げたような形になって五個ずつの監に分れている。すなわち合計十監あって、その一監が、二十幾房かに分かれている。それから遥か後ろの方に、七個の工場が並んで立っている。そのほかには、病監、炊所（附、浴場）、洗濯工場などがアチコチに立っている。そしてそれらの建物の間には、綺麗な芝原だの、運動場だのいろいろの畑だのがつくられている。

さて、この監獄が日本第一たるはいうまでもなく、世界中でも何番目という完美を極めたものだそうな。さすが日本はエライもので、監獄までが欧米に劣らぬほど繁昌するのだ。》

「手の指を拡げたような形」の監舎というのは、放射状の刑務所建築で「一望監視」の建築様式として、当時世界的にも注目されるものであった。多分の皮肉であるが、「監獄までが欧米に劣らぬ」というのは、建築様式に関する限り、その通りであった。しかし、それはあくまでも「監視」という観点からのものであって、処遇の人道化や人権化という観点からのものではなかった。この放射状様式は、網走刑務所や府中刑務所などのモデルになるが、処遇の近代化思想の進展とともにこのような建築様式の意義について疑問がもたれるに至り、現在では、ほとんど残っていない。

III　犯罪と刑罰

第10話　犯罪と刑罰の関係

●二つの「犯罪と刑罰」

『犯罪と刑罰』と『罪と罰』

一七六四年にベッカリーアが匿名で出版し、世界的に大きな影響を与えた『犯罪と刑罰』と、その一世紀後の一八六六年に雑誌『ロシア報知』に連載され、これまた世界に衝撃的な印象を与えたドストエフスキーの『罪と罰』。この二つの作品の題名は酷似している。両者に何らかの関係はないのであろうか。これは、ごく自然にもたれる疑問である。

英語では、どちらも"Crime and Punishment"とされている。しかし、日本語では、少し違った訳が付けられている。はたしてどちらが妥当なのか。日本語の訳は、ドストエフスキーの作品は、法的な意味での「犯罪」ではなく、まさに「つみ」という観念にふさわしいものという意味を込めているのだろう。

これまで、主として刑罰のいろいろについて見てきたが、これからは犯罪について人々がどのように考えてきたかを見てみたい。その手始めに、右の二作品の関係を探り、とくに、ドストエフスキーが犯罪と刑罰の関係についてどのように考えていたかをみていくことにする。

原題の意味

『犯罪と刑罰』は、もともとはイタリア語で書かれ、『罪と罰』は、ロシア語で書かれた。『犯罪と刑罰』の原題は、"Dei Delitte e dele Pene"（デイ・デリテ・エ・デレ・ペネ）である。'dei' は「の」とか「について」という意味を表す 'di' と、男性定冠詞 'i' が結合したものである。'delitte' は、ラテン語の 'delictum' から来た言葉 'delitto' の複数形である。'delictum' は「離れる」という意味のある 'de' と、「法的」という意味のある 'lictum' の結合語であるから、「法違反」という意味で、英語の 'delict' に相当する。英米法圏では本来は 'delict' は軽い犯罪（軽犯罪）を指し、一般的に「犯罪」を意味する 'crime' とは区別されている。しかし、『犯罪と刑罰』では「犯罪」一般を指すものとして使われている。同様に、'dele' は 'di' ＋女性定冠詞 'le'（'la' の複数形）、'pene' はラテン語の 'poena' に由来する 'pena'（刑罰）の複数形で、英語の 'penalty' や 'punishment' に相当する。したがって、原題を忠実に翻訳するならば、英語では "On the Crimes and Punishments"（「犯罪と刑罰について」）ということになる。

『罪と罰』の原題は、"Преступление и наказание"（プレストゥプレーニエ・イ・ナカザーニエ）である。「プレストゥプレーニエ」は、「プレストゥピーチ」あるいは「ペレストゥピーチ」（ソヴィエト崩壊のきっかけとなった「ペレストロイカ」と同源）から来ており、これは「踰《こ》える」あるいは「越える」という意味であるらしい。したがって、「プレストゥプレーニエ」は、「つみや良心とは何のかかわりもない語で、もとになった動詞の語義そのまま、文字どおり、人間の定めたおきて（法律の社会規範）を『踰える』行為なのである。」（江川卓『謎とき「罪と罰」』）

『罪と罰』は『犯罪と刑罰』のもじり？

ロシア文学者江川卓は、ベッカリーアとドストエフスキーの関係について、卓越した分析をしている。ドストエフスキーの作品は、ベッカリーアの『犯罪と刑罰』のもじりではないかというのである。

《実は、このベッカリーアの本とドストエフスキーの小説が、浅からぬ因縁で結ばれているらしいところから話ははじまる。ずばり言えば、『罪と罰』という題名は、ベッカリーアの『犯罪と刑罰』のもじりではないか、というのが私の考えである。試みに、二つの本のロシア語題名を併記してみよう。

ドストエフスキー　Преступление и наказание

ベッカリーア　Преступления и наказания

見るとおり、二つの題名はあまりに酷似している。相違はといえば、二つの名詞の語尾が、片や「e（イエ）」であるのに対して、もう一方は、「R」が裏返ったロシア語特有の文字「я（ヤ）」になっているところだけである。解説すると、「エ」語尾は単数形、「ヤ」語尾は複数形ということだ。なるほど、いろいろな犯罪にいろいろな刑罰が対応することか、と理解できるだろうが、厳密に言うと、すこし違う。ロシア語では、抽象名詞の複数形は具体性をもった事象を指し、単数形は語義を抽象化させる傾きがあるからである。そこで、複数形が「犯罪と刑罰」と訳され、単数形が「罪と罰」になるわけだ。内村剛介のように、本来が「踏み踰えること」である「プレストゥプレーニエ」の原義にこだわって、小説の題名を「犯と罰」と訳すべきだという見解もあるが（内村剛介『人類の知的遺産・ドストエフスキー』）、抽象的な対語としては、「罪と罰」もなかなかに捨てがたい。》

江川が『犯罪と刑罰』と『罪と罰』の関係を指摘するのは、題名だけではない。江川は、ドストエフスキーがベッカリーアを知っていたという証拠を挙げて自らの「もじり論」を裏付けている。

《題名がいくら酷似していても、ドストエフスキーがベッカリーアを知らなかったのでは、「もじり」も何も成り立たないが、その点についてはすでに調べがついている。ドストエフスキー自身が編集していた雑誌『ヴレーミャ』（時代）の一八六三年三月、四月号に、表題名もずばり「犯罪と刑罰」（複数形）という論文が載っているのだ。モンテスキュー、ベッカリーア以来の刑法思想の変遷を論じたもので、その掲載時期が小説の執筆にかかるわずか二年前のことだとすれば、校正まで自分でやっていたドストエフスキーがそのことを忘れるはずがない。》

『罪と罰』が『犯罪と刑罰』のもじりではないかという江川の推理は、題名から内容にまで至る。すなわち、ドストエフスキーは、ベッカリーアが提唱した「犯罪と刑罰は均衡を保たなければならない」という命題をもじっているというのである。

《どうやらドストエフスキーは、ベッカリーアにならって、この小説でも、それなりの「罪刑法定主義」を貫徹させようとしたらしい節が見えるのである。むろん、この「罪刑法定主義」は、多分に文学的なものかも知れない。しかし、少なくともドストエフスキーはラスコーリニコフに対して、たんに作者の専制君主的な「恣意」によって「罰」を科そうとしているようには見えない。ドストエフスキーの頭には、明らかに書かれざる「刑法典」が存在し、しかもそれがベッカリーアの著書を意識したものだったように見えるのである。》

では、いったいどのようにドストエフスキーはベッカリーアの「罪刑法定主義」をもじっているのだろうか。その点に話を進める前に、『罪と罰』に至るまでのドストエフスキーの犯罪と刑罰観について見てみる。

●ドストエフスキーと死刑執行の恐怖

《われわれペトラシェーフスキー党の人々は、処刑台の上に立って、いささか後悔の念もなく、死刑の宣告を聞き終わった。……あらかじめわれわれに読み上げられた銃殺に処すという死刑宣告は、冗談やしゃれに読まれたのではない。ほとんどすべての被告は、その宣告が執行されるものと信じて、少なくとも、死を期待する恐ろしい、無限の恐怖にみちた、十分間の苦を忍んだろうと思う。》（ドストエフスキー「現代的欺瞞の一つ」（一八七三年）『作家の日記』第一巻一六）

一八四九年四月二三日、ドストエフスキーを含むペトラシェーフスキー党の人々は一斉に逮捕され、予審の結果、三四名中二三名が有罪と決定された。同年一一月一六日、ドストエフスキーは、他の一九人の同士とともに、銃殺刑の判決を受け、一二月二二日未明、馬車に乗せられて処刑場に連れて行かれた。

《弁護士よ、君はそれほどまでに微妙な法律家であり、またその弁論の中で、あれほどの人道主義を示したのであるから、彼女がその恐ろしい一夜にどんな苦しい思いをしたか、ひとつ想像してみたまえ。彼女は数分の間（その時間はあまりにも長いものであった）死の恐怖を体験した。死の恐怖がどんなものであるかを、君は知っていられるか？　死に直面したことのないものは、これを理解することは困難である。彼女は夜なかに、自分の喉を刺した剃刀で目をさまし、まぢかにものすごい顔を見た。彼女はのがれようとし、下手人はなおも刃物をふるいつづけた。もちろん、この残虐な最初の瞬間に、自分はもう切られた、死はまぬがれない、と信じてしまった。これはたえられないことである。熱にうかされた悪夢である。しかもうつつの悪夢であるから、したがって百倍も恐ろしい。銃殺に処するために柱に縛りつけられ、すでに袋をかぶせられたものに対する死刑の宣告と、ほとんど同じである。》（『作家の日記』第二巻一八七六年五月第二章）

ドストエフスキー

ドストエフスキーの書く右の一文は、カイーロヴァ事件という、正妻に剃刀で刺された時の愛人の感じたであろう死の恐怖についてのものであるが、自ら銃殺刑をいままさに執行されようとした時の恐怖とを重ね合わせている。『白痴』の中でも、ドストエフスキーは、主人公ムイシュキン侯爵の口を借りて死刑執行に直面した人の苦しみを語らせている。

《ことによったら、宣告を読み上げられて、さんざん苦しまされたあげく「さあ、出て行け、もう許してやる」といわれた人があるかもしれない。こういう人にきいたら話して聞かせてくれるでしょうよ、この苦しみ、この恐ろしさについては、キリストもいっていられます。いや、人間をそんなふうに扱うという法はない！》

「『さあ、出て行け、もう許してやる』といわれた人」とは、ドストエフスキーその人である。許されたわけではないが、彼は、次の瞬間銃殺されるという直前にシベリア流刑四年に減刑された。

●『死の家の記録』

「この不思議な家族」

シベリア流刑中に、当然のことながらドストエフスキーは多くの犯罪者に会っている。その模様を記したのが、一八六〇年九月から『ロシア世界』に連載されはじめた『死の家の記録』である。妻殺害の罪で一〇年間シベリアで刑に服し、そのままシベリアの町で余生を送りその地で死んだ、アレクサンドル・ペトローヴィッチ・ゴランチコフという人物から見た受刑者たちの生活や考え方が示される。「ここには、ふとしたことで人を殺したものもいれば、人殺しを商売にしているものもいた。強盗もいれば、強盗の首領もいた。ただの巾着切りやごろつき、——拾い専門のやつか、さもなくば掻っ払いの類。それから、なんのためにこんなところへ来たのか、見当のつかないような連中もいた」。「私」は、これらの被収容者達を「この不思議な家族」と呼び、この家族全体は、「一見しただけで、何かしら明瞭な共通点を持っていた」という。

《概括的にいっておくが、ここの連中は誰も彼も、——際限なしにはしゃいで、みんなから馬鹿にされている少数の例外を除いて、気むずかしい羨望家《やっかみや》で、やたら虚栄心が強く、法螺ふきの怒りん坊で、極端な形式家であった。何物にも驚かないということが最高の徳とされていた。いかにして外見上冷静を保つかということで、みんな夢中になっていた。しかし、このうえもなく傲慢な顔つきが電光石火の迅さで、呆れるほど小心翼々たる表情に変わることも珍しくなかった。

……大多数のものは堕落しきって、恐ろしく卑劣になっていた。》

「私」は、彼らの人間性がそもそも見栄っ張りで堕落して卑劣であるといっているのではない。監獄に収容されると、そのような共通性を身につけざるを得ないと見ている。共通点が「いつとはなく、ほかの一同に君臨するようになった」のであり、「極めて個性の際立った独創的な連中でさえもが、監獄ぜんたいの調子に従おうと努めていた」のである。

徒刑場で堕落

「この連中はすべて強制されて働くのであるから、したがって堕落して行くのだ。よしんば以前堕落していなかったにもせよ、徒刑場で堕落して行くのだ」。堕落の原因が強制労働にあると看破する「私」は、したがって、刑罰による改悛とか後悔の情が生じるということに対しても、悲観的である。

《私は数年の間これらの人の間に交っていたが、毛筋ほども後悔のしるしや、自分の犯罪に対する苦しいもの思いなどを認めたことがない。彼らの大部分は内心自分のことを徹頭徹尾間違っていないと思いこんでいる。それは事実だ。もちろん、みえ、よからぬ前例、血気の勇、間違った廉恥心などが、多くの点においてその原因となるのである。が一方から見ると、われこそはこれらの破滅しきった人々の魂を底の底まで究め尽くして、世間の目から匿《かく》されている秘密を読み終わったと公言しうるものが、誰か果たしているだろうか？　しかし、それにしても、あれだけの長い年月のあいだには、せめてなにかを観察し把握して、こういった人々の魂の中に、心内の苦悶や懊悩を物語るような一点一劃なりとも、捉えることが出来そうなはずである。ところが、そういうことがないのだ、全然ないのだ。それに犯罪というものは、外部から与えられた、レディメードの見方で、解釈することは出来ないので、その哲学は普通に考えられているよりは少々むずかしいものらしい。禁錮とか強制労役の制度とかいうものが、犯人を匡正することが出来ないのはもちろんである。そんなものはただ犯人を罰して、向後兇漢が社会の安寧を脅かすのを防ぐだけのことである。犯人そのものの心中には、禁錮にしても、この上なく厳しい労役にしても、ただ憎悪と、禁制の快楽にたいする渇望と、恐るべき軽率な考えを助長するに過ぎない。》

「なぜ人は罪を犯すのか」「罪を犯した人の心理状態はどうか」「罰ははたして意味があるか」など、犯罪と刑罰についての根本問題を問い、これに対する回答はいまだないと指摘している。あるいは、ドストエフスキーは、自分こそこれに答えられるという自負があったのか。『罪と罰』のモチーフはすでにシベリア流刑中に湧いていたといわれるが、右の一文はそのことの証拠になりそうである。

そのことはひとまずおくとして、「私」は、これに続けて、当時模範的刑務所における拘禁制度として登場してきていた独居拘禁による自由刑の執行についても、疑問を投げかけている。

《私の確信するところでは、あのやかましくいわれている独居制度にしても、ただ表面だけの、人を欺くような、偽りの目的を達成するまでのことである。それは人間から命の液汁を搾り取り、その後で精神的にかさかさになった半きちがいのミイラを、矯正と悔悟の模範として世間へ披露するのだ。》

●不平等な罪と罰の関係

「私」は、犯罪と罰との関係について犯罪者の立場に立って考えてみる。「いうまでもなく、社会に反抗して立った犯人はその社会を憎み、ほとんど常に自分の方が正しくて、社会が悪いと思い込んでいる。のみならず、彼らはすでに社会から罰を受けたのだから、そのために自分の罰は浄められ、勘定は棒引きになったものと考えている。そういう観念に立つと、結局、犯人そのものを無辜《むこ》と認めなければならぬようなことにもなりかねない。」

「彼らはすでに社会から罰を受けた」というのは、どういうことだろう。罪を犯すことによって社会から白眼視されるという意味で罰を受けたということか、それとも、罪を犯す前にすでに社会から罰を受けているということか。社会が悪いと考えているから刑罰に対してそれを不当と考えるというのは、第一話で見るように、ラズーミヒンの言葉をかりて、ドストエフスキーが批判する環境説のようであるが、「すでに社会から罰を受けた」という意味は正確にはわからない。いずれにしても、囚人たちの多くは、監獄に入るのは自分の行為に対しては余分なことだと感じている、というのが、ドストエフスキーの見方であるようだ。

他方、「そういう見方はいろいろあるけれども、世界はじまって以来、いつどこへ行こうとも、いかなる法律に照らして見ようとも、人間が人間である限り、紛れもなく犯罪と認められるような犯罪があることは、誰しも異存はないだろう」ともいっている。してみると、彼は、一定の行為が犯罪として処罰されるべきことに根本的疑問をもっているわけではなさそうだ。

同じ殺人でも違いがある

犯罪と刑罰の関係について、「私」は次のような疑問も提示している。「今でも憶えているけれど、ある一つの想念が、何よりも私の心にかかった。それは、その後も監獄生活の間じゅう、ずっと離れることなく私につき纏《まと》ったものである。この想念はある程度解決のつかないもので、今でも私にとっては解決し難いものになっている。つまり、同一の犯罪に対して刑罰が平等を欠くということである。」

ここで、「私」が「平等を欠く」と指摘するのは、法的に不平等であるというのでない。むしろ、形式的に平等な適用が実質的に不平等であるというのである。

《例えば甲と乙が人を殺したとしよう。この二つの事件は、あらゆる事情が考量されて、その結果、甲の場合にも乙の場合にもほとんど同じ刑罰が下される。ところが、よく見ると、この二つの犯罪にはどれだけの相違があることか。例えば、一人の方はつまらないことで、玉葱一つのために人殺しをしたのである。街道へ出かけて行って、通りがかりの百姓を殺してみたところが、その百姓は玉葱をたった一つしか持っていなかったのだ。……ところが、いま一人は、嫁や、妹や、娘の貞操を、淫蕩な暴君から守ろうとして人殺しをしたのだ。またあるものは放浪罪に訴えられて、一連隊ほどの刑事に取り囲まれ、おのれの自由と生命を守るために人を殺した。それも、ほとんど餓死に瀕しているような場合が多いのだ。かと思えば、ただ単なるなぐさみのために子どもを殺して、自分の掌に彼らの暖かい血を感じ、刃の下におかれた彼らの恐怖や、鳩の羽ばたくような最後の戦慄を享楽するのである。それでどうかというと、それらはみな同じ徒刑場へ送られるのだ。もっとも、刑期の相違というものはある。が、そうした刑期の相違は比較的些々《ささ》たるものに過ぎない。ところが、同じような種類の犯罪でも、細かい相違を穿鑿したら、それこそ無限の数に上るだろう。各々の性格ごとにそれぞれの変態を示すのだ。しかし、思うに、この差異を調和させ、抹殺することは不可能である。それは一種解決不能の問題であって、いわば円形求積法みたいなものである。》

すべての事情を考慮して、どこからも文句の出ようがないほどに犯罪に釣り合う量刑を行うということは、「私」の指摘するように、「一種解決不能の問題」であろう。しかも、かりにこの点に不平等が存在しないとしても、「そこにまた別種の相違があることに、注意しなければならない」。

刑罰の受け取り方の違い

《例えば、一人のものは徒刑場へ来ると、まるで蝋燭のように痩せ衰えて溶けて行くのに、もう一人は監獄へ入るまでは、世の中にこんな楽しい生活があることを知らなかった、こんなさばけた仲間の集まっている気持のいいクラブは、またとほかにない、といっている。全く監獄にはそういったような人間も入って来るのだ。ところが、別の例を引くと、教養があって良心の発達した、自己意識も感情も備えた人間はどうだろう。自分自身の心の痛みだけでも、あらゆる刑罰より先きに、まず烈しい悩みで当人を殺してしまう。彼は最も峻厳な法律よりも惨酷に、容赦なくおのれ自らを罰するのである。ところが、それと並んで、自分の犯した殺人の罪のことなどは、徒刑の間じゅう一度も考えないような人間がいる。それどころか、むしろ自分を正しいとさえ思っているのだ。また中にはわざと罪を犯して監獄へ入り、懲役に優る娑婆の世界の苦しみを逃れようとするものもある。娑婆の世界では彼は屈辱のどん底におかれ、かつて腹いっぱい食べたことがなく、朝から晩まで雇い主にこき使われていたのだが、監獄へ入ると、仕事は家にいた時よりも楽だし、パンはふんだんにある。しかも今まで見たこともないような上等のパンなのである。日曜祭日には牛乳が出るし、施しももらえるし、働いて一コペイカ二コペイカの稼ぎをすることも出来る。しかも仲間といったらどうだろう？　みんな目から鼻へ抜けるような、敏《はし》っこい連中で、なんでも知らないことはない。こういうわけで、彼は新しい仲間を尊敬にみちた驚異の目で眺める。今までこんな人達を見たことがないのだ。彼はこれこそ世の中にあり得る最高の社会だと思い込んでしまう。一体こうした二種の人間にとって、刑罰が同じように感じられるものだろうか？》

たしかに、同じ刑罰でも人によって捉え方は千差万別であろう。監獄を「これこそ世の中にあり得る最高の社会」とまで思い込む人はいないとしても、現に刑務所と社会とを出たり入ったりして、一般社会よりも刑務所社会に溶け込み、その方が一般社会にいるよりも居心地がいいと感じている人がいることは、現在の日本においても事実としてある。裁判傍聴をして、常習的無銭飲食で詐欺罪に問われる人の多いことに気付かされる。この人たちにとっては、刑務所は寝食が保証される場所に等しい。刑罰の感銘力を問題にするならば、このような人についてはどう考えればよいのか。ドストエフスキーの提示した問題はこのことであり、現代においても的確な解答がない。

ベッカリーアは、「刑罰は犯罪の程度を越えてはいけない」と述べた。しかし、そのことが具体的にどういうことを意味するかは述べていない。もちろん、ドストエフスキーの右の疑問に対する回答もベッカリーアの一般的記述からは出てこない。ドストエフスキーは、『罪と罰』を書くことによってその回答を与えようとしたのではないか。そうだとすれば、『罪と罰』は、銃殺刑を宣告されて免れがたい死の恐怖を経験し、それゆえにこそ犯罪と刑罰の均衡の問題を自らのこととして考えてきたドストエフスキーの到達点を示しているということになる。

第11話　『罪と罰』をめぐって

●ベッカリーアとドストエフスキーの異同

ベッカリーアが『犯罪と刑罰』の中で議論の中心としたのは、刑罰の根拠と限界である。権力者の勝手気ままな意志によって不当な刑罰が科されている当時の状況に対して、各人が自己の利益を守るために、その持っている自由の一部を提供して社会を形成した、その各人が差し出した自由の総和が刑罰権の根拠であり、限界であることを明らかにした。刑罰権の行使が「この自由の小さな割り前の総和」という基礎を超えたとき、それは「濫用となり、不正」となる。「それは事実上の権力ではあっても、法に基づいた権利ではない。」

ベッカリーアは、「犯罪の真の尺度はその『社会に与える損害』である」とし、大逆罪をはじめとする各種の犯罪について論じている。ベッカリーアは、犯罪の尺度として「社会に与える損害」ではなく、犯罪を犯した者の意思を置くとすれば、市民一人一人について具体的な犯罪行為毎に個別の刑法典を必要とすると批判し、被害者の身分に置くことに対しても、「もしこの方法を採用するとしたら、神に対してされたほんの軽い不敬行為は、王侯の暗殺よりはるかにきびしい刑罰を受けねばならないことになるというわけか！」と批判する。

最後に、ベッカリーアは、「神の神聖を汚した程度」が犯罪の程度を決定するという考えに対して、もっとも力を込めて批判している。

《神に対する罪、神への侵害は、たましいの悪の問題である。この深いふちをさぐることは、人間としては神の啓示という助けなしにはできない。そこでこの啓示が、人間におしはかることのできないその理論をもって、人間が刑罰を規定する上に、どのように役立つことができるのだろう。そんなことをすれば、神がゆるそうとするとき罰したり、罰そうとするときゆるしてしまったりする危険があるではないか。》

これに対して、ドストエフスキーは、罪の深さを、ベッカリーアが悪の問題であり、その「深いふち」であるとした問題をさぐろうとした。そこでは、「犯罪」が扱われているが、本当のところは「犯罪」の根底にある「罪」であり、「刑罰」を扱いながら、それでは扱えない「罰」を論じている。

ベッカリーア

●ラスコーリニコフの二つの犯行

貧乏学生ラスコーリニコフは、二つの殺人事件を起こす。

第一は、金貸しの老婆アリョーナ・イヴァーノヴナー殺しである。

《もう一瞬も猶予していられなかった。彼は斧をすっかり引き出すと、はっきりとした意識もなく、両手で振り上げた。そうして、ほとんど力を入れずに機械的に、老婆の頭上へ斧のむねを打ちおろした。そのとき力というものがまるで無いようだったが、一たび斧を打ち下ろすやいなや、たちまち彼の身内に力が生まれてきた。……斧はちょうど脳天に当った。それは彼女が小背だからであった。彼女はきゃっと叫んだが、ごく弱々しい声だった。そして両手を頭へあげるにはあげたものの、ふいに床の上にぐたぐたとくずおれた。片手にはまだ質草を持ったままである。そのとき彼は力まかせに、もう一二度むねの方ばかりで、やはり脳天を打ち続けた。血はコップをぶちまけたようにほとばしり出た。そして、体は仰向けにたおれた。彼は一歩身をひいて、たおれさせた後、すぐ老婆の顔の上へかがみ込んだ。彼女はもう死んでいた。》

ラスコーリニコフによる老婆殺しは、偶発的なものではなく、予め老婆だけしかいない日を狙った計画的な犯行であった。ラスコーリニコフはその計画通りに老婆を殺し、老婆が首からぶら下げていた財布を取り、トランクの中から包み紙やサックにくるまった質草を、つめ込み始めた。ここまでの彼の罪は強盗殺人である。金目の物の探索には、若干の手違いがあったが、大筋において計画通りに事が運んでいる。しかし、この後に大きな手違いが生じる。

老婆にはリザヴェータという義理の妹がいた。彼女は「背の高い不格好な、臆病でおとなしい三十五の行かず後家で、姉の奴隷みたいな境遇に甘んじて、夜昼となく働きつめながら、姉の前ではちりちりして、打ち打擲《ちょうちゃく》さえも受けている、馬鹿といっていいくらいな女だった」。このリザヴェータが老婆の殺されている部屋に入って来た。ラスコーリニコフはこのリザヴェータも殺す。

リザヴェータ殺害はまったく予期しない犯行ではあったが、確実に殺害している。計画性がないから、謀殺ではないが、故殺《こさつ》にはあたる。しかも、老婆に関しては、因業で義理の妹をも奴隷のようにこき使う、だれもが嫌う人物として描かれているが、リザヴェータは馬鹿なほどお人よしで人々から同情される境遇にこそあれ、憎まれるような存在ではない。

正当化の論理

ラスコーリニコフに疑いを抱いた予審判事ポルフィーリイ（ペトラシェーフスキー事件の時にドストエフスキーを尋問した予審判事ロストフツェフが、そのモデルといわれている）は、ラスコーリニコフの論文を発見し、そこに展開されている犯罪の正当化論理に興味を抱く。

《「一口にいえば、お覚えですかどうですか、つまり世の中には、あらゆる不法や犯罪を行い得る人……いや、行い得るどころか、それに対する絶対の権利を持ったある種の人が存在していて、彼らのためには法律などないに等しい――というこういう事実に対する暗示なのです。」……

「ね、何だって？　犯罪に対する権利だって？　じゃ『環境にむしばまれた』からじゃないんだね」と何かしらおびえたような表情さえ浮かべながら、ラズーミヒンはたずねる。

「いや、いや、そうばかりでもないよ」とポルフィーリイは答えた。「問題はだね、この人の論文によると、あらゆる人間が『凡人』と『非凡人』に分かれるという点なのさ。凡人は常に服従をこれ事として、法律を踏み越す権利なんか持っていない。ところが非凡人は、特にその非凡人なるがために、あらゆる犯罪を行い、いかなる法律をも踏み越す権利を持っている、たしかそうでしたね、わたしが誤解していないとすれば？」》

「踏み越える権利」

ポルフィーリイの解説を修正するという形で、ラスコーリニコフ自身の口から非凡人の特権が語られる。

《僕はただただ次のようなことを暗示しただけなんです。即ち『非凡人』は、ある種の障害を踏み越えることを自己の良心に許す権利を持っている……といって、つまり公けの権利というわけじゃありませんがね。ただし、それは自分の思想――時には全人類のために救世的意義を有する思想の実行が、それを要求する場合にのみ限るのです。》

ラスコーリニコフは、「ケプレルやニュートンの発見が、ある事情のコンビネーションによって、一人なり、十人なり、百人なり、或いはそれ以上の妨害者の生命を犠牲にしなれば、どうしても世に認めさせることができないとすれば、その場合にはニュートンは、自分の発見を全人類に普及するため、その十人なり百人なりの人間を除く権利があるはずです」と敷衍し、さらに、マホメットやナポレオンなどの父祖伝来の古い法律を排して新しい法律を布告した行為を例としてあげる。

「多くの人を救うという正当な目的のためには、何人かの犠牲者が出てもやむをえない」という論理は、現在でも用いられる。刑法上の理論でいえば、緊急避難や正当行為論として論じられるところである。この議論の当否については、後に政治と犯罪との関係を扱う際のテーマとするが、ラスコーリニコフは自らをナポレオンになぞらえ、老婆殺しを正当化しようとする。しかし、彼のこの議論を自らの犯行に当てはめても、どうしても正当化されないのが、第二の犯行、リザヴェータ殺しである。娼婦ソーニャに第二の犯行を告白する時から、ラスコーリニコフの罪に対する罰の関係が明らかになる。

●罪に対する罰の問題

ラスコーリニコフは、ソーニャにリザヴェータ殺しの犯人が自分であると告白する。しかし、その告白の後も、老婆殺しについては、「僕はただしらみを殺しただけなんだよ、ソーニャ、何の益もない、けがらわしい、有害なしらみを」といい、「多くを敢えてなし得る人間が、群集に対して権利を持つんだ！ より多くのものを無視し得る人間は、それこそ最も多く権利を持つことになるんだ！」という自説を繰り返す。しかし、他方で、自分はそのような権利を持つ人間ではないこと、「『人間はしらみかどうか？』などという問いを自ら発する以上、人間は僕にとって、しらみじゃない、ただこんな考えを夢にも頭に浮かべない人にとってのみ、何ら疑問なしに進み得る人にとってのみ、初めて人間はしらみであることを、僕が知らないと思っているのかい？」とも語る。そして、「いったい僕は婆あを殺したんだろうか？ いや、僕は自分を殺したんだ、婆あを殺したんじゃない！　僕はいきなり一思いに、永久に自分を殺してしまったんだ！……あの婆あを殺したのは悪魔だ、僕じゃない……」と叫ぶ。

以上の告白をした後、ラスコーリニコフが「これから僕はどうしたらいいんだろう、言ってくれ！」と尋ねたのに対して、ソーニャは、「どうしたらいいって！」と叫ぶなり、席をおどり上がって、目をらんらんと輝かせて宣告する。

《お立ちなさい！（と彼の肩をつかんだ。彼はほとんど驚愕に打たれて彼女を見ながら体を持ち上げた。）すぐ、今すぐ行って、四つ辻にお立ちなさい。そして身をかがめて、まずあなたがけがした大地に接吻なさい。それから、世界じゅう四方八方へ頭を下げて、はっきり聞こえるように大きな声で、「わたしは人を殺しました！」と仰しゃい！》

江川卓は、この場面にベッカリーアのいう「汚辱刑」の観念が示されているとし、ソーニャに、ラスコーリニコフに対する汚辱刑の宣告者兼執行者の役割を見ている。

汚辱刑について

ベッカリーアは、「自尊心にもとづく犯罪、刑罰の苦痛を受けることに自らの名誉を感じているような犯人に対しては、肉体的な苦痛を内容とする刑罰をもってのぞまないようにしなければならない」として、これらの者に対しては、汚辱刑が有効であるとする。

《彼らは狂信者なのだから、あざけり、はじをかかせることによって以外に彼らをおさえつける方法はない。大ぜいの観衆の前でこれらの狂信者どものいつわりの自尊心を屈服させることが、この刑の有効な効果である。じっさい真理でさえあざけりという武器で攻撃されれ

ば、せい一ぱいで防がなければならないほどなのだから。》

「主張に対しては主張をもって対抗させる」のが、賢明な方法だという考えからである。ここにいう汚辱刑とは、「公衆的な非難であって、それは犯人から、それまで社会が彼にたいしてもっていた尊敬と信頼、また同国の国民と彼とをむすびつけていた同胞愛をとりあげてしまう」というものである。

江川によると、ベッカリーアのいう「自尊心にもとづく犯罪」がラスコーリニコフの犯行の一面を衝いており、したがって、ソーニャが命じる大地への接吻は彼の犯罪に対する罰の宣告であるということになる。そして、乾草広場に入ったとき、ラスコーリニコフが、ソーニャの言葉どおり、広場のまん中に膝を突いて、大地に頭をすりつけて、歓喜と幸福にひたりながら、その汚い大地に接吻したのち、立ち上がって、もう一ど大地に向かって頭を下げるという行為は、この罰を受けるという態度であり、それを見ていた一人の若者が、「どうだ、酔いくらいやがって!」と言い、それにつれて、どっと起こった「笑い声」は汚辱刑の最大の要素である「あざけり」に対応しているということになる。

裁判所が下す刑罰の意味

ラスコーリニコフの犯行に対して裁判所が下したのは、「人々が犯行から推して予期していたよりは、はるかに寛大なもので」、「犯人が自首したことと、その他二三の軽減すべき情状を酌量して第二級懲役刑」であり、刑期もわずかに八年であった。

『罪と罰』の制作当時のロシア刑法典(一八四三年制定)は、①計画的殺人に対しては一二年から二〇年の懲役刑、②突発的衝動による殺人に対しては四年から一二年の刑を規定しており、ラスコーリニコフの犯行は突発的衝動による殺人と認定されたのであるから、その意味では、『罪刑法定主義』はみごとに貫徹していると言わなければなるまい」と、江川卓は述べている。ここで江川が「罪刑法定主義」というのは、犯罪と刑罰の釣り合いのことである。

しかし、このような意味での「罪刑の均衡」を貫徹することが、ドストエフスキーの目的としたことではないことは明らかである。そこに「汚辱刑」が加わっているというのが、江川の指摘であるが、「大地への接吻」は、ラスコーリニコフに自首する明確な契機を与えたが、その後刑を宣告され、シベリアに送られて懲役囚として労働に従事していても、彼は自らの犯行を悔いていない。むしろ、悔いていないということが彼の心をくじき、病気にさえなった。「ああ、もし彼が自ら罪することができたら、どんなに幸福だったろう！」

ドストエフスキーは、『罪と罰』の掲載に成功した『ロシア報知』の編集者カトコフ宛ての一八六五年九月の手紙の中で、この長編の構想について詳細に説明したのち、「なおそのほか、小生の小説には次のような思想の暗示があります」として、「法律によって科せられる刑罰が犯人を威嚇する度合いは、立法者が考えているよりはるかに弱いものであって、その理由の幾分は、犯人自身が精神的に罰を要求するからです」と述べている。

ラスコーリニコフの犯行は、確信にもとづくだけに刑罰の威嚇力の強弱に左右されなかった。さらに、刑罰を受けても、なお犯罪を悔いていない。まさに、ドストエフスキーは、刑罰の尽きる先に何があるかを描こうとした。大地への接吻と笑い声を汚辱刑と見る江川の見解は大変興味深いが、これを刑と見ることは、ドストエフスキーの意図にも、また、ベッカリーアの考えとも違うのではないだろうか。先に見たように、ベッカリーアは神の意思を犯罪の尺度にすることを強く批判した。ドストエフスキーも、大地への接吻を一種の啓示として描いたのかも知れないが、あくまでも刑罰とは違うところのものとして扱っている。しかも、なおこれでも足りないので、いずれにしても、刑罰を受けることによっては、ラスコーリニコフの犯行を裁けても信念は裁けないことを示したかったのではないか。ドストエフスキーは、ベッカリーアとは違った意味で、しかし同様に、刑罰の限界を論じたと言えよう。

第12話　窃盗に見る罪の歴史

●泥坊の変化のあとから世間を眺めたら

《泥坊の変化のあとについて、世間を眺めたら何が見えましょうか。また、泥棒を向うに回した被害者の側から眺めたら、どんな風致がありましょうか。勿論、その時その時で、泥坊に対する世人の心持も動かずにはおりません。》(三田村鳶魚『江戸の白波』)

第一一話では、ベッカリーアとドストエフスキーとを比較して、犯罪と刑罰の関係についての観念の両者における微妙な違いを見てきた。これからは、犯罪についての観念とその具体的な内容を見ていく。

犯罪についての観念や犯罪の態様が決して不変ではなく、社会構造の変化、経済構造の変化につれて変化するであろうことは、容易に考えつくところである。とくに、窃盗という犯罪は、時代と地域を問わず最も一般的な犯罪であると見ることができると同時に、また、社会構造や経済構造の変化に左右されやすい行為であることが、たとえば、ジェローム・ホール『窃盗、法律そして社会』(*Jerome Hall, Theft, Law and Society*) というすぐれた研究によって明らかにされているが、常識的にも、このことは納得できることではあろう。そこで、まず、窃盗を手がかりとして、犯罪についての観念が、時代により国によりどのように変化してきたか、あるいは変化してこないかを見る。

浜の真砂は尽きるとも……

「浜の真砂は尽きるとも、世に盗人の種は尽きまじ」とは、天下の大泥棒石川五右衛門が捕えられて釜茹での刑に処せられた時の辞世の句であるといわれている。その言葉のとおり、現代でも犯罪の第一は窃盗である。もっとも、同じ窃盗でも、その手口という点になると、現代とその昔とではかなり変化してきている。

現代の窃盗は、車関連のものが多い。いわゆる乗物盗が全体の半分近くを占めている。このうち、自動車を盗むのは二、三%とまだ少ないが、自転車盗が四分の一の二五%、オートバイ盗が一五%くらいというのが、このところの傾向となっている。しかも、これらの乗物盗、とくにオートバイ盗の圧倒的多数は少年によって行われているという数値が出されている。このような乗物盗に、車の中からものを盗む、いわゆる車上狙いというのを加えると、六〇%近くになる。

このような乗物関連の窃盗に比較して、伝統的な手口である、忍び込み、スリなどは一、二%でかなり比重が減っている。空き巣狙いと万引きは、ともに五、六%とこれらの犯罪に比べて依然として比較的高率を保っているが、乗物盗には比べようもない。窃盗の手口にも、時代の波は押し寄せている。

さらに、窃盗の対象についても、変化が見られる。現代はコンピュータやオーディオ製品関連の窃盗が増えてきていて、CDやフロッピーの窃取、万引きの増加が見られる。

さてこのような点を一応念頭に置いた上で、古代記紀の時代にさかのぼって、日本における「つみ」と「盗」の観念がどのようなものであったかを見てみよう。

●古事記、日本書紀の世界と「つみ」「盗」の観念

日本における犯罪の観念のはじまりについては、古事記、日本書紀の記述が、その手がかりを与えてくれる。古事記に「つみ」という文字が最初に登場するのは、中巻六の仲哀《ちゅうあい》天皇の項である。仲哀天皇が筑紫の国にいて熊曾《くまそ》征伐を決定したのちに死去したことに、神宮皇后が、「おどろきかしこみ、あらきの宮にませまつりて、更に国の大幣《おおぬさ》を取りて、生剥《いきはぎ》、逆剥《さかはぎ》、阿離《あはなち》、溝埋《みぞうめ》、糞戸《くそへ》、上通下通婚《おやこたわけ》、馬婚《うまたわけ》、牛婚《うしたわけ》、鶏婚《とりたわけ》、犬婚《いぬたわけ》の罪の類を種々《くさぐさ》求《ま》ぎて、国の大祓《おおはらえ》して……」とある。日本書紀（巻第九「気長足姫尊《きながたらしひめのみこと》神宮皇后」の項）では、ここのところは「罪を解《はら》へ過《あやまち》を改めて」と簡単に記している。

『古事記伝』の中で本居宣長は、この個所の叙述に関連して、日本古来の「つみ」という言葉は、「つつみ」を省略したもので、「つつむ」とか「つつしむ」というところから来ているとしている。

民俗学では、「ハレ」と「ケガレ」をめぐって議論が行われており、後者の「ケガレ」観念との関係で、「つみ」という観念が分析されている。

《日本民俗学においても「忌（いみ）」と「斎（いみ）」とは元来同じ観念であったとか、「つみ」は「つつしみ」から出た言葉であり元来同じものであるとかを指摘してきた。この指摘は日本人の神聖観、宗教観の変遷を知る上でとりわけ重要なことであるのは疑いない。

しかし逆に考えれば、『日本書紀』においてさえ、すでに「忌」と「斎」という字を使い分けていたということは当時からすでに神聖の二つの面の認識があったことを示している。現在のものから過去のものをたどることも重要であるが、過去を強調する余りに、今日の日本人の信仰において明らかに対立する二つの側面があることを故意に見落とすことはできな

「つみ」は「つつみ」から

《凡て都美《つみ》は、都々美《つつみ》の切《つづ》まりたる言にて、古語に、都々美那久《つつみなく》、又都々麻波受《つつまはず》など云《いわゆ》る都々美と一ツにて、諸《もろもろ》の凶事《あしきこと》を云ヒ、都々牟《つつむ》は、都々《つつ》志牟《しむ》と一なるを、つゝしむは、凶事あらじ、あらせじとする方に云ヒ、つゝむは、凶事を露《あらわ》さじと隠す方に云フ、これら末は各異なるが如くなれど、本は一なり。》（本居宣長『古事記伝』）

このように、日本の「つみ」という観念には、「包み隠す」という意味があった。ただし、ここで「つみ」とされているのは、土俗信仰的な、あるいは農民宗教的な意味で、汚いこと、忌み嫌うべきことであって、必ずしも殺人とか窃盗のような犯罪行為ではない。本居宣長も、「其《そ》は必しも悪行《あしきわざ》のみを云に非《あら》ず、穢《けがれ》又禍《わざわい》など、心と為《す》るには非《あら》で、自然《おのずから》にある事にても、凡て厭《いと》ひ悪《にく》むべき凶事《あしきこと》をば、皆都美《つみ》と云なり」と述べている。

い。以上のような理由から、筆者は多くの問題点を含むことを承知のうえで、「ハレ」と「ケガレ」を対立する観念として用いる。》（波平恵美子『ケガレの構造』）

もっとも、「ケガレ」との関係で「つみ」の観念を考える本居宣長や民俗学の見解とは違うものもある。たとえば、穂積陳重『法窓夜話』には、「つめる」すなわち「膚を摘み痛める」から起きた言葉だという伊勢貞丈の見解が紹介されている。しかし、これはあまり説得力がない。穂積も、「これは随分と変わった解釈だ。継母が子供をいぢめるのは素より罪深いことではあるが」と、信を置いてない風である。

また、窃盗の分析において、「ケガレ」との関係における「つみ」観念がはたして有効であるかは、必ずしも明瞭でない。というのは、記紀の記述における「つみ」は呪術的要素が強く、本居宣長が「国津罪」に分類する「つみ」にも窃盗などの盗犯は出てこないからである。盗犯については、個別の記述から考える以外にないようだ。

記紀中の「盗」の観念

記紀中に「盗」という言葉が最初に出てくるのは、古事記下巻の履中《りちゅう》天皇の項である。しかし、そこでは、履中天皇の即位前夜（日本書紀によると、仁徳天皇八七年春正月）、その弟が反乱を起こして、天皇の寝所に放火したのに対して、阿知《あち》の直《あたえ》が天皇を危うく救い出す行為に「盗出」という言葉が当てられているのであって、財物を「盗む」という意義で使われているわけではない。このエピソードは日本書紀にも見られるが、「盗」の字は使われていない。

記紀ともに「盗」と表現されている最初の行為は、安康天皇元年二月の根の臣《おみ》（紀では「根使主」）という男の行為についてである。この時、天皇は同母弟の大長谷《おおはつせ》（紀では「大泊瀬」）の王子のために大日下《おおくさか》（「大草香」）の王の妹を娶《めと》らせようとして、大日下の王のもとに根の臣を使いにやった。大日下の王は、これを喜んで承諾した。しかし、言葉だけではそっけないと思い、妹からお礼の品として押木《おしぎ》の玉縵《たまかずら》を根の臣に託した。ところが、根の臣は、この玉縵の美しさに魅入られて、これを自分のものにしたのみならず、大日下の王が結婚を承諾しないで自分の妹を同じ程度の者の使い女になぞできるかと怒ったと、嘘の報告をし、これを信じた天皇は、憤激して大日下の王を攻めて殺させた。

この話で、根の臣が預かった玉縵を自分の物にした行為について「盗」という言葉が使われている。もっとも、古事記の方の訓み下し文では、「根の臣すなわちその礼物《ゐやしろ》の玉縵を盗み取りて」とされているが、日本書紀では、「根使主、押木珠縵を見て、其の麗美《うるわしき》に感《かま》けて、以為《おも》はく、盗《いつわ》りて己が宝とせむとおもふ」とある。

預かった品物を自分のものにしたのであるから、窃盗というより横領であるので、古事記の表現よりも書紀の表現の方が的確であるということになろう。

ところで、この話には後日談がある。攻め滅ぼされた大日下の王の子が安康天皇に復讐し、これを滅ぼした大長谷の王子が雄略天皇を名乗った後、根の臣が玉縵を持っていることが発覚し、すべてが彼の讒言《ざんげん》のまいた種であることが判明して、根の臣に斬刑が言い渡されるが、執行の直前に逃走し、結局、立てこもって天皇の軍隊に抵抗したが攻められて殺されたというものである。

斬刑が適用されたというのは、単に他人の財物を自分のものにしたというのではなく、本来は礼物として天皇に渡されるべきものであり、その上に根の臣の言葉から大日下の王が罪もなく殺され、さらには安康天皇に対する復讐劇など、その後の展開が天皇の地位にまで絡む問題に発展したためであろう。

記紀中の純粋窃盗罪についての記述は、安閑《あんかん》天皇の時に、連《むらじ》の娘が皇后に献じ物をするために、大連の瓔珞《ようらく》（珠玉や貴金属を編んで、頭や首などのかけた装身具）を盗み、それが発覚したが、父親が娘を使い女に献じたり、土地建物を献じたりして罪をあがなったというのがある。これもまた、一種の天皇の征服劇の中の一つのエピソードだったのであろう。

以上のように、記紀の記述は天皇の権力確立のためのものであっただけに、盗犯事件のほとんどが天皇家内部の勢力争いや天皇と家来との関係に関わったものである。当時の庶民の生活との関係での盗犯がどうであったかについての詳しい叙述はないが、日本書紀巻二二の推古天皇三四年のところには、そのころ霜と雨の害で大飢饉となり死者が多数でるとともに、「強盗、窃盗も大いに起きた」という記述がある。

●盗人いろいろ

ここで、少し時代は飛ぶが、盗犯の形態の変化を見るために、それが多様化した江戸時代における盗人の形態と盗人に対する人々の観念について見てみよう。

歌舞伎の弁天小僧菊ノ助のせりふには、いくつかの盗人の手口が語られている。まず、「白波の夜働き」であるが、この「白波（しらなみ）」というのは、泥棒一般をさす。その泥棒が行う「夜働き」であるから、夜盗である。「白波」の由来は、中国の後漢時代にさかのぼる。後漢書の霊帝紀には、次のような記述が見られる。中平五年二月、この当時発生した黄巾《こうきん》の賊の余賊郭太等が西河《せいが》の白波谷《はくはこく》にたてこもった。その九月に、南の匈奴が叛乱を起こして、白波賊とともに、河東を荒らした。この「白波賊＝白波谷に立てこもった盗賊」を訓読みしたのが、「しらなみ」である。

「枕さがし」というのは、夜寝ている人の枕の下に置いてある財布を盗む行為である。かつては、旅先の宿ではぶっそうなので、財布（がま口）など大事なものは自分の枕の下に置いて寝た。これを狙うのが「枕さがし」である。『東海道中膝栗毛』にも、弥治郎兵衛がその被害にあう場面がある。

弥次郎兵衛・北八は三島の宿に泊まる。夜中に、弥次郎兵衛が子供達から買ったスッポンに指を食いつかれ大騒ぎのうちに、二人と同宿していた十吉という人物が実は「護摩の灰」で、弥次の財布を盗んでこっそりと逃げるという話がある。ここに出てくる「ごまのはい」の由来について、『膝栗毛』の笹川臨風の校注には、「護摩の灰。旅客の装いをして旅人をだまし物を盗むもの。高野山の僧を真似て、弘法大師の護摩の灰と称して売り歩いたから、この名が起こったともいい、また胡麻の蝿のようにその真偽が明かでないからともいう。前説の方がよい」とある。

五編追加の伊勢参りの項では、「護摩の灰」の別名「道中じら」というのが出てくる。「道中じら」については、「護摩の灰に同じ。『しら』は白波の略」という校注がつけられている。「道中白波」

の略ということのようである。

このように旅先の宿での金や品物を狙う窃盗が横行したというのは、街道を使っての往来が盛んであったということである。江戸期も安定期から爛熟期には入り、商人・町人文化が栄えるに従って街道の往来が活発になり、街道筋を仕事の場所にする盗人が出没することになる。

物を盗むことも殺生

今のように大量輸送機関が発達していて、自由な交通が保証されている時代には考えられないが、そうでない時代には、自給自足の生活ができない限りは、何とか足を確保することが生きていくための最低の手段になる。したがって、この最低の手段を盗むという行為に対する人々の反応は、自然にきびしいものになる。

江戸学の三田村鳶魚の『江戸の白波』には、次のような話がある。

《仏教では例の十戒を五戒に詰める時には、偸盗戒《ちゅうとう》を殺生戒におさめるのがきまりになっている。どうして物を盗むことが殺生になるかというと、生存に必要な材料を取りのけるのは、その人を死に導くわけだからだ、と聞いている。そうであるならば、殺すということと奪うということとは、ただ一つの階段の違いになってくる。》

ここでは、仏教の戒律として語られているが、現実に、刑法上の犯罪の重さという点でも、同様のことがおきる。これは日本のことではないが、たとえば、アメリカ独立時のヴァージニアで、馬泥棒に死刑を科すことを廃止しようとした、後に第三代大統領となり、アメリカン・デモクラシーの基礎を築いたとされるトーマス・ジェファーソンの刑法改正案が、猛烈な反対にあって廃案になったことも、その一例である。ジェファーソンは、ベッカリーアの罪刑均衡を実現しようと、法案の名も、そのものずばりの「罪刑均衡法案」を起草し、ヴァージニア議会に提出したが、馬泥棒に対する死刑廃止提案が現実的でないという理由で、議会の激しい抵抗に遭った。当時のヴァージニアの農民が、馬は生存に不可欠な物であり、これを盗んだ者に対する縛り首は当然だという意識をもっていたからである。罪刑均衡も民衆の意識変革を必要としたのである。

流刑の地だけではなく、不便な場所では盗人が村を開くということもある。たとえば、「練馬」という地名およびこの地域自体が馬泥棒によって開かれたということが、三田村鳶魚の話の中に表れている。

《元来馬盗人というのは、馬を盗んでそれを売るというようなものでなくて、その馬に乗って歩いたり、盗んだものを身につけて歩いたりするために、馬を盗んだのがはじめらしい。むろん部下はたくさんあるので、練馬大根といって名物だったあの練馬村などにも、篠某という剛勇な浪人者がありまして、土を掘って土窟《どくつ》住居をしておった。これが近辺の牧場へ行って、馬を盗んでくるのを仕事にしていた。討ち洩されの士で、馬に乗ってそこへ駆け付けてくるようなのもあって、だんだん同類が大勢になりましたが、その連中が盗んできた馬を売るのを商売にしている。これが始終取ってきた馬を乗り馴らすので、――無論ほかの泥坊もすることはするのですが、だんだん年を経て、ついに「練馬村」という村を作り出した。これらも大分古い話のようだけれども、馬泥坊が馬を練るというのは、馴らすことなので、練馬村のごときは、五千石以上もあって、上下に分かつほどの一村を、馬泥坊が拓いているの

です。馬泥坊も古いところではなかなかえらかったので、その名残りが明暦の頃まではあったらしい。》

●江戸と関西——スリに対する反応の地域差

犯罪に対する反応には、時代的変遷だけではなく、地域の差もあるだろうとは、推測されることである。池波正太郎の「市松小僧始末」(『にっぽん怪盗伝』)には、そのことを示す格好の話が載せられている。

スリの豆仙は、侍の懐を狙ったが、失敗して、両手を橋の欄干の上に田楽刺しにされた。これを見た江戸の人たちは、石ころを投げたり、「天秤棒で、めったやたらに撲りつけるものもある。つばを吐きつけてくるものもいる。なにをされても、豆仙は、ただもう悲しげな呻き声をあげるばかりで、小柄一本にぬいつけられた両手を抜くも引くもできないのだ。」

《江戸では、関西と違い、掏摸《すり》がつかまって袋だたきに殺されてしまうということがめずらしくない。関西では、掏摸と知ってもそっとしておけ、それでないと、後々仇をされるからという用心ぶかい気風なのだが、関東は荒っぽい。ことに江戸の魚河岸一帯が掏摸には鬼門となっていて、見つかったら最後、絶対に生きてもどれないといわれている。

……市松格子の舞台衣装を好んで着た又吉だけに、掏摸の仲間へ入ってからも市松小僧と名乗り、前科も重ねて、右腕には三つの入墨がある。

あと一つ、この入墨がふえようというときには、入墨を入れるまでもなく死罪ときまっているのが、掏摸に対する公儀の刑罰であった。》

現代にもある？

江戸時代、スリに対する態度が関東と関西とでは違っていたということであるが、現代でも一定の違いはあるのだろう。しかし、関東人がスリを見つけたら、袋たたきにして殺してしまうほど荒っぽく、関西人には、後難を恐れてそっとしておく用心深さがあるというような違いが見られるかというと、いささか疑問である。もっとも、大阪人を勘定高く、「いらち」（「苛ちと書き、せかせかと落ち着かぬこと」（大谷晃一『大阪学』）。この本は、大阪人をいささかステレオタイプに描きすぎていて、元来が大阪人である筆者としては異論のあるところもあるが、大阪人の気質を含めて大阪という町の特徴を分析していておもしろい）な性格として描くとするならば、スリを見つけても、「ぼやぼやするからすられるねん」、「怪我しても損やから知らん顔しておこう」ということになるかもしれない。だからといって、東京でスリが見つかったからといって、江戸っ子かたぎを発揮してスリを捕まえるのに協力したりするのが、より多く見られるかといえば、そんなことはないだろう。「ステレオタイプ的大阪人」同様、東京でもほとんどの人が見て見ぬ振りをするというのが、現代ではなかろうか。

●女性と子どもの窃盗

記紀の中の女性の窃盗の例は、前述の連の娘の話がある。仏教説話である日本霊異記《りょういき》にも仏典を盗む僧の話などが出てくる。女性による窃盗自体の話はあまりない。中巻の第四にある「力の強い女が力競べをした話」は、聖武天皇の時代（八世紀初頭）に美濃の国（岐阜県）片県《かたかた》郡小川の市場に住んで、力の強いことをいいことに、行き来する商人に危害を加え、物を奪い取ることを仕事にしていた女がいたと伝えている。

今昔物語の中にも泥棒の話が多く出てくる。これらに題材を取って作られた後世の物語も多い。芥川竜之介の「偸盗《ちゅうとう》」や「藪の中」、それに「羅生門」は、その代表的なものである。「偸盗」は、「人に知られざる女盗人のものがたり」（巻二九—三）から素材を取り、「藪の中」は、「多衰丸（多襄丸）調伏丸二人の盗人のものがたり」（巻二九—二）から主人公の一人である「多襄丸」の名をとり、話の筋は「妻を具して丹波国に行く男、大江山に於いて縛らるるものがたり」（巻二九—二三）を素材にしている。「羅生門」は、「羅城門にて上層に登り死人を見る盗人のものがたり」（巻二九—一八）を素材にして創作されている。

今昔物語の中に出てくる泥棒も、ほとんどが男である。その中にあって、「女盗人のものがたり」は、一人の侍を巧みな色仕掛けで盗人の手下に仕上げていく話である。メリメの『カルメン』にも似た設定で、近代的文学の味さえ感じられる。芥川は、これに兄弟の葛藤を絡ませて「偸盗」

を創作している。

今昔物語の成立は一二世紀初頭とされており、武士が台頭し、殺伐としてきた平安末期の京を中心とした話が多い。当時庶民は餓えに苦しみ、街頭で行き倒れになる者が多かったと思われる。盗賊の多くは武器をもつ群盗であり、強盗団である。これらの強盗団と武士団との区別はあまり明確ではなかったと思われる。

その当時、盗賊団の首領的存在として女性がいたかは不明であるが、日本霊異記にある大女の話などと照らし合わせてみると、あるいは中にはそうした女性もいたかもしれない。

しかし、かりに女性の盗賊がいたとしても、それはまれであって、武器を持って旅人を襲うのは大概は男性の盗賊であったであろう。せいぜいは「羅生門」に出てくる死体から髪の毛を抜き取る老女のような行為ではなかったろうか。その点は、次に見る江戸時代の女性の窃盗が奉公先での行為であるのと、共通している。

犯科帳の中の女性の窃盗

妻鹿淳子『犯科帳の中の女たち』は、岡山藩の記録から女性の犯罪事件二九九件を採取し、うち二〇件の盗みの事例を分析している。二〇件中で最も多いのが女性奉公人によるものである。これについて妻鹿は、「奉公に出なければ生活できない家の妻や娘が起こしていることから、貧困が第一の原因といえるが、それは他人の家に出入りし、盗みの機会が広範囲にあるということでもある」と述べている。

貧困な庶民家庭では、女性が幼い頃から働きに出された。その働き先でふとした弾みで働いた盗みを見つけられたのが、犯科帳に記載されている。その意味では、女性の盗みの根底にあるのは貧困である。しかし、他方、奉公に出るということで、盗みの機会も生まれる。具体的な盗み行動の直接の原因は、その機会があったということである。これに比較して、武家女性の場合には家の中に閉じ込められて、盗みをするにも行動の自由がなかったと、妻鹿は分析している。これはなかなか卓越した見方であるが、武家女性の盗みは犯科帳には記載されていない可能性もある。また、武家女性の場合には、しつけが厳しく、そのしつけに反するような行動をする娘に対しては、家庭外に出すのではなく、家庭内で容赦なく制裁を加えたということが考えられよう。

また、妻鹿は、二〇件中一一件が家父長によって保護される家を持たない者が起こしていることに注目して、「封建制下の家制度は、女性を束縛すると同時に家父長によって保護されている側面もあり、盗みはそうした頼るべき『家』も崩壊した寄るべのない社会的な弱者が、貧困ゆえに起こした犯罪であることを示している」と指摘している。このことは、子どもの犯罪についても言えそうである。

子どもの窃盗

今昔物語には、子どもが瓜を盗むという話がある。「幼児瓜を盗みて父の不孝を蒙るものがたり」と題されている。

《今は昔、□の□といふ者ありけり。

夏ごろよき瓜を得たりければ、「これはあり難きものなれば、夕さり方返り来て、人のもとへ遣らむ」といひて、十菓ばかりを厨子に入れて納め置きて、出づとていはく、「ゆめゆ

めこの瓜取るべからず」といひ置きて出でぬる後に、七、八歳ばかりありける男子の、厨子《ずし》を開けて、瓜一菓を捕りて食ひけり。》

このことを知った父親は、親戚一同を集めて、その人々の前で、その子を永久に勘当（物語の中では「不孝」）すると言って、その証人として人々に判を押させた。家族の者たちは、口々に「こんな瓜一つのことで子を勘当すべきではない。たいへんひどいやりかただ」などと意見し、母親も恨み言を言ったが、父親は「どうしようもないことを言うな」といっかな耳を貸さない。当時、七、八歳の子どもが親に勘当されてどうやって生きていったのか。それでもこの子は成人して、どこかの家に仕えるまでに至ったが、そこで盗みを働いて捕まってしまう。検非違使の役人が調べたところ、「しかじかの者の子なり」というので、この父親のところに行って問いただしたところ、「もうずっと以前に勘当して、以後一度も会わずに数十年が経っている」といい、「これこの通り、みんなの判のある証文まである」と示した。このため、「親が無関係と主張するのももっともなことだ」という検非違使の長官の判断で、子は禁獄ということになったが、親は構い無しということになった。

当時の連帯責任、いわゆる連座の制度のもとでの出来事である。したがって、現在からこの親の措置の是非を議論することはできないが、当時としても、少なくとも当初の父親の措置は感心されることではなかったのだろう。結局は、父親の見通しが効を奏して、勘当しておいたお蔭で子の犯罪行為の累が及ばなかったのではあり、それを今昔物語では、かつてはそうまでしなくてもと思った人々も、「大変に賢い人だと、親を誉めそやした」としているが、なおも続けて次ぎのように親の措置を弁明しているのは、そこにやはり承服し難いものがあるせいではないだろうか。

《されば、親は子を愛すること譬《たと》ひなきことなれども、賢き者はかねて子の心を知りて、かく不孝をして後の過を蒙らぬなりけり、これを見聞く人、この親をぞ、いみじかりける賢人かなとて、讃めけるとなむ、語り傳へたるとや。》

あるいは、ほめたたえた人々の心は、連座という制度に対する形を変えた抗議にあるという見方もできよう。

前述の女性の犯罪との関係では、親による保護を断ち切られた子どもが生きる方法として、盗みを覚えていくことは、ある意味では必然的でさえあることが示されている。江戸時代の大盗賊と称された連中のほとんどが、幼い頃に親から勘当されている。「勘当」は、連座制のもとでは、親・親戚にとっては累を広く及ぼさないための自己防衛の手段であったのだろうが、勘当される子どもにとっては、親の保護を断ち切られるのみならず、社会的にも人間として生きる術を奪われることを意味していた。そうした子どもの中でも才覚がある者は、徒党を組みその領袖として活躍することになる。

●窃盗集団

かつてはプロ的な窃盗集団が形成されていた。イギリスにおいても、一九世紀には、窃盗集団が盛んだったことは、『オリバー・ツイスト』や『デヴィッド・コパーフィールド』などのディッケンズの作品に、窃盗集団が登場することによってわかる。これらの作品中の窃盗集団には、必ず親方のもとに多くの少年たちがいて窃盗のプロにしこまれる。同様のことは、日本にもあった。そうした窃盗集団に属する窃盗のプロは、隠語を使う。これは、いわば組織防衛のためでもあった。隠語によって、どのような集団であるかを区別する意味もあり、集団の中の異分子をかぎ分けることができた。

たとえば、「しきてん」というと、窃盗集団では、見張りを指す。屋敷を展望するから来ている。窃盗のプロだったら、それぐらいのことを知っているはずであるのに、集団の中の一員が「しきてんを張れ」といわれて、「えっ？」と問い返すようならば、おや、こいつはおかしいぞ、ということになる。ちなみに、「えす」といえば、窃盗仲間では集団の中に潜り込んでいる「密偵」、すなわち警察のスパイを意味するが、不良用語では、煙草を意味する。Spy と Smoking の「エス」を取った、比較的新しい隠語である。

なお、隠語も時代によって変化する。たとえば、現在、「チャリンコ」といえば自転車をさすが、古くはスリ、とくに子どものスリを指した。これは、財布をすったあと、小銭がチャリンと落ちるまでこれをふったところからつけられたようである。江戸時代には、こうした「チャリンコ」をつかった大かがりな窃盗集団も形成されていた。

散盗ではなく、群盗

江戸時代、スリの一つの型として、「荒かせぎ」というのがあった。江戸時代には、財布のことを「巾着」といい、スリはこの巾着の紐を切って盗っていくところから「巾着切」と呼ばれていた。この巾着切が変化したのが、「荒かせぎ」というものであったようである。

「正統派」巾着切は、何気なくすれ違いざまにすり、すられた本人もまったく気付かずそのますれ違い、買い物でもしようと思い、懐を探ってはじめて財布のないことを知る。このような名人芸的スリに対して、被害者の気をそらしてその瞬間に獲物を盗るという方法も生まれてくる。狙った相手が女性の場合には、からだの下の方に手を触れて、女性がはッとして手を下に持ってきて、少しかがんだ瞬間に簪《かんざし》などを抜き取るという方法がはやったようである。あるいは、往来でわざと人にぶつかって、相手が驚いた瞬間に財布を抜き取る。これらは、巾着切の普通の手段であったようで、「掻浚《かっさら》い」または「昼鳶《ひるとんび》」などといっていた。

現在でも、同様の方法で人のものを盗むというのはある。盗む手段として暴行を用いているので、強盗との区別が刑法上問題となるが、あくまでも相手方の気をそらす手段として暴行が用いられている以上、被害者の意思を制圧して強奪した強盗ではなく、相手方の知らない間にひそかに盗む窃盗の類型に属する。

ひったくりというのも、大抵はこの類である。最近は、とくに少年の行うひったくりを強盗として処理するのが、警察の方針であると伝えられているが、瞬間的にひったくろうとしたところ、被害者が狙った物から手を離さないので、とくに暴力をふるって手を離させたという場合には、強奪したということで強盗に問擬してもよいだろうが、ひったくり一般を強盗として処理するというのは、乱暴な話である。

三田村鳶魚も、「だしぬけに横から出て、人の持っているものなどを奪って行くやつで、それだけなら、従来ありきたりのものである。新しい名称なんぞをつけるに及ばぬわけです」といっている。これに対して、「荒かせぎというやつは、そういうやり方でうまくゆかぬ場合に、これは同類がありまして、まず、仲間喧嘩を始める。その喧嘩の中に相手の人間を取り入れて、本当の喧嘩にしてしまう。そうして、ひどく殴ったり何かして、怪我をさせたり、よたよたになってしまう時分に物を取る」というものである。「これは掏摸という泥坊の仕方が変化したもののように思われます」と鳶魚は述べているが（三田村鳶魚『泥坊の話　お医者様の話』）、典型的なスリとはかなり違ってきており、もはや気をそらすために喧嘩を装ったというのを通り越している。現在ならば、強盗に問擬されても致し方ない形態のものであろう。

ここまで被害者に暴力をふるうというのではなく、仲間内で突然喧嘩を始め、被害者も巻き込んで喧嘩に気を取られたところで、別の人間が懐中物を抜き取って逃げるという「荒かせぎ」の形態は、スリの一変型といってよい。

いずれにしても、このような「荒かせぎ」には、仲間が必要である。そこに窃盗集団が形成される契機が生じる。「荒かせぎ」は、天明の頃（一七八〇年代）からあったようであるが、文化年間（一九世紀初頭）にとくに多くなった。鳶魚は、その原因を「散盗でなく群盗になったからだと思う。団体をなして横行したところが、荒稼ぎの新型なのだ」としている。群盗が先にあったのか、荒かせぎに便利であるから群盗が多くなったのか、これではいささか不明であるが、双方だったのだろう。

第13話　盗賊の正義

「盗人にも三分の理」とは、どんな無理なことにも理屈をつけることができるというたとえだが、そうした「三分の理」ではなく、「盗賊にも正義あり」というようなことがあるか。ここでは、「正義」と「盗賊」という、それ自体としては矛盾する二つの観念を両立させうる現象と論理があるかを考えてみよう。

●義賊ということ

『広辞苑』によると、「義賊」とは、「金持から金品を盗んで貧民に分け与える、義侠的な盗賊」のことを指す。『国語大辞典』は、もう少し詳しく、「悪をこらし善を救うことをたてまえとする盗賊。不正の金持から盗んで貧乏人に分け与える盗人」と解説している。これによると、盗む対象は「不正の金持」であり、その目的は貧乏人に分け与えることだということになる。この二つの要素をもっているのが、「義賊」と呼ばれる。

いつごろからこの言葉が使われるようになったか？　少なくとも、今昔物語などには出て来ない。江戸時代の講釈師の使い出したことだろうか。

「賊」というのは、常陸国風土記では、天皇に逆らう滅ぼすべき敵＝蝦夷を指している。たとえば、その六の茨城郡のいわれを語る部分には、「昔、国巣《くず》……山の佐伯《さえき》、野の佐伯在りき。普《あまね》く土窟《つちむろ》を掘り置きて、常に穴に居《す》み、人の来る有れば、則ち窟に入りて竄《かく》り、その人去れば更郊《またの》に出でて遊ぶ。狼の性《さが》、梟の情《こころ》ありて、鼠に窺《ひそか》ひて掠《かす》め盗み、招《を》き慰《なご》めらるること無く、弥《いよよ》、風俗《くにぶり》に阻《へだ》たりき」とか、「山の佐伯、野の佐伯、自ら賊《あた》の長《おさ》と為り、徒衆《ともがら》を引率《ひきい》て、国中《くぬち》を横しまに行き、大《いた》く劫《かす》め殺しき」とある。

「国巣《くず》」は、国主、国栖などとも表記されることでわかるように、その土地に住んでいる人、土着民を指す。「佐伯《さえき》」は朝廷の命令に従わないで抵抗する者である。大和朝廷に従って同調しないであくまでも抵抗する土着の人々、即ちそれは蝦夷の人々であり、常陸国風土記には、この人々を「賊」として討伐していく話が多い。蝦夷の人々が、ここにあるように、現実に盗みなどをしていたというのではないだろう。大和になじまないから「賊」として討伐の対象にされた。

この人々は、天皇の命令である「おもむけ（化）」という大義に背く者たちであるから、「義」が認められるということはありえなかった。この時代には、したがって、「義賊」という言葉は登場しようはずがなかった。

「道理にて取りたる物、非道にて取りたる物」

『古今著聞集』巻の三に、「大江匡房《おおえのまさふさ》、道理にて取りたる物、非道にて取りたる物をわけ、各一艘に積み帰京の事」という話がある。

《匡房の中納言は、太宰の権《ごん》の帥《そち》になりて任におもむかれたりけるに、道理にとりたる物をば舟一艘に積み、非道に取りたる物をばまた一艘に積みてのぼられけるに、道理の舟は入海してけり。非道の舟はたひらかに着きてければ、江帥いはれけるは、「世ははやくすゑになりにたり。人いたく正直なるまじきなり」とぞ侍りける。それをさとらんがために、かく積みてのぼせられけるにや。昔なか比《ごろ》だにかやうに侍りけり。末代よくよく用心あるべきことなり。》

大江匡房は、平安時代後期の学者で、史実によれば、彼が太宰の権の帥に任じられたのは一〇九七（承徳元）年で、翌年赴任した。したがって、この話はその頃のことということであるが、実際にこのようなことがあったというのではなく、むしろ「道理の舟」と「非道の舟」ということで、本来の正当なことが通らずに、不当なことがまかり通っている世の中を嘆く説話と考えるべきである（関幸彦『説話の語る日本の中世』）。

ここでは、説話の内容を問題にするのではなく、「道理」「非道」という言葉が、公的に筋の通ることと、私的に得たもの、行ったことを意味していることに注目したい。「公」が善であり、「私」が悪であるという従来の公式が崩れて、「私」が大手を振ってまかり通っていることを嘆いているのが、この説話の意である。

後に、河竹黙阿弥は、鼠小僧次郎吉に、「盗みはすれども、非道はやらず」と言わせて、義賊化しているが、この場合の「非道」という言葉には、『古今著聞集』と違い、「私」的というのではなく、現在、「極悪非道」と使う用法と同じ意味である。こうした意味での「非道」をしないだけではなく、何がしかの「公的」なもの、単なる「私的」でない盗みという要素が入ることによって、「義」としての「賊」という、本来は矛盾するものが結びつくことになる。

●義賊のはじまり？

藤原純友の乱

九三四（承平四）年、伊予掾《じょう》であった藤原純友は、任期が終っても帰国命令を無視して、伊予に住みつき、没落農民や浮浪者を組織して、喜多郡の郡司の倉庫を襲い、その中にあった租米を盗んでいった。純友の乱のはじまりである。純友は、農民が貧困にあえいでいるのに、都の貴族や守護・地頭などの地方貴族は贅沢三昧に暮らしていることに義憤を感じて、農民たちのために起ち上がったといわれる。純友は、海賊団の首領となり、瀬戸内海を航行する官船・私船を襲い、船荷を強奪してそれを貧困農民たちに分け与えた。九四一（天慶四）年六月二〇日、朝廷側の討手に子の重太丸ともども討ち取られるまで、中央に反逆し続けた。

その海賊行為の動機は、貧しい人々への略奪物の配布とそうした貧民に対して救済の手を差し伸べない朝廷政治への反抗であるとされている。時を同じくして、関東では平将門が兵を挙げた。この二人が通謀して旗を挙げたという説（「大鏡」「神皇正統記」「日本外史」）もあるが、通謀の証拠はない（将門については、菊池寛や海音寺潮五郎が、書いているが、二人とも、たまたま時期を同じくしただけで、「大鏡」などは天皇の正当性を強調する意図のもとに、あえて間違った記述をしたと見ている。たとえば、菊池寛の『日本武将譚《たん》』中の「平将門」は、「皇室尊崇の念に燃えていた正統記の作者が一意将門を筆誅することばかりに気を取られて史実の考証にまで及ばなかったものを日本外史までがこれを登用したものである」としている）。また、将門は、純友のような明確な反逆の動機があったというより、私闘から成り行き上、「親皇」を名乗るに至ったというのが、真相のようであり、その意味では、明確な意思で強奪などを繰り返した純友とは、かなり違う。

純友の場合には、武力をもっているものが朝廷政治にあき足らず、農民の救済を口にし、荘園や地方貴族の財産などを略奪した。しかし、彼の行為は「義賊」というより、ときの権力に対する反逆行為であり、それだけに政府はこれを徹底的にせん滅し、以後も朝廷に弓引く者として、将門同様、最悪の人物像として描いていった。

今昔物語、巻二五の第二「藤原純友海賊たるによりて誅せらるるものがたり」も、「純友伊予国にありて、多くの猛《たけ》き兵《つわもの》を集めて眷族《けんぞく》として、弓箭《きゅうせん》を帯《たい》して、船に乗りて常に海に出でて、西の国国より上《たてまつ》る舟の物を移し取りて、人を殺すことを業としけり」と、純友の海賊行為だけを記述していて、とくにその動機については触れていない。しかし、右の記述でも、西国から天皇に献上する船だけを襲ったことが記されており、このものがたりの最後を、「去《い》ぬる承平年中に平将門が謀叛のこと出で来て、世の極みなき大事にてありしに、ほどなくまたこの純友罸《う》たれて、かかる大事どものうち次《つづ》きあるをなむ、世の人いひ繚《しら》ひけるとなむ、語り伝へたるとや」とまとめている。天皇の権威に対する挑戦が打ち続くことに対する人々の不安な感情が表わされている。

石川五右衛門義賊説

「石川や、浜の真砂は尽きるとも」と辞世の詩を残したとされる（これも後世作られた偽作であるという）石川五右衛門は、農民から出た豊臣秀吉が権力をほしいままにして庶民が生活にあえいでいるのを一顧だにしないことに抗議する意味で、大名荒しをするとともに、秀吉の寝所としている伏見城に忍び込み、秀吉の命を狙い捕えられた、義賊のはしりであると、江戸時代の民衆演芸、歌舞伎や浄瑠璃ではもてはやされた。実際には、すりや盗賊の大武装集団の頭目であった（五右衛門の一党は全体で三五人前後で、それが一五組からなっていたという）だけで、貧乏な人のために泥棒をしたという証拠は何もないようである。もっぱら後世の脚色である。しかし、そのような脚色をしてでも、権力をほしいままにする人間に対して抵抗をする者の登場を、庶民は欲していたということでもある。

郡司正勝は、「反逆の歴史というものがあるとすれば、まさにかぶきは反逆人の悲劇の系譜である」として、蘇我入鹿、明智光秀、平将門などとともに、石川五右衛門をあげ、「言論行動の自由を失った江戸封建社会の庶民の圧死させられた空想は、かぶきの舞台にかくも絢爛と夢幻の華を開いたのである。反逆の美学こそかぶきの華といってよい。敵役はかぶきの帝王である」と述べる（郡司正勝『かぶきの美』）。

一五九四（文禄三）年八月二四日、五右衛門は、一味一〇人と子供一人と一緒に、京都三条南の河原で釜茹での刑に処せられ、その他一九人の仲間は磔に処せられたという（『言経卿記《ときつねきょうき》』）。

●江戸の義賊

白波五人男――日本左衛門のこと

白波五人男のモデルは、延亨《えんきょう》年間（一七四四―一七四八）に義賊と称された、日本左衛門こと浜島庄兵衛一味である。浜島庄兵衛は武士階級の出身で、若い時に親から勘当されている。勘当によって、親の庇護はなくなったわけだが、その反面、親に気兼ねをしなくてもよい分、勝手気ままな人生が歩める。勘当後浪人となった庄兵衛は、多くの手下を従えて泥棒集団を形成した。その集団の結成宣言で、庄兵衛は次のように述べたという。

《幼年から武家奉公に精を出して、禿げ頭になるまで忠勤を励んでみたところが、立身出世が出来るのでもない、商人が朝から晩まで、算盤と帳面に油断なく、一割か一割半の利得を追い回しても、金利に負けて、一家の口過《くちす》ぎに骨が折れる、職人は、暗いから暗いまで、正直に働いても暮し兼ねる、ただ、大町人・大百姓だけは、何のこともなく、莫大な金額を持って、その番人をしているようでも、年々にその蓄積が殖えてゆく、不義不道なものは、大町人・大百姓であるから、彼らの蓄積を奪い取って、困窮人にも与え、我々も一世の活計歓楽を極めたところが、正しくない者どもから取り上げるのに、何の罪も咎もあるはずはない。》

（三田村鳶魚『泥坊の話　お医者様の話』）

立派な宣言であるが、実際には、自分たちの利欲が中心であって、困窮者に財を分け与えることを目的としていたわけではないようである。また、手段としては、刀でおどして縛り上げ、金を取ると同時に、女性を犯すということもやったようで、決して道理のある盗賊とは言い難かった。しかし、ここでも、その実像よりも民衆が「日本左衛門」を「義賊」としての虚像で描いたことが重要である。

義賊ではない鼠小僧次郎吉

芥川龍之介の「鼠小僧次郎吉」には、汐留《しおどめ》の船宿、伊豆屋の表二階でさしつさされつする遊び人らしい二人の男の会話が出てくる。親分と呼ばれる男は「色の浅黒い、小肥りに肥った男で、形《かた》の如く結城《ゆうき》の単衣物《ひとえもの》に、八反《はったん》の平ぐけを締めたのが、上に羽織った古渡《こわたり》り唐桟《とうさん》の半天と一しょに、その苦みばしった男ぶりを、一層いなせに見せている趣があった。もう一人は色の白い、どちらかと云えば小柄な男」だった。色白の小柄な男が親分に言う。

《あの時分の事を考えると、へへ、妙なもので盗っ人せえ、懐かしくなって来やすのさ。先刻ご承知にゃ違《ちげ》え無《ね》えが、あの鼠小僧と云う野郎は、心意気が第一嬉しいや。ねえ、親分。……私《わっち》だって何も盗っ人の肩を持つにゃ当ら無えけれど、あいつは懐の暖《あったけ》え大名屋敷へ忍び込んじゃ、御手許金《おてもときん》と云うやつを掻攫《かっさら》って、その日に追われる貧乏人へ恵んでやるのだと云いやすぜ。成程善悪にゃ二つは無えが、どうせ盗みをするからにゃ、悪党冥利《みょうり》にこの位な陰徳は積んでおき度《て》えとね、まあ、私《わっち》なんぞは思っていやすのさ。》

芥川の鼠小僧次郎吉観は、古くから一般に流布されていた評価に基づいている。義賊といえば、鼠小僧次郎吉というほど、彼は義賊の代表と考えられていた。しかし、事実はそんなものではないようである。鳶魚の語っているところによると、次郎吉は、「何も主義主張があって、町人・百姓の資材を目掛けないのではない」。だから、義賊などと彼を「そそっかしく買い冠るには及ばない」のである。大小名の屋敷を狙う理由について、彼自身が次ぎのように供述している。

《(大名屋敷は) 外見が厳重なばかりで、門をはいれば錠も鍵も、いい加減であるから、その後の進退は心安い、町家はそれとは違って、油断なく戸締りもすれば、盗難の用心も行き届いている、それに大小名の屋敷では、奥向・長局は異性の居所であるから、表方の役人も、御侍衆も、遠慮して容易にはいって来ない、男ッ気のない場所だけに、見咎められても、女中等が騒いでいる間に、表から侍たちが来ないうちに、逃げる隙はいくらもある、自分は消防夫でもあったから、高い所は歩き馴れている、門や塀を乗り越すのはわけもない。》(三田村鳶魚『泥坊の話　お医者様の話』)

このように、次郎吉は、盗む相手を「潜入便宜上から選定したので、被害者の境遇を考慮してはいない。逃げる時の勝手についての便宜から」なのだから、義賊というようなものではなかったという。

次郎吉は、一八三二(天保三)年、三七歳で処刑されている。次郎吉が生涯で盗んだのは一二〇回、九九ヵ所、総被害金額は一万数千両という。十両盗めば獄門という時代であるから、大変な大泥棒である。とくに、大名から盗んでいるから、侍の面子にかけても重刑で処罰せざるを得ない。引廻しの上、獄門というのが、次郎吉に対する刑であった。

芝居などでは、次郎吉は、盗みに入った酒屋が翌朝店を閉じたのを見て、盗んだ金額に利息を足して返金したとか、しじみ売りとか餌売りとかの貧しい人に盗んだ金を恵んで助けたとか、描かれているが、「事実ならば、まことに結構だが、御生憎様《おあいにくさま》、義賊とか、救恤《きゅうじゅつ》とか、そんなことは一つもない。狂言作者の河竹黙阿弥、講釈師の乾坤坊良斎が、いいあんばいにこしらえたものなのだ」と、鳶魚はいう。しかし、武士大名に痛めつけられている庶民にとっては、大名屋敷しか狙わないというところに、「義侠」的痛快さを感じ、それが講釈師や黙阿弥をして「義賊、鼠小僧」像を作らしめたのであろう。

義賊を自認した小鼠市の助

次郎吉の後継者を自認して、自ら「小鼠」と称した盗人市の助が、一八四七（弘化四）年九月二一日に歳も次郎吉と同じ三七歳で処刑されている。

小鼠市の助も大名屋敷だけしか狙わなかった。次郎吉と同様、大名屋敷が狙いやすかったことも、その理由としてあげているが、注目されるのは、それだけではない「義賊」的な理由を挙げていることである。

《まず、武士は禄高の高低にかかわらず、依拠すべき主君がある。その上、領民や土地もあるので、たとえ家財がすべて盗まれたとしても、飢えや寒さに震えるということはない。それに対して、商家は、恃《たの》みにする所は現在持っている財産だけである。

一旦、盗難や火難によって散失したときには、誰に依拠し、誰を恃みにすればいいのか。家族は必ず路頭にたたずんで、他人の憐れみを受けるに至ることになる。盗賊はもとより残忍ではあるが、どうしてそうした貧苦を見過ごしにできようか。》（三田村鳶魚『泥坊の話

お医者様の話』引用の口書きの現代語訳）

市の助の言葉には、明確に富者からのみ盗むことの意味が意識化されている。その意味において、「義賊」的である。しかし、あくまでも「的」であって、「義賊」のもう一つの要素、貧乏人のために盗むという点は見られない。少なくとも、富の配分の不平等を是正するという要素はない。その点で、本物の「義賊」ではないことになる。

●幕末の義賊

義賊を騙った御用盗

幕末には、攘夷倒幕の軍資金調達という名目で、商家を襲う「御用盗」が江戸の夜を横行した。「御用盗」は、薩摩のかく乱戦法だと言われているが、これが追い払われた後も、商家に軍資金調達と称して押し込む武士の一団が後を断たなかったようである。東京日日新聞社会部編『戊辰物語』（一九二八年）には、当時の状況を知る人の言葉が載せられている。

《押借りや強盗は、薩摩屋敷の御用盗が暮に追い払われたにもかかわらず、いぜんとして横行出没し、しかもその手は市中から郡部にまでもひろがって白昼大っぴらにやる。椎名町の八郎兵衛という豪家へ六人組の武士がやってきた。白鉢巻をして白だすきで真昼間抜刀でずかずか入って来た。金をとって飯を食ってから奥の間へ入って昼寝をはじめた。これを見て家の者が近所をふれ廻り、半鐘をついたので六十人ばかりの百姓が竹槍をもって家の周囲を取り囲んだが、武士たちはあくびをしながら出て来てにたにた笑っていたが、あッ！　と思う間に真先にいた一人の頭を出しぬけに抜打にわってしまった。みんな肝をつぶして逃げ出したが、しばらくするとまた引返してわァわァやった。》

仮に軍資金調達が本当の目的であったとしても、それが強盗という行為を正当化し得るはずはない。まして、それが単なる口実にしか過ぎないということであるから、商家にとってははなはだ迷惑な話である。幕末の盗賊取り締まりの任にある役人は、まったく頼りにならない状況であったために、商家の人たち自身が防衛手段を講じていた。その一端が示されている。

いずれにしても、「御用盗」やそのまがい物には、「義賊」としての要素はない。

「錦ぎれ取り」

同じく『戊辰物語』には、一人のすりの話が出ている。「義賊」という点では、この方がよほどその名に値する。

《(官軍は)肩へ錦の布をつけているので「錦《きん》ぎれ」と呼び、いったいにひどく毛嫌いした。両国の巾着切りでこの錦ぎればかりをするものがあった。隼のような男で官軍が血まなかこで捕えようとしたが駄目で毎日毎日これをすった。……そのうちとうとう神田の筋違い見附(万世橋)で捕えられた。懐中に五十幾毎持っていて江戸っ子の胸のすくような啖呵《たんか》を切ってそこで斬られてしまった。》

このスリは、いままでのどの盗人よりも「義賊」である。「錦ぎれ取り」は、決して金や財産目当ての行為ではない。「官軍」として横暴な権力を振り回している人間の権威を失墜させることだけを目的とした行為である。富者と貧者という対立構造を、一般的に強者と弱者という構図に代えれば、このすりの行為は、立派に「義賊」としての要素を具備している。

以上、日本において「義賊」と称されてきたいくつかの例を見てきた。貧者のために富者から盗む行為のほかに、時の政治権力の政策に反対して、それに対する抵抗としての盗賊行為、さらには、政治、政策、または法律そのものに対する反対の意思表明としての盗賊行為などがあった。これらの便乗的行為もあるが、そうした行為はどのような理論を持ってこようと正当化あるいは、責任否定されるはずがないので、問題となるのは、右の三つの類型ということになろうか。

民衆の観点からは、少なくとも、三つの類型は同情に値するもの、場合によっては、称賛に値するものと考えられてきた。第一四話では、諸外国における状況をもみつつ、これらの行為と法論理との関係を検討する。

第14話「義賊とは言い条、所詮は盗人」か

●イギリスの義賊ロビン・フッド

英語では義賊を"a Robin Hood figure"というように、ロビン・フッドは、義賊の典型とされている。この人物は、実在したのではなく、伝説上の義賊である。シャーウッドの森に居を構えて、手下のリトル・ジョン、フライアー・タック、メイド・マリアンらとともに神出鬼没の活躍を続け、ノルマンの征服者や大商人から奪った財物を貧乏人に配っていたとされる。ウォルター・スコットの小説『アイバンホー』では、脇役として登場し、リチャード獅子心王を助けて活躍する。

他方、「義賊とは言い条、所詮は盗人 Even Robin Hood was a thief.」という諺もある。どのように大義名分を唱えようとも、泥棒は泥棒だというわけである。

上野美子『ロビン・フッド物語』は、中世バラッドの世界から現代の映像の世界に至るまでロビン・フッドがどのように描かれ、どのように変遷してきたかを示してくれる。その中で、上野は、イギリスの社会史家ホブズボームの『匪賊の社会史』による義賊の条件（「アウトローになっ

た理由が、不正の犠牲であって権力者から迫害をうけたためであること、悪を正し金持から奪って貧者に与えること、自己防衛か正当な復讐以外の理由で人を殺さないこと、民衆の支援をうけること、裏切られて死にいたらしめられることなど」）をあげたうえで、ロビン・フッドがその「条件を満たしていることはいうまでもない」としている。

さらに、とくに注目したい点として、「敵は国王や皇帝ではなく、地方を治めるジェントリーや聖職者などの抑圧者にかぎる」というホブズボームの指摘をあげ、「ロビンは、私腹をこやす悪代官や高位聖職者にたてついたが、国王には忠義をつくした。国王から権力をゆだねられた者が行う不正と闘ったのであり、国王その人や社会体制にはむかう反体制ではないのだ」と述べる。

上野によると、この「反体制ではない」という特色が、ロビンとスイスの革命児ウィリアム・テルを分つ。たしかに、「反体制ではない」というのは、ロビンの特色であり、また、イギリス民衆が時代を超えて伝説化してきた理由かもしれない。しかし、「義賊」必ずしも「革命児」ならずとはいい得ても、その逆もまた真なりというわけではないだろう。

《ともあれ、義賊は現実の存在を超えて伝説化される。正義や民衆の夢を体現するものだからだ。そうでなければ義賊とは呼ばれない。そう考えると、ロビン・フッドは実在したかどうかという論点より、少なからぬアウトロー・ヒーローが存在し、そこに民衆の夢がこめられたという事実こそ重要なのではないだろうか。》

ここでも、右の上野の指摘と同様の観点で、ロビン・フッドの義賊たる所以にもう少し関心をもっていくことにする。

芥川のロビン・フッド論

芥川龍之介の講演記録に「ロビン・ホッド」というのがある。一九二二（大正一一）年四月一三日のことで、イギリスから皇太子が来るということで歓迎の意を表しての英文学講演会で語られている。もともとは、「イギリスの泥棒」という題名で講演しようとしたところ、皇太子が来るというのに不穏当であるというので、「ロビン・ホッド」という題名に代えたという、いわくつきの講演である。

この講演で、芥川はロビン・フッドを「弱きを助けて強きを挫く豪傑であり」、そのために、「大変英吉利の公衆の間には評判が宜《よろし》い」とし、その理由は、「諾威《ノルウェー》人のピア・ギント、向側の独逸《ドイツ》、仏蘭西《フランス》、和蘭《オランダ》、白耳義《ベルギー》のオロイイレン・シュレエゲルと云ふあゝ云ふ伝説的の人間」と、「ロビン・ホッドは勇敢で世の中の権威を認めないで、さうして酒が好きで食意地が張ってゐて天下を自由に横行して居ると云ふ点では甚だ類似して居る」ことにあると述べている。

もっとも、「偉い泥棒」を讃嘆することは必ずしもイギリス国民に限ったことではなく、日本でも石川五右衛門や鼠小僧次郎吉を「偉い泥棒」として讃美するところがあり、西洋でも到るところに「偉い泥棒」がたくさんいる。人々がこうした「偉い泥棒」を讃嘆する心情には、ヒロイズムがある、というのが芥川の見方である。

《何故泥棒が民衆に人望が好いかと申しますと、其泥棒と云うものは其泥棒を行うヒロイズム、勇敢なる行為ですな、泥棒の勇敢なることは最も民衆に睹易い、誰にも分り易いヒロイズムであります。……吾々が実際金を取られまい、妻子眷族《けんぞく》に害なからしめまいと一生懸命に戸締りをして居る。其処を深夜破って来るのでありますから、そのヒロイズムは痛切に我々の実感に訴へます。のみならず吾々自身取られた場合には腹も立ちますが、人が取られて居る場合は、殊に非常な金持、岩崎とか三井とかが金城鉄壁の如く塀を取り廻して威張って居る所へ忍び込んで金を取ったと言へばそれは壮快でしょう。》

官許の海賊

ロビン・フッドは伝説上の人物であるが、イギリスの歴史の中では、民衆から義賊ともてはやされた盗賊・海賊が何人か実在している。芥川は、イギリスの「偉い泥棒」の例として、ジョン・シェパード、ジョナサン・ワイルド、リチャード・ターピンをあげている。これらの泥棒は、いずれも一七〇〇年代前半に処刑されている。

当時の犯罪記録書『ニューゲート・カレンダー』(最初は、一七〇〇年頃に、"Tyburn Calendar, or Malefactor's Bloody Register"として発行され、一七七一年頃、"Tyburn Calendar"と題されて発行された。その後、"Newgate Calendar"と銘打たれて、版を重ねた)に記載されているところによると、ジョン・シェパードは脱獄王、ジョナサン・ワイルド(文豪ヘンリー・フィールディングの作品に同名で取り上げられている)は大泥棒、最後のターピンはなかなかおしゃれな紳士強盗として有名であったようだが、彼らの行為は純粋に強盗あるいは殺人であって、義賊と称されるようなところはない。

『ニューゲート・カレンダー』には、海賊キャプテン・キッドが登場する。海賊キッドは、後代、小説や映画などで義賊として描かれた。その理由は、キッドは官許の海賊であったことにある。

一七世紀末、西インド諸島周辺の海賊が跋扈《ばっこ》していた。これに頭を悩ましたイギリス国王ウィリアム三世は、ベラモント伯爵にニューイングランドとニューヨークの統治を委ね、海賊の一掃を命じた。ベラモントは、ニューヨーク総督レヴィングストンと相談して、海賊たちと通商をして彼らのことをよく知っているキャプテン・キッドを海賊掃討の任務に就かせることにした。この計画には、ウィリアム三世も同意し、レヴィングストンとキャプテン・キッドが海賊から掠奪した物の五分の一を分け前として取ることを条件の免許状を発行した（図7）。

キャプテン・キッドは、この免許状をもって、世界の海で海賊と目される船を襲い、戦利品を獲得していった。ところが、キッドが掠奪したうちの一艘に海賊船ではないものがあったということが本国に伝えられ、イギリス庶民院では、そのような者に掠奪免許状を与える行為は、王の

図7　キャプテン・キッドへの略奪免許状（1695年12月11日付）。ウィリアム三世の肖像画付き。（英国公文書館保管の免許状の写真版。提供＝東京水産大学佐藤好明教授）

図8　処刑波止場における海賊処刑の図（“The Newgate Calendar,” 1951）

権威を傷つけ、イギリス法にも違反すると問題になった。ニューイングランドに着いたキッドは、直ちに逮捕され、イングランドに送られ、庶民院で尋問された後、オールド・ベイリーで裁判にかけられ、死刑を言い渡された。キッドの処刑は、一七〇一年三月二三日、通称「処刑波止場（Execution Dock）」と呼ばれるところで行われ、一度は首にかけたロープが切れ、二度目で死亡したという。

キッド自身が海賊行為をしたことは疑いがないようだが、死刑となった罪についてはいささか策謀に引っかかったというところがないわけでない。いずれにしても、毒をもって毒を制するの作戦であるにしろ、海賊船からの掠奪行為は国王承認の行為であるから、一種の正義の行為である。また、かりにこれを承認したことが違法であるというならば、その責任を負うべき人間は国王をはじめ貴族連中であるにもかかわらず、その点はまったく不問にされ、キッドのみが処刑されたというところにも、釈然としないものが残り、それが、キッドを義賊として祭り上げる要素にもなっている。

●沖縄の義賊伝説と抵抗の歴史

琉球王朝は、舜天王統の初代舜天（一一八七―一二三七）から、英祖王統、三山分立時代を経て、第一尚氏王統、第二尚氏王統の一九代尚泰王（一八四八―七九）まで、七〇〇年続いた。最初の舜天については、一六五〇年に書かれた沖縄（琉球王国）の歴史書『中山世鑑《ちゅうざんせいかん》』において、保元の乱で伊豆大島に流された源為朝が島を抜け出して沖縄に流れ着き、そこで土地の豪族大里《おおさと》按司《あじ》の娘思乙《おみおつ》と結婚してもうけた一子尊敦《そんとん》であると記され、それを基にして、滝沢馬琴が『椿説《ちんせつ》弓張月《ゆみはりづき》』を書いたために、一躍、琉球王朝の祖＝源為朝という俗説が流布された。

しかし、これはあくまでも根拠のない英雄伝説の一つに過ぎない。「チンギスハーンは源義経」という類である。それが、『中山世鑑』という琉球王朝の正史に採り入れられているのは、第二尚氏王統十代目の尚質王の宰相尚象賢《しょうしょうけん》（羽地朝秀《はねじちょうしゅう》）の琉球王朝生き残り作戦が込められている。

当時、薩摩藩の島津氏は、琉球を完全に植民地化しようと目論んでいた。これに対して、正面から抵抗するのではなく、日本と琉球とは同じ祖先をもっているという、「日琉同祖論」を主張することによって、薩摩からの締め付けを少なくして、植民地化を防ごうとしたのが、尚象賢の描いた作戦であった。薩摩対策の苦肉の策が、為朝＝初代琉球王説である。

琉球がこのような苦肉の策を採らなければならなかった背景には、第二尚氏王統第三代尚真王の行った、徹底した刀狩りがあった。尚真王は、地方豪族の反乱を押え、統一国家を造るため、さらには、その武器を貯めて倭寇に対処するために、地方豪族である按司から刀・武器を一切取り上げた。これは、統一国家建設には有効な政策であったが、後代の薩摩の侵攻に対しては、戦う術がないという結果に至ったわけである。尚象賢の採った方策は、こうした琉球の置かれた状況の中で採り得る平和的な抵抗の一つといえよう。

オヤケアカハチらの乱

尚真王の時代、中央の権力に抵抗して叛乱を起こした豪族に、オヤケアカハチという人物がいた。中央集権化に対する地方豪族の叛乱という点では、藤原純友や平将門の乱と同様である。いなむしろ、北海道をはじめとする東日本での蝦夷、アイヌの抵抗と同様であるといったほうがいい。アカハチは、八重山地方の土俗信仰に対する中央の不当な弾圧に抵抗した民衆の先頭に立って戦い、蝦夷の「賊」と同様に、首里王朝軍に攻められて滅んでいった。これによって、八重山は琉球王朝の支配下に落ちた。一五〇〇年のことである。

その後、与那国のオニトラ（鬼虎）の乱、久米島の具志川の乱を制して、尚真王は名実ともに琉球統一国家を樹立した。

統一国家造りの背景には、地方の人々の政治的自治のみならず、文化や生活慣習の自由の制約を必然的に伴い、これら離島の叛乱は、こうした制約の押しつけに対する島民の抵抗であった。

義賊・運玉義留

沖縄の西原与那覇には、一つの義賊伝説がある。尚真王が琉球を統一し、中央集権に成功してから八代後を経た尚貞王治下の琉球王国の時代、一七〇九年、沖縄は未曾有の大飢饉にみまわれた。王や親方の支配階級は、その日の糧にさえ苦しむ百姓から搾取の限りを尽していた。その頃、王家や親方などの士族の家だけを狙い、盗んだ金品はすべて、搾取にあえぐ百姓に分け与える盗賊、運玉義留《うんたまぎるー》が現われた。この盗賊は、不敵にも犯行の前に犯行の場所、日時を予告し、厳しい警護の目を見事に掻《か》い潜《くぐ》って目的を遂げていた。

ある日、運玉義留は首里城大奥に住む王が使っていた金の枕を奪うと予告し、厳重な警戒網を突破してついに金の枕を奪うが、気付いた王の槍で刺され、それでも城外に逃げ去り、追手をまいて西原村の運玉森に隠れた。

百姓たちは、追手の役人に別の方角を教えたり、運玉森に隠れた彼に食料を運び、探索の情報を知らせたりして、彼を支えた。しかし、ついに森を役人に囲まれ、運玉義留は進退窮して沼に身を沈めたが、槍につかれて沼底で息を引き取った。「遺体は百姓たちが手厚く葬り、義賊・運玉義留は、最後までその姿を役人たちに見せなかったということです」と、『沖縄の伝説と民話』は書いている。

中央集権化も完成し、武器も奪われた地方の人々にとって反抗をするという気力も失われていたであろう。しかし、支配階級への不平・不満は残る。そのはけ口をこうした義賊を創り出し伝説化することに求めていったといえよう。

●忠誠と反逆

≪およそ個人の社会的行為のなかで忠誠と反逆というパターンが占める比重は、生活関係の継続性と安定性に逆比例する。伝統的生活関係の動揺と激変によって、自我がこれまで同一化していた集団ないしは価値への帰属感が失われるとき、そこには当然痛切な疎外意識が発生する。この疎外意識がきっかけとなって、反逆が、または既成の忠誠対象の転移が、行われる。といっても帰属感の減退と疎外意識とが自動的にそうした行動様式を生むわけではない。疎外感がネガティヴな形をとるときはむしろ隠遁として現れるだろう。それが積極的な目標意識と結びついてはじめて、あるいは「原理」に依拠する反逆となり、あるいは目標を象徴化した権威的人格に対する熱狂的な帰依と忠誠に転化する。》

右は、丸山眞男の『忠誠と反逆』の一節である。この論文の冒頭で、丸山は、忠誠と反逆との関係について次のように述べている。

《忠誠と反逆とは相互に反対概念 contraries をなすが、矛盾概念 contradictions でない。忠誠ならざるもの必ずしも反逆者ではなく、反逆は不忠誠のある種の表現形態なのである。ただ集団もしくは原理の思想的凝集性がもともと強かったり、あるいは一定の状況——たとえば政治的緊張の高度化——のもとで強まるほど、忠誠と反逆との間の広大な地帯は縮小して、不忠誠はただちに反逆を意味するものとなるだけのことである。》

このように、反逆は「不忠誠の極限形態」である。忠誠が不忠誠となり、反逆に転化する契機について述べたのが、この節の最初に引用した一文である。丸山は、価値への帰属感の減退と疎外意識から、ときには「隠遁」という行動様式を、またときには「反逆」という行動様式を生み、あるいは、熱狂的な帰依と忠誠に転化するとする。この分析は、マートンのアノミー論を思い起こさせる。

マートンのアノミー論

「アノミー」という概念を最初に用いたのは、デュルケームである。デュルケームは、文化的価値が過度に強調されると、それを達成するための手段は、制度的に規定されたものを越えることになり、そこに、制度的規定の衰耗状態が生じ、その状態が続くと社会は不安定になるとし、こうした状態を「アノミー」(無規制)と呼んだ。人々が自殺に追い込まれるのは、こうしたアノミー状態においてであるという。

マートンは、このデュルケームの議論をさらに精緻にして、文化的目標と制度的手段との関係から、人間の適応類型を、同調、革新、儀礼主義、逃避主義、反抗の五つに分類した。人が文化的目標と制度的手段の両者ともに承認する場合には、同調という適応様式が取られる。社会が安定しているときには、この同調という適応様式がもっとも一般的になる。文化的目標を承認するが、制度的手段を拒否するのが、革新という適応様式である。この適応様式は、成功目標が文化的にきわめて強調されて、成功と思われるもの(富や権力)を得るために、効果は大きいが制度的に禁止されている手段を用いるときに、現れる。第三の儀礼主義は、文化的目標を拒否して制度的手段を承認するという適応様式である。要するに、成功目標を切り下げて、制度的に保障された手段にあわせるというものであり、過剰同調である。第四の逃避主義は、文化的目標と制度的手段の両者を拒否するもので、丸山のいう「隠遁」は、これにあたるだろう。最後の反抗は、一般に承認されている価値と手段を拒否して、新しい価値を作り出し、これを制度的に承認された手段ではない方法で達成する適応様式である。丸山のいう「反逆」は、この最後の適応様式である反抗にあたるとみていいだろう。もっとも、たとえば、忠誠からの転化として考えた場合、革新にあたるということも考えられる。

丸山理論とアノミー論との関係

丸山眞男が少なくともデュルケームのアノミー論を意識していたことは、明治四〇年代の足尾銅山や別子銅山の暴動あるいは基幹産業において頻発したストライキについて「それは発現形態としても、エートスにおいても、『運動』というよりはむしろ徳川時代の一揆・打毀しなどの『騒擾』の直系であり、むしろ生活地盤が流動的で『根』をもたなかった点では、それよりなお持続性と蓄積の要素を欠いていたといってよい」としたうえで、次のように叙述することでわかる。

《一方輸入された革命思想と、他方自生的ではあるがアノミィ的状況を基盤とした激情の爆発と、この二つの純粋ラディカリズムの「直接」的結合はその後も長く日本の社会・労働運動の伝統をなすが、資本主義がなお全般的に上向いていた明治末期にあっては、いずれにしても一般国民の日常生活と日常的関心のなかに定着することは困難であった。》

アノミー状態から暴発的に起こる反抗は一過的であるという点では、かりに実在の義賊が、現に権力に対する反抗として行為を行ったとしても、まさに、それは一過的で、一匹狼でしかあり得ないということになろう。それだけに、民衆はむしろそれを伝説化するということになる。この点をさらに追究するためには、次には政治と犯罪との関係を論じなければならないが、その前に、より法律論として意味をもつマルクスの議論を見ておこう。

●森林窃盗と民衆の権利

マルクスは、木材窃盗取締法の制定に関する議論に関連して、森林の木材を伐採する民衆の行為を処罰することの不当性を論じた。その中で、まず、財産侵害行為に対する刑罰について、次のように述べる。

《財産侵害行為にたいする刑を決定するにあたっては、その財産価額が重要な意味をもつことは自明のことである。

犯罪の概念が刑罰を要求するとすれば、犯罪の現実性は刑罰の尺度を要求する。現実の犯罪には限界がある。したがって刑罰は、現実的であるためには限界のあるものでなければならず、ましてや正当なものであるためには、一定の法の原理に従って限界づけられていなければならない。要するに問題は、刑罰をば犯罪の現実的な帰結とすることである。したがって刑罰は、犯罪者がそれを自分自身の行為がまねいた結果だとおもうようなもの、さらにいえば、自分自身の行為だとみなしたようなものでなければならない。したがって犯罪者に科される刑の限界は、彼の行為の限界でなければならない。特定の犯罪の限界をなすものは、その犯罪によって侵害された特定の内容である。だからこの内容の尺度こそが、その犯罪の尺度である。財産の場合、このような尺度となるのはそれの価額にほかならない。》（マルクス「木材窃盗取締法に関する討論」）

このように、マルクスは、犯罪に対する刑罰は、犯罪の程度を限度として科されるべきであるという、犯罪と刑罰の均衡原則をまず指摘する。この指摘は、単に刑法論として行われているわけではなく、木材の権利の本来的帰属先についての次に触れるマルクスの議論を基礎にして、均衡原則からするならば、民衆の木材窃盗を処罰する正当性が失われることを主張するために行われている。

マルクスは、国家が木材の価額を越えて木材窃盗を処罰するのは、木材の伐採が単に木材という物質に対する侵害ではなく、国家の血管たる「所有権」そのものに対する攻撃として考えられるからであるとする。

《木材の価額が弁償され、さらに特別の損害賠償さえもが支払われたあとでは、木材泥棒と森林所有者とのあいだには、もはやなんの関係もなくなっている。つまり、泥棒も所有者も両方とも、以前の無傷の状態にたちかえっている。木材窃盗によって森林所有者がこうむる影響は、ただ木が痛めつけられたかぎりにおいてだけであって、権利が侵害されたかぎりにおいてではない。彼の利益とぶっつかるのは、ただ犯罪者の感性的な側面だけなのであるが、犯罪行為の本質は、その行為が物質としての木にたいする攻撃であるということにあるのではなく、その行為が木のなかに流れている国家の血管にたいする攻撃、所有権そのものに対する攻撃であり、不法な意図の実現であることにあるのである。》

民衆の慣習的権利の意義

マルクスは、本来的、慣習的な権利は、すべて貧民に帰属すべきものである、支配階級はその慣習的権利を貧民から奪ったのだ、という。

《上流身分の慣習法は、その内容上、普遍的な法律という形式にさからうものである。それは、無法行為をあえて形式化したものであるから、もともと法律に形成されることはできないのである。このような慣習法は、その内容が法律の形式である普遍性と必然性とに反するものであり、まさにそのために、それは明らかに不法な慣習である。だからこそそれは、法律に対立して有効とされるべきものではなくて、法律に対立するものとして廃止されるべきものであり、ときには処罰されるべきものでさえあるのである。……ところで、このような上流身分の慣習的権利が理性的な権利の概念に反する慣習であるのにたいして、貧民の慣習的権利は、現存の権利（ポジティーフェス・レヒト）［実定法］の慣習に反する権利である。その内容が法律上の形式に反抗するのではなく、むしろそれ自身の無形式に反抗する。法律という形式がその内容に対立しているのではなく、この内容がまだ法律の形式をとるにいたっていないのである。この貧民の慣習的権利は、そのもっとも豊かな源泉を種々なゲルマン的権利にもとめられうるのだが、啓蒙的な立法機関からはまったく一面的にしか取扱われず、またまったく一面的に取扱われるほかなかった。》

この議論は、日本における入会権をめぐる議論に共通する。農民や猟師の入会権が慣習的権利として承認される限り、かりに国有林における木材の伐採を禁止し、それを処罰する法律を作ったところで、それは不当であり、むしろ、伐採の権利こそ認められるべきであるということになる。そこには、窃盗が成立する余地がない。これを財産一般に及ぼすとするならば、富の不平等が是正されないで、それが拡大する一方の時に、富の適正な配分を主張して行動を起こす行為は、一定の正当性が付与され、場合によって刑法上の犯罪とはいえないという議論が可能となる。

Ⅳ　権力と犯罪

第15話　政治と犯罪

●犯罪は正義に反するか？

犯罪とは正義に反するものだという命題を真とするならば、正義のための犯罪は概念矛盾であり、偽である。しかし、正義という観念は必ずしも一義的なものではない。芥川龍之介も『侏儒《しゅじゅ》の言葉』の中で指摘している。

《正義は武器に似たものである。武器は金を出しさへすれば、敵にも味方にも買はれるであらう。正義も理屈をつけさへすれば、敵にも味方にも買はれるものである。古来「正義の敵」という名は砲弾のやうに投げかはされた。しかし修辞につりこまれなければ、どちらがほんとうの「正義の敵」だか、滅多に判然したためしはない。》

正義が一義的でないならば、一方の正義は他方の犯罪ということがありうる。マルクスが、木材窃盗について語っているのは、まさに、そのことである。貧民にとっての正義が国家にとっては犯罪となる。犯罪と正義とが反対概念だと考えた場合でも、正義の基軸をどこに置くかによって、犯罪と正義の、そのような相対化現象が生じる。

政治と、正義や犯罪との関係はどうだろうか。政治状況が不安定であるとか、政治的な対立の激しいときには、正義の基軸は揺れ動き、ある時期の正義は次の時期には犯罪となる。逆に、独裁的な政治権力のもとに政治的には反対勢力が完全に抑圧されている場合には、正義は常に独裁的権力の側にのみ与えられ、その権力行使に反対する行為はどのようなささいなものでも、正義に反するとして一方的に犯罪という名がかぶせられる。民衆の義賊信仰、義賊伝説は、多くの場合、こうした独裁的政治支配下において生じる。権力の側に立ち得ない民衆、すなわち、決して自らが正義の側に立ち得ない人々は、「義賊」という、実際には生まれ得ない存在を夢想することによって、権力の側のみが独占する、現実の、かつ制度的な、その意味で政治的な正義にせめてもの抵抗を試みたとみることができる。

しかし、この限りでは、「義賊」はあくまでも「伝説」であり「信仰」でしかありえない。それ自体が現実のものとして現われることは期待できないし、また、仮に一、二のそれらしい盗賊が登場したとしても、それはきわめて一過的であり継続的に民衆の不満を解消してくれるものとはなり得ない。一過的、単発的な抵抗は、圧倒的な権力側の力の前では、その行為を正義に転換する契機をもたないし、また、政治権力そのものに対する挑戦として意味あるものになり得ない。

政治権力による犯罪と政治権力に対する犯罪

政治権力による犯罪は、政治それ自体が犯罪である場合と政治を利用して犯罪を行う場合がある。政治自体が犯罪である場合というのは、多くの場合、一定の合法的装いをもちつつ行われる。

合法的な装いをもって行われる場合には、それが犯罪であるということは、その時には判明しないで、後の時代において犯罪と評価されることが多い。これに対して、政治を利用した犯罪は、その行為自体は当時の法律のもとでも犯罪と認められる行為であるが、権力的な抑圧により、あるいは隠蔽により犯罪としての摘発が事実上できない、あるいはできにくい行為である。いわゆる権力乱用による行為であり、職権乱用罪や賄賂罪などは、類型的にこれにあたるが、そのような類型的なもの以外にも、詐欺や横領など一般的な犯罪行為が権力を利用して犯されることも多い。前者を絶対的権力犯罪、後者を相対的権力犯罪と呼んでおこう。

政治権力に対する罪の典型は、時の政治体制を打倒することを目的とした内乱罪である。内乱罪は二重の意味で組織的な犯罪である。第一に、この行為が組織によって行われるという意味において、第二に、行為は国家組織そのものに向けられているという意味においてである。

これに対して、政治権力を構成する個々の構成員や政治的機関の一部に向けられる、いわゆるテロ行為は、その目的が政治権力全体に対する攻撃を目論んでいたとしても、その行為自体は殺人や暴行、あるいは放火という一般的犯罪の形態をとることが多い。そこで、内乱罪のような罪を絶対的政治犯罪というのに対して、このような行為は相対的政治犯罪と呼ばれる。

このように一般犯罪の類型に含まれる行為も、政治的目的で行われる可能性がある。その点では、あらゆる犯罪は相対的政治犯罪たりうるということができる。

「政治に利用された個人的絶望」観

テロ行為との関係で、一つの興味深い分析があるので、ここに紹介しておこう。長尾龍一は、

『政治的殺人——テロリズムの周辺』の中で、テロ行為を自殺行為と同視している。

《崇高な動機であれ、自暴自棄であれ、自殺を決意したものを、現世的価値によってコントロールしようとすることは、可能であるにせよ困難である。テロリストの自殺攻撃（suicide attack）が市民社会によって恐れられる理由はそこにある。

……毒を飲んだり、ビルから飛び降りたりする直接的自殺の他に、肝臓が悪いのに暴飲を続けたり、癌であることを自覚しながら病院を避けたり、突撃隊に志願したり、踏絵を拒否したりする。世に「自殺行為」とよばれるものがある。テロリストのある者は、このような「自殺行為者」であり、テロリズムは時に、政治に利用された個人的絶望である。》

テロリズムを「政治に利用された個人的絶望」と見るのは、そうした場合もあるということであって、すべてのテロリズムがそうであるということではないだろう。

「政治に利用された個人的絶望」というならば、旧日本軍の玉砕戦法に動かされて敵軍に突っ込んでいった人々の行動こそ、そう称するに相応しいだろう。

戦争も政治であり、政治の貧困が戦争を引き起こすということを考えるならば、自らの意思によるのであれよらないのであれ、戦争の渦中に投入され、生死を度外視して行動した人々は、「政治に利用された個人的絶望」に突き動かされたといえるかもしれない。こうした人々の中には、戦争終結後は犯罪者として処罰された人も多い。

●犯罪と政治行為の関係

《ある日、追い払われたきょうだいが力をあわせ、父親を打ち殺して食ってしまい、こうして父親集団にピリオドをうった。……トーテムをたべる饗宴が、おそらく人類の祭りの初まりだが、これはあの記憶すべき犯罪行為の反復であり記念祭である、といえよう。社会組織とか、道徳的制約とか、宗教とかいった多くのものは、その犯罪行為をその発端としている。》

（フロイト「トーテミズムの幼稚な回帰」）

H・M・エンツェンスベルガーは、『政治と犯罪』において、このフロイトの世界最初の犯罪の叙述を引用し、政治と殺人との間に深い関係があると説く。「したがって、始原の政治的行為は、ぼくらがフロイトに耳をかすならば、始原の犯罪と重なっている。殺人と政治とのあいだには、古くからの、密接で暗い繋がりがある。そしてこの繋がりは、これまでのあらゆる支配権の根本構造のなかに、保たれてきている。つまり支配権とは、被支配者を（誰かの手で）殺させることができる者によって、行使されるものなのだ。」

アダムとイブの禁断の木の実を盗む行為を別にすれば、旧約聖書における最初の犯罪は、カインによる弟アベル殺害であり、これは弟殺しという道徳的制約に対する挑戦であるとともに、兄弟間の権力争いであったという点において、まさに政治に密接な行為であったといえよう。

また、古事記における最初の犯罪の叙述は、スサノウの行為であり、これは、アマテラスに対する叛乱といえるから、まさに政治的犯罪と見ることができる。

エンツェンスベルガーによると、犯罪者は罪あるものとして罰せられることによって、そのほかの人を罪のない者として無罪放免する役割を果たす。その点において、犯罪者は万人の代理人であるという。しかも、犯罪者が代理人としての役割を果たすのは、罰を受けるときだけではない。犯罪者は、誰もがしたいと思っていることをしているのだから、「万人の名において行動している」という。「殺人者と絞刑吏が、ぼくらがしたいともしたくないとも思っていることを、代りに引き受け、そうしてぼくらに道徳的なアリバイを作ってくれるばかりか、道徳的な優越感までもあたえてくれる。」

国家権力と犯罪

エンツェンスベルガーは、「犯罪者はしかし、個人を代理するだけでなく、社会秩序全体をも代表し、しかも同時に、その秩序のもつ諸特権を自己のために要求することをつうじて、秩序と対立する」とも指摘し、「犯罪者は国家の競争相手」だとする。

《かれは、アラスカ帰りの木こりのパウル・アッカーマンのせりふでいえば「何をやろうとおかまいなし」の男だと、みずから任じているのだ。その要求によってかれは、国家と並立――したがって対立する。このかぎりでは犯罪者は国家の競争相手であり、国家の暴力独占権をおびやかす存在である。この役割も古い。往時の盗賊や山賊はこの役割を、もっとも純粋に演じていた。あらゆる叛徒は、自発的にではないとしても、やむなく、この賊の特徴を引き継いでいる。》

犯罪そのものが国家の権力基盤を脅かす存在であるとするならば、ささいなすりであれちょっとした反政府的な論説であれ、国家のいしずえを揺さぶるという評価を受けるに十分であるが、なかでももっとも国家を刺激する犯罪がある。「近代の立法をもっとも刺激するらしいのは、『国家権力にたいする抵抗』であって、これを口にするやいなや、法文からは古くさいもったいが剥げ落ちる。法の番人どもの口は泡を吹く。無害なトラブルが『破壊活動』とされ、通行人が違反者とされる。」

ドイツで「国家権力にたいする抵抗」の罪というは、日本の刑法では公務執行妨害罪に当たる。アメリカでは「法執行に対する罪」といわれる。ドイツにしろアメリカにしろ、この罪は国家の権力的作用に対してこれに抵抗し、またはこれを妨害することによって成立する。日本の公務執行妨害罪についても、私は同様に考えるべきであるという見解を示しているが、判例は権力的公務に限らず公務員の行うあらゆる職務行使を妨害する行為についてこの罪が成立するとしている。

公務執行妨害罪のほとんどは、警察官の職務執行を妨害した行為が問題になっているので、その意味では、やはり権力的公務との関係で考えられる罪であるとみてよい。

また、労働運動や学生運動が活発化し、それが政治的衝突にまで発展した時期には、この罪による逮捕、起訴が大量に行われた。その点において、この罪は政治的権力との対抗関係において発生する罪として、政治犯罪性を帯びるものと考えられる。それだけに、国の側は公務を妨害する行為に対しては、過敏な反応を示しがちであり、国民の側が国家権力に対して反抗的な行動を示した場合には、適用されやすい犯罪類型であるといえる。事が大きくなる前にこの罪で逮捕するという運用が行われることもある。刑法上の犯罪類型の「行政警察的運用」である。

もっとも、民衆の側の抵抗が組織的で大規模になった場合には、この種の「行政警察的運用」では対処できない。国家の側もより強圧的な形で組織的に対応することになる。

●民衆の抵抗

民族的な抵抗――アイヌの抵抗

世界は、現在もなお民族間の対立で揺れ動いている。権力を掌握した民族が支配する地域や国家では、少数民族は抑圧され、抹殺されるか、同化を強要される。日本もアイヌ民族に対して同様の民族的抑圧を繰返してきた。これに対して、組織的あるいは個人的な抵抗も見られたが、いずれも制圧された。

アイヌ民族の組織的抵抗には二つのものがある。一つは、シャクシャインの乱である。シャクシャインは、松前藩の傀儡であったオニビシを襲撃し、各地のアイヌに檄を飛ばして、松前藩打倒の兵を起こした。一六六九（寛文九）年七月二〇日のことであった。当初は、アイヌのゲリラ戦法が効をそうしてアイヌ側に有利に戦いが進められたが、次第に鉄砲に追いたてられ、後退を余儀なくされた。松前藩とシャクシャインは、同年一〇月二二日、和議を結ぶことになった。しかし、これは松前藩の謀略であり、和議成立後の祝宴の席で、シャクシャインは殺された。

それから一二〇年後の一七八九（寛政元）年、再びアイヌは和人の支配に抵抗して蜂起した。国後・目梨の蜂起である（船戸与一『蝦夷地別件』はこの蜂起を基に小説化している）。一七八九年五月五日、まず国後のアイヌたちが立ち上がり、自分たちを酷使してきた運上屋の飛騨屋を襲い、二二名を殺害し、さらに、対岸の目梨へ渡り、その地方のアイヌと呼応して番屋を襲ったり、飛騨屋の持ち船を襲ったりして合計七一名を殺害した。

松前藩が討伐隊を送ったことを知った厚岸の首長イコトイと国後の長老ツキノエに説得されて、蜂起したアイヌ約二〇〇名は討伐隊の駐屯するノッカマップに出頭して降伏した。松前藩は、弁明を一切聞くこともなく、武器を没収し、三七名を処刑した。以後、道東のアイヌは完全に松前藩の支配下に置かれ、虐待と搾取はいっそう激しくなったが、組織的な抵抗はこれをもって終了した。

幕末の世直し

佐々木潤之介は、幕末の世直しに至る社会的変化について五つの側面を指摘している（佐々木潤之介『世直し』岩波新書）。①民衆の社会意識の変化＝百姓的世界の意識の意識化、②農民闘争と結びついた「世直し大明神」の登場、③一九世紀前半、とくに一八三六（天保七）年における騒動の多発、④騒動が、騒動の側から政治の問題としてとらえ直されるに至ったこと、⑤農民のあり方の変化という五側面である。①については、一七六一（宝暦一一）年の信州上田騒動において打ちこわしの理由の一つにあげられた「内通」が例として取り上げられている。これは、百姓には領主の与り知らぬ独自の世界があることを示しているという。

ここでとくに注目したいのは、④である。佐々木によると、一八三六（天保七年）八月一四日に起きた甲州郡内騒動や、九月二〇日の三河加茂騒動に共通していたのは、「民窮」の思想であり、加茂騒動に「世直し神」が登場した基礎には、「多数の貧窮者を生み出しながら蓄財する富裕な商人・高利貸は、それ自体悪であるという認識と、騒動はその悪を膺懲《ようちょう》するための当然の行為であって、それは『世直し神』の命に従うものであり、騒動勢は『世直し神』の化身ないし神使であるとする考え方がある。」

この二つの騒動の根底にある状況を、政治問題として捉え直したのが、大塩平八郎である。佐々木は、「大塩の乱の旗印は『救民』であった。『民窮』から『救民』へ、事態は急速に進展したのである。ここに至って、騒動は、一つの頂点にたっしたといってよい」と述べて、騒動の起きる状況を政治問題化したのは、大塩平八郎の「救民」思想であると評価する。そこで、次には、大塩の「救民」思想と彼の起こした乱とはどういうものであったかを見ることにする。

第16話　権力への反抗の罪

●大塩平八郎の乱

大塩平八郎は、一七九三（寛政五）年に大阪東町奉行所の与力の子として生まれた。父の死亡に伴い二六歳で番代を命じられて奉行所に出仕し、目安役、証文役、吟味役などを歴任した。吟味役当時には難事件を解決したりして能吏ぶりを発揮したが、その反面、吟味の仕方は苛斂誅求《かれんちゅうきゅう》を極めたかなり厳しいものであったようである。一八三〇（天保元）年、三八歳の若さで隠居して、番代の役を養子に譲り、自らは自宅を洗心洞《せんしんどう》と名付けて弟子をとり陽明学を講じた。

一八三三（天保四）年から始まったいわゆる天保の大飢饉に対して、東町奉行の跡部山城守良《あとべやましろかみよし》弼《すけ》は、米不足で大阪周辺の民が苦しんでいる様を知りながら、自己の保身にのみ汲々として一顧だにせず、富豪連中はこうした奉行所と結託して米相場をつりあげて巨利をむさぼるという有り様であった。こうした役人・富豪の腐敗堕落ぶりに憤る者たちが洗心洞に集まり、平八郎のもとに無道の役人を誅し、金持の町人どもを懲らし、貧民を救済する目的で兵を挙げることを計画した。

一八三七（天保八）年二月一九日未明、平八郎一党は挙兵し、富豪を襲い、奉行所の兵と交戦したが、その日の夜には鎮圧され挙兵は失敗に終わった。追手に追われた平八郎は、三月二七日、父子ともども身を寄せていた先で火に身を投じて自殺して果てた。

六月七日、事件の評定は、大阪ではなく江戸の評定所に命じられた。処分が決まったのは、翌年の天保九年閏四月八日、宣告は八月二一日であった。処分の内容は、首謀者平八郎ら二〇人が磔、一一人が獄門、三人が死罪、四人が遠島、二人が追放というものであった。もっとも、磔を言渡された者のうち、執行の時に生きていたのは一人だけで、他の一九人は、平八郎のように自殺したり、病死したり牢死したりしていた。これらの一九人については、塩漬けにした死骸を磔の柱に懸けた。その他の刑を言渡された者も、四人以外はすべて刑の執行前に牢死している。

●「未だ醒覚せざる社会主義」

森鴎外は、一九一四（大正三）年の『中央公論』一月号に、「大鹽平八郎」という作品を発表した。同月の『三田文学』にも同名の小論が掲載されたが、これは後に『天保物語』として一冊になったとき、『中央公論』の作品の附録という扱いになっている。鴎外の作品の中でもこの作品、ことに「附録」ほど評価のわかれるものはない。

《若し平八郎が人に貴賤貧富の別のあるのは自然の結果だから、成行の侭に放任するのが好いと、個人主義的に考へたら、暴動は起さなかったらう。

若し平八郎が、国家なり自治団体なりにたよって、当時の秩序を維持してゐながら救済の方法を講ずることが出来たら、彼は一種の社会政策を立てただらう。幕府のために謀ることは、平八郎風情《ふぜい》には不可能でも、まだ徳川氏の手に帰せぬ前から、自治団体として幾分の発展を遂げてゐた大阪に、平八郎の手腕を揮はせる余地があったら、暴動は起らなかっただらう。

この二つの道が塞がってゐたので、平八郎は当時の秩序を破壊して望を達せようとした。平八郎の思想は未だ醒覚せざる社会主義である。》

「未だ醒覚せざる社会主義」とはどういうことか。天保の飢饉以前の天明の飢饉にあっても、大阪では米屋こわしが行われた。鴎外によると、米屋こわしを行った「此等の貧民の頭の中には、皆未だ醒覚せざる社会主義があったのである」。

《彼等は食ふべき米を得ることが出来ない。そして富家と米商とが其資本を運転して、買占其他の策を施し、貧民の膏血《こうけつ》を涸《か》らして自ら肥えるのを見てゐる。

彼等はこれに処するにどう云ふ方法を以てして好いか知らない。彼等は未だ醒覚してゐない唯盲目な暴力を以て富家と米商とに反抗するのである。平八郎は極言すれば、米屋こはしの雄である。》

平八郎の思想を「未だ醒覚せざる社会主義」といい、平八郎の行為を「米屋こはしの雄」と評価し、さらにそれに続けて、「平八郎は哲学者である。併しその良知《りょうち》の哲学からは、頼もしい社会政策も生まれず、恐ろしい社会主義も出なかったのである」としている。これが、この作品の評価を割っている。この作品を不出来と見る論者は、鴎外の平八郎の行為に対する評価があまりに表面的で貧弱であるとか、あるいは陸軍軍医総監という自らの立場に悪影響が生じないように配慮した結果の妥協の産物であり、意味不明であるとする。これに対して、この作品を高く評価する論者は、これを鴎外の権力批判の一環であるとする。そのどちらに軍配を挙げるべきかを論じるのは、ここでの目的ではない（この点に関心のある人は、吉野俊彦『権威への反抗　森鴎外』参照）。

しかし、この作品を高く評価し、鴎外の権力批判の一環と見る吉野俊彦の指摘する次の二点には、とくに注目する必要がある。

「反抗」ということ

その第一は、鴎外が「反抗」という字を公然と使っていることである。先に引用した個所で、鴎外は貧民による打ちこわしを「未だ醒覚してゐない唯盲目な暴力を以て富家と米商とに反抗する」行為と表現し、それに続いて、平八郎の行為を「貧民の見方《(ママ)》になって、官吏と富豪とに反抗した」行為と評価している。ただし、その反抗の鉾先については、鴎外は平八郎の思想では必ずしも根本的な体制変革につながらないと考えていたのであろう。それが、「その良知の哲学からは、頼もしい社会政策も生まれず、恐ろしい社会主義も出なかったのである」という表現になったのではないか。

「良知の哲学」とは陽明学であり、大塩平八郎は、『洗心洞劄記《せんしんどうさつき》』においてその思想を説いている。

これを私なりに理解すると、次のようになる。その説くところによる「良知」は、「仁」を第一にし、事物の是非善悪を間違いなく見抜くことである。また、彼は、「知行合一」を強調した。知識と行動が一致しなければどのような優れた理論でも絵に描いた餅にすぎないというのである。そうしたところから、平八郎は、人々が餓えに苦しんでいるのに奉行所や富者が自らの保身や欲だけを優先するさまを座視していることができなかった。ここに、平八郎の蜂起の理由があった。しかし、それが、権力の根本に対する反抗に結びついたか。これが、疑問として残る点である。

宇津木の行動

この点について、大塩の高弟の一人であり、決起の前に裏切者として殺される宇津木卯之助という人物の描写が注目される。

《岡田は跳ね起きた。宇津木は黙って目を大きく開いた。眠ってはゐなかったのである。

「先生。えらい騒ぎでございますが。」

「うん。知ってをる。己《おれ》は余り人を信じ過ぎて、君をまで危地に置いた。……実はあの時例の老輩共と酒宴をしてゐた先生が、独り席を起って我々の集まってゐる所へ出て来て、かう云ったのだ。一大事であるが、お前方はどう身を処置するか承知したいといったのだ。己は一大事とは何か問うて見た。先生はざっとこんな事を説かれた。我々は平生良知の学を攻《おさ》めてゐる。あれは根本の教えだ。然るに今の天下の形勢は枝葉を病んでゐる。民の疲弊は窮まってゐる。草妨礙《ぼうがい》あらば理亦宜しく去るべしである。天下のために残賊を除かんではならぬと云ふのだ。そこでその残賊だがな。」

「はあ」と云って、岡田は目を瞠《みは》った。

「先づ町奉行衆位の所らしい。それがなんになる。我々は実に先生を見損ってをったのだ。先生の眼中には将軍家もなければ、朝廷もない。先生はそこまでは考へてをられぬらしい。」》

宇津木は平八郎の考えていることが、精々が町奉行を切るということで、幕府や朝廷に対する反逆を企てるのではないというところに、失望し、蜂起を止めさせようと思う。しかし、平八郎に諫言する前に行動を共にしないことを察知され、大井という同志に斬られる。鴎外は、宇津木の従容とした死様をも描いている。むしろ、平八郎以上に潔い。鴎外が宇津木という人物をこのように描いたところに、平八郎以上に大きな権力への反抗にこそ意味を見出していたということが示されている。

「献身の中に潜む反抗の鉾」

吉野は、鴎外が「反抗」という文字を使用している作品には、もう一作「最後の一句」があるが、この二作以外にはないことを指摘している。

「最後の一句」は、「元文三年十一月二十三日の事である。大阪で、船乗業桂屋太郎兵衛と云ふものを、木津川口で三日間曝した上、斬罪に処すると、高札に書いて立てられた」という一節ではじまる。祖母と母親の会話から父親が処刑されることを知った長女のいちは、自分たち子どもが身代わりになるから、父親を助けてほしいという願書を書き、弟妹とともに太郎兵衛が処刑されることになっている西町奉行所に出向く。奉行所では、このような願書を差し出すというのは子どもの知恵ではなく、うらに大人がいるのではないかと疑い、母親といちら五人の子どもたちを呼び出して取調べた。

奉行の佐佐の、申立てに偽りがあれば、「そこに並べてある道具で、誠の事を申すまで責めさせるぞ」という、拷問具を示し脅した上での取調べに対しても、いちは、冷やかに、言葉静かに「いえ、申した事に間違はございません」と言い放つ。

《「そんなら今一つ聞くが、身代りをお聞届けになると、お前達はすぐに殺されるぞよ。父の顔を見ることは出来ぬが、それでも好いか。」

「よろしうございます」と、同じやうな、冷かな調子で答へたが、少し間を置いて、何か心に浮かんだらしく、「お上の事には間違はございますまいから」と、言ひ足した。

佐佐の顔には、不意打に逢ったやうな、驚愕の色が見えたが、それはすぐに消えて、険しくなった目が、いちの面に注がれた。憎悪を帯びた驚異の目とでも云はうか。……

白州を下がる子供等を見送って、佐佐は太田と稲垣とに向いて、「生先《おいさき》の恐ろしいものでござりますな」と云った。心の中には、哀れな孝行娘の影も残らず、人に教唆せられた、おろかな子供の影も残らず、只氷のやうな冷かに、刃《やいば》のやうに鋭い、いちの最後の詞《ことば》の最後の一句が反響してゐるのである。》

これに続けて、鴎外は、いちの最後の一句について次のような解説を加えた。

《元文頃の徳川家の役人は、固《もと》より「マルチリウム」といふ洋語も知らず、又当時の辞書には献身と云ふ訳語もなかったので、人間の精神に、老若男女《ろうにゃくなんにょ》の別なく、罪人太郎兵衛の娘に現われたやうな作用があることを、知らなかったのは無理もない。しかし献身の中に潜む反

抗の鋒《ほこさき》は、いちと語《ことば》を交へた佐佐のみではなく、書院にゐた役人一同の胸をも刺した。》

「マルチリウム」とは、ラテン語のmartyriumであり、本来は「殉教」という意味である。鴎外はこれに「献身」という訳語を当てたが、そこにはまた、この語を示しつつも、あえて「殉教」としなかった鴎外の複雑な思いが込められている。少なくとも、父親に対する不当な処罰と、それを救おうとする子供たちの行為に対して、拷問具をも示して脅かす不当さに対する痛烈な反抗、さらには、子供の犠牲の上に立つ権力行使に対する不当さ、これらの思いをそこから読み取ることができる。

この話は、根岸肥前守守信の『耳袋』（巻の二「孝子そのしるしを顕す事」）や太田南畝《なんぽ》の『一話一言』に載せられている実話に基づいているが、実話ではあくまでも孝行な子供たちに免じて減刑したという扱いであり、「最後の一句」というのは、もっぱら鴎外の創作にかかる。あえて付け加えられたこの部分によって、民衆の中には、大塩平八郎の思想から生まれる「反抗」以上に根強く、しかし、隠された権力への「反抗」の意識があるということが鮮明に示されている。

大塩の民衆観と鴎外の見方

第二は、「大塩平八郎の暴動に大阪の東町奉行所の与力や同心やその倅などの武士だけでなく、大阪周辺の百姓・神主・庄屋・質屋・医師・大工・猟師・手拭地職・無宿等民衆が参加したことを明記している点」である。吉野は、これを「注意を忘れてはならない」点として指摘し、「大塩の事件が単に武士だけの問題だけでなく、広く百姓その他に及ぶものであったことを、鴎外がどこまで追求しようとしたかは、これだけで明確に分らないが、とりようによっては重要なポイントであろう」としている。鷗外を離れて大塩の乱を評価する場合には、「とりようによっては重要なポイント」というようなものではなく、多くの民衆が参加していたことのなかに、大塩が民衆の味方として行動したことが示されているので、最も重要なポイントといってよいだろう。

大塩の民衆観は、「視民如傷」ということにある。「民を見ること傷病者のようであれ」ということであり、民衆に対しては、傷病者を扱うように憐れんで大切にしなければならないというのである。時代背景を考えるとき、このような思想の持つ恩恵的要素を云々しても意味がないが、しかし、ここに、大塩の乱の意義と限界があったということはいえそうであり、また、鷗外が「頼もしい社会政策も生まれず……」とした理由もあったのであろう。

この点、鷗外は次のように大塩の心境を描いている。

《己《おれ》は隠居してから心を著述に専らにして、……学者としての志をも遂げたのだが、連年の飢饉、賎民の困窮を、目を塞《ふさ》いで見ずにはをられなかった。そしてそれに対する町奉行以下諸役人の処置に平かなることが出来なかった。賑恤《しんじゅつ》もする。造酒に制限も加へる。*併し民の疾苦は増すばかりで減じはせぬ。殊に去年から与力内山を使って東山奉行跡部の遣ってゐる為事《しごと》が気に食はぬ。幕命によって江戸へ米を廻漕するのは好い。併し些《すこ》しの米を京都に輸《おく》ることをも拒んで、細民が大阪へ小買《こばい》に出ると、捕縛するのは何事だ。》

＊「賑恤もする。造酒に制限も加へる」——窮民の米を確保するために奉行所がとった施策。

大塩の学問からするならば、人は王道の筋に従うべきで、功利の瑣末なことにこだわるべきでない。しかし、「上《かみ》の驕奢《きょうしゃ》と下《しも》の疲弊とがこれまでになったのを見ては、己にも策の施すべきものが無い」。「己は此不平に甘んじて旁看《ぼうかん》してはをられぬ。己は諸役人や富豪が大阪のために謀《はか》ってくれようとも信ぜぬ。己はとうとう誅伐と脅迫とによって事を済《な》さうと思ひ立った。」

準備をしている間は、ときどき蜂起が成功したときの光景を幻で見、「地上に血を流す役人、脚下に頭《こうべ》を叩く金持、それから草木の風に靡《なび》くやうに来り附する諸民が見えた」。しかし、「それが近頃はもうそんな幻も見えなくなった」。「けふまでに事柄の捗《はかど》って来たのは、事柄其物が自然に捗って来たのだと云っても好い。己が陰謀を推して進めたのではなくて、陰謀が己を拉《らっ》して走ったのだと云っても好い。一体此終局はどうなり行くのだらう。平八郎はかう思ひ続けた。」

蜂起が現実的になったときの平八郎の心境には、民の姿はもはやなかったと、鴎外は言いたかったのだろうか。どう終局するかについて見通しのないまま兵を挙げることの無責任さを指摘したかったのだろうか。

この乱による処分は、少しでも関わりのあった町人、農民などに及んでいる。さらには、この乱によって天満は焼かれ、多くの人々の家、財産が破壊されている。その結末を平八郎はどう生産的に描いていたのか。鴎外はそのことを問うているようである。

●大逆事件と大塩の乱

鴎外が大塩の乱を執筆したきっかけには、大逆事件があった。「わたくしは医者になって大学を出た。そして官吏になった。しかるに少い時から文を作ることを好んでゐたので、いつの間にやら文士の列に加へられることになった。其文章の題材を、種々の周囲の状況のために、過去に求めるやうになってから、わたくしは徳川時代の事跡を捜《さぐ》った。」（森鷗外「澀江抽斎《しぶえちゅうさい》」）

「其文章の題材を、種々の周囲の状況のために、過去に求めるやうに」なったことの理由について、永井荷風は次のように「臆度《おくたく》」する。

《ここに公言して誤なきを証し得るは、著者が官職の羈束《きそく》と時運の変遷とに影響せられたる事なり。世人は明治四十三年の春幸徳秋水及び其与党四十余人の刑に処せられたる事を記憶すべし。この事ありてより時の首相桂太郎の西洋思想を忌むこと恰も鳥居甲斐の蘭学を排斥したるが如きものあり。之が為に文学芸術の累禍を蒙る事また尠《すくな》しとなさゞりき。大正二年三月暴民の市内に蜂起せるあり。

白昼官衙《かんが》を襲ひ警吏と戦ひ、又火を国民新聞社に放たんとして血を街路に流したり。国民新聞は官党の走狗として目せられたるが故なり。世態かくの如きの時、森先生の著作は忽如《こつじょ》としてその内容を一変せり。》（永井荷風「隠居のこゞと」）

世情がこうしたところから鷗外は題材を過去にとるに至った。しかし、鷗外はこれをまったくの歴史小説として書いたわけではない。荷風の表現を借りるならば、「其の過去は単純なる過去にあらず、却てよく現在を説きまた未来を暗示するものたる」のである。

大逆事件前夜

日本最初の社会主義者大会は、一九〇三（明治三六）年四月六日、大阪中之島公会堂で開かれた。この席で、「大塩中斎先生の霊に告ぐる歌」なるものが披露された。明治の社会主義者たちが大塩の乱にいかに夢を馳せていたかを示している。
同じ年、日露戦争が起き、これに対して、一〇月には、東京のキリスト教青年会館で社会主義者の反戦大会が開かれた。幸徳秋水らが『平民新聞』を創刊したのも、この年である。
『平民新聞』は、たびたび新聞紙条例違反で発行禁止、編集者の堺利彦や主幹の秋水らに対する禁錮、罰金の処分を受けながらも、反戦の論陣を張っていたが、一九〇五（明治三八）年一月

「大塩中斎先生の霊に告ぐる歌」

時維《こ》れ天保八年の
春は二月の十九日
中斎先生大塩が
闇の秕政《ひせい》を憤り
民の困苦を救わんと
洗心洞に燃え立ちし
勇壮義挙の記念日ぞ。
……
春なお寒き朝風に
「救民」の旗翻えし
賄賂貪《むさ》ぼる有司《ゆうし》等や
餓えたる民に涙なき
富者の酣酔《ねむり》さまさんと
鳴らす大砲、叫び声。

爪先立てて眺むれば
君が焼きたる難波橋
天満は彼方、公会堂
吾等同志が世に慨し
声を挙ぐるの社会主義
怨恨尽きざる君が霊
この夜この会、来りたすけよ。

二九日、秋水らはついに廃刊を決意するに至った。その後二月二八日、秋水は巣鴨監獄に入獄し、同年七月に出獄したが、一一月には、アメリカへの亡命を余儀なくされた。

翌一九〇六年二月には、日本社会党が結成され、アメリカから帰国した秋水は、一九〇七年二月には、平和革命論を自己批判し、暴力革命論を主張した。

こうした秋水に官憲の目が光るのは当然である。夏目漱石は『それから』の中でその状況を次のように描いている。「幸徳秋水という社会主義の人を、政府がどんなに恐れているかという事を話した。幸徳秋水の家の前と後ろに巡査が二、三人ずつ昼夜張り番をしている。一時は天幕を張って、その中から覗っていた。秋水が外出すると、巡査が後を付ける。万一見失いでもしようものなら非常な事件となる。」

こうした中で、大逆事件は起きた。

第17話　大逆事件

●大逆事件とは

一九四七年の刑法一部改正によって削除されたが、現行刑法七三条には「(大逆罪) 天皇、大皇太后、皇太后、皇后、皇太子、又ハ皇太孫ニ対シ危害ヲ加ヘントシタル者ハ死刑ニ処ス」という規定があった。この規定が発動されたのは、一九一〇 (明治四三) 年の幸徳秋水らの事件、一九二四 (大正一三) 年の難波大助の事件、一九二五 (大正一四) 年の朴烈事件、一九三二 (昭和七) 年の李奉昌事件の四回である。このうち、一般に大逆事件と呼ばれるのは、最初の幸徳秋水 (本名伝次郎) ら二六名の無政府主義者が起こしたとされる事件である。

大逆罪は、大審院の特別管轄とされており、したがって、一審限りの裁判であった。しかも、既遂、未遂を問わず、予備・陰謀の類に対しても、死刑をもって応じるという、その規定自体に大変な問題を持っていた。

大逆事件概要

一九〇八（明治四一）年六月二二日、当時議会主義と直接行動主義との二派に分れていた社会主義者たちが、両派融合のための合同歓迎会を神田錦町の錦旗館で開いた。ところが、その途中から大杉栄らが赤旗をもってデモを始め、この赤旗を巻け、巻かないということで、神田署の警察官と衝突し、堺利彦、山川均、大杉栄、荒畑寒村、管野須賀子らが神田署に拘引され、官吏抗拒罪および治安警察法違反で起訴された。これが、赤旗事件と称される事件である。この事件では、管野須賀子ら数名の者は無罪となったが、有罪となった者が多く出た。この事件以後、社会主義者の取締りは厳しくなった。

後述する大逆事件の判決によると、管野須賀子らはこの事件の報復を考え、国家権力を破壊するためには、天皇を殺す以外にはないとして、大逆罪が企図されたという。

関係者の逮捕の状況は次の通りである。

一九一〇年五月二五日、長野県明科製材所汽罐取扱職工清水太市郎の、職工長宮下太吉から頼まれて爆発物を預かったとの陳述により、宮下を爆発物所持の現行犯として逮捕するとともに、製材所と清水宅を家宅捜索して、鶏冠石粉末、紙袋入り塩酸カリなどを紙に包み、これを厳封した爆発物合剤と推測される物やブリキ缶などを発見した。相前後して、新村忠雄、古河力作らをも逮捕。当時、『自由思想』を秘密に発送したということで出版法違反に問われ、罰金の換刑処分として東京監獄で労役中であった管野須賀子も取調べを受けた。この時点では、爆発物取締罰則違反の罪での逮捕・取調べであったが、宮下らの「自供」にもとづいて、はやくも五月三一日付長野地方検事局から大審院検事総長宛の「送致書」において、幸徳秋水、管野須賀子等を含む七名に対して第七三条の「大逆罪」が適用されることが明記され、同日、七名に対して「予審請求」（起訴）がなされている。

「爆弾製造で長野の社会主義者逮捕」

五月二七日付『時事』は、「信濃松本二十六日発電」として、次のような記事を載せた。これが、この事件の第一報である。「東筑摩郡中川手村字明科にある長野大林区署管轄の明科製材所へ三名の社会主義者、職工となりて紛れ込みおり、由々しき陰謀を企て、ひそかに爆裂弾を製造しつつあること、早くもその筋の探知する所となり、二十六日、松本警察の手に捕われたるが、該件はいっさい秘密に付せられ、裁判所、警察本部はひそかに密議を凝らしつつあり。」

五月三一日、湯河原において幸徳伝次郎（秋水）が逮捕され、同日、和歌山の新宮では、大石誠之助、成石平四郎らが逮捕される。その後も、逮捕される者が続々出た。六月五日の『東京朝日新聞』は、「当局は一人の無政府主義者なきを世界に誇るに至るまで、飽くまでその撲滅を期する方針なりという」としている。

しかし、六月二日に、東京の各新聞社に対しては東京地方裁判所検事局より、この事件に関するいっさいの記事差止め命令が出され、さらに、その後、検事総長からの通達によって、「事件の内容を新聞雑誌及び通信の掲載するときは、その記事の内容によって新聞紙法第四二条前段に該当すべきをもって、検事はこれを起訴することあるべし」という警保局長名の「警告事項」が全国の新聞雑誌関係者に出されたため、当初は一般の人には事件の詳しい内容は知らされなかった。このため、秋水逮捕の報道も、逮捕の翌日の六月一日付『やまと新聞』に掲載されたが、以後一時記事差止となった。記事そのものはすぐに解禁されたが、「爆弾事件」「陰謀事件」として報道されただけで、「大逆事件」であるとの事実は秘密にされたままであった。事件の全貌が報道されたのは、その年の一一月九日になって、「幸徳伝次郎外二十五名に対する刑法七十三条の罪の被告事件の発覚原因及検挙 并《ならびに》 予審経過の大要」と題する検事総長名の文書が各新聞社に配布されて以後のことである。

●秘密裁判

予審

予審判事による取調べは、一九一〇年六月一日から開始された。本来、大逆事件の予審は大審院ですることになっていたが、「大審院判事では心もとない。そこで東京地方裁判所長の鈴木喜三郎を通じて大審院に命令させ、潮恒太郎を予審判事としてやらした」（当時、司法省民刑局長で大審院検事を兼任していた平沼騏一郎の『回顧録』）。結局、予審判事は、この潮恒太郎を主任として、河島台蔵、原田鉱の三人が担当した。

予審の対象になったのは、当初は七名であったが、予審捜査の最中にも逮捕者、起訴者の範囲は拡大し、最終的には、一〇月一八日の内山愚童の起訴によって、二六名が予審取調べにかかる。予審は一〇月末に終了している。一一月一日、予審の意見書が大審院長横田國臣宛に提出された。

《右幸徳伝次郎外二十五名刑法第七十三条の罪被告事件につき予審を遂ぐるところ……以上事実の証憑十分にして各被告の所為は何れも刑法第七十三条に該当する犯罪なりと思料するを以て、刑事訴訟法第三百十五条に則り意見を附し訴訟記録差出候也。》

通常の事件ならば、予審判事の決定で公判に付されることになるが、大逆事件は大審院の特別権限に属したので、大審院特別刑事部（裁判長鶴丈一郎）は、一一月九日、予審判事が差し出した「訴訟記録及意見書を調査し、検事総長松室致の意見を聴き、本件は本院の公判に付すべきものと決定す」という決定書を出して、公判に付されるということになった。

公判

公判に付されたのは、以下の二六名である。幸徳秋水、管野須賀子、奥宮健之（東京）、内山愚童（横浜）、森近運平、武田九平、岡本潁一郎、三浦安太郎、岡松寅松、小松丑治（大阪――『大阪平民新聞』関係）、大石誠之助、成石平四郎、成石勘三郎、高木顕明、峯尾節堂、崎久保誓一（紀州）、宮下太吉、古河力作、新村忠雄、新村善兵衛、新田融（信州――明科製材所関係）、松尾卯一太、新美卯一郎、坂本清馬、佐々木道元、飛松與次郎（熊本――『熊本評論』およびその後継紙『平民評論』関係）。

第一回公判は、一二月一〇日、大審院特別法廷（裁判官鶴丈一郎［裁判長］、志方鍛、鶴見守義、末広厳石、大倉鈫蔵、常松英吉、遠藤忠次）で、検事松室致、平沼騏一郎、板倉松太郎、弁護人鵜沢聡明、花井卓蔵、磯部四郎、今村力三郎、平出修、川島任司、宮島次郎、吉田参市郎、尾越辰雄、安村竹松、半田幸助のもとに開かれた。一二月一一日付『東京日日新聞』は、当日の模様

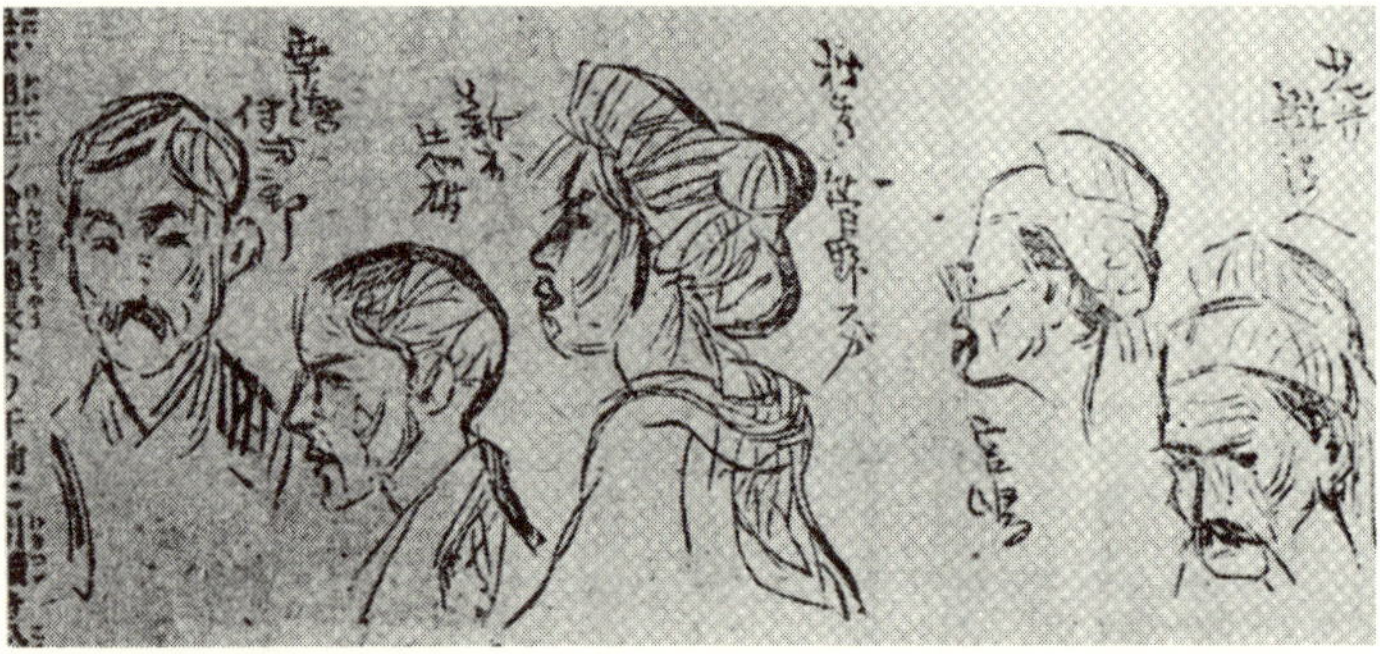

図９　新聞に掲載された被告人と弁護人のスケッチ。右から弁護人花井卓蔵、同宮島次郎、被告管野須賀子、新村忠雄、幸徳秋水（『日本政治裁判史録　明治・後』、第一法規）

を次のように伝える。

《午前九時二〇分、普通傍聴者を入廷せしめたる後、新聞及び通信記者の一団数十名相踵《つ》いで入廷し各所定の席に着き、被告の入廷を待てり。同九時四十分頃、発頭人と目されおる秋水こと幸徳伝次郎を先頭に管野スガを殿《しんがり》に、二十六名の被告は各一名ずつの看守に護られて入廷し、一名ずつ看守を中に挟みてそれぞれ設けの被告席に着けり。各被告の扮装《いでたち》は思い思いにて、幸徳は黒七子五つ紋の羽織に仙台平の袴を穿《うが》ち、スガは髪を銀杏《いちょう》返しに結び、納戸《なんど》色紋羽二重《はぶたえ》三ツ紋の羽織に琉球飛白《かすり》の綿入を着し、中にも人目を惹きたるは内山愚童と呼ぶ僧侶上がりにて、同人はさきに爆裂弾密造事件にて処刑され、目下服役中なるため紅殻《べにがら》色の囚衣を着け、また古河力作（三十一）というは三尺《（ママ）》に足らぬ小男にてともに人目を惹き、幸徳は時々後方を顧みて、元気なき顔に微笑を洩らせり。》

法廷内外の警備

法廷内外の警備の厳重なことについても、当時の新聞は次のように伝えている。まず、法廷外の模様についての『時事』の記事。「正門より正面の石段まで警官の垣は結ばれぬ。恐る恐る進みて、石段を右に折れ大審院刑事大法廷に向かう。突き当たりの角に一台の衝立《ついたて》あり。二名の警官ここに立ちて傍聴券の有無を検し、更に進めば松本、柳田両警部主任なり、数名の巡査とともに一々綿密に傍聴人の身体検査を行う。全くもって稀に見るの一異観なり。」

次に、法廷内の警備についての『東京日日』の記事。「法廷内における警戒の厳重なることは予想以上にて、僅々《きんきん》百余名の傍聴者に対し数十名の巡査を配置し、田川麹町警察署長指揮の下に各入口には出入りの都度一々鍵を卸《おろ》して、蟻の這い出る隙もなきまでに厳重なる警戒を加えたれば、当局者が気遣いし喧騒等の事なく至極平穏無事なりし。」

この第一回公判廷で人定質問後、鶴裁判長は、これから検事の公訴事実の陳述に移るが、公安維持の必要上公開を禁止するとし、またその後の審理も引き続き公開しないと宣言した。「予想のごとく午前十一時、傍聴禁止を命ぜり」(『東京日日』)ということで、以後公判回数一六回にわたったが、判決日以外一度も公開されることなく、秘密裁判に終始した。

「無法極まる牽強附会」

検察官の論告求刑は、同年一二月二五日。全員に対して死刑が求刑された。判決は、翌一九一一年一月一八日にあった。この日は、一五〇枚の傍聴券が発行され、一般に公開された。《やゝあって正面左側の扉を排して裁判官が顕はれる。死か生か、廿六人の運命は愈《いよい》よ眼前に迫って来た。胸に波打つ被告等も定めて多かった事で有［ら］う。

書記が例によって被告の姓名を読み終ると、鶴裁判長は口を開いて二三の注意を与へた後、主文を後廻しにして、幾度か洋盃の水に咽喉を潤しながら、長い判決文を読下した。読む程に聴く程に、無罪を信じて居た者まで、強いて七十三条に結びつけ様とする、無法極まる牽強附会《こじつけ》が益々ひどくなって来るので、私の不安は海嘯《つなみ》の様に刻々に胸の内に広がって行くのであったが、夫《それ》でも刑の適用に進むまでハ、若しやに惹かされて一人でも、成る可く軽く済みます様にと、夫ばかり祈って居たが、噫《ああ》、終に……万事休す矣。新田の十一年、新村善兵衛の八年を除く他の廿四人は凡て悉《ことごと》く之れ死刑！……

余りに事の意外に驚き呆れたのは単に私ばかりぢゃ無い。弁護士でも監獄員でも警官でも、十六日間の公判に立会って、事件の真相を知った人々は、何れも余りに無法なるこの判決を驚かない訳には行かなかったので有［ら］う。人々の顔には何れも共通のある感情が、一時に潮の様に流れて見へた。語《ことば》なく声なき沈黙の間に、やる方なき悲憤は凝《こ》って、被告等の唇に冷やかなる笑と成って表はれた。》

判決言渡しの瞬間を管野須賀子は、当日、収監されていた東京監獄女監に戻ってから書いた獄中手記「死出の道艸《みちくさ》」にこのように表現している。

●減刑と死刑執行

二四名に対する死刑言渡しの翌一九日には、勅令によって一二名（坂本清馬、高木顕明、峯尾節堂、崎久保誓一、成石勘三郎、佐々木道元、飛松與次郎、武田九平、岡本頴一郎、三浦安太郎、岡松寅松、小松丑治）が無期懲役に減刑された。結局、これら一二名の者にとっては死刑の言渡は脅しに使われたようなものであり、まるでロシアにおけるドストエフスキーらに対する銃殺刑の言渡しの日本版とでもいうべき事態であった。

数日後に、このことを知らされた管野は、前掲の獄中手記のなかで次のように書いている。

《田中教務所長から相《あい》被告の死刑囚が半数以上助けられたといふ話を聞く。多分一等を減じられて無期にされたので有ろう。あの無法な判決だもの、其位の事は当然だと思ふが、何にしてもまあ嬉しい事である。……仮令《たとい》無理でも無法でも兎に角一旦死刑の宣告を受けた人が、意外に助けられた嬉しさは如何ほどであったらうと察しられる。一旦ひどい宣告を下して置いて、特に陛下の思召によってと言ふやうな勿体ぶった減刑をする——国民に対し外国に対し、恩威並び見せるといふ、抜け目のないやりかたハ、関心と言はうか狡獪《こうかい》と云はうか、然しまあ何は兎もあれ、同志の生命が助かったのは有難い。慾にはどうか私達三四人を除いた総てを助けて貰ひらいものである。其代りになる事なら、私はもう逆磔刑の火あぶりにされやうと背を割いて鉛の熱湯を注ぎ込まれやうと、どんな酷い刑でも喜んで受ける。》

他方、減刑されなかった一二名の者たちの死刑の執行は、異例の早さで行われた。判決から六日後の一月二四日、幸徳秋水ら一一名の死刑が執行され、翌二五日に、管野須賀子の死刑執行が行われた。

《幸徳伝次郎等逆徒十二名の死刑は、二十四日午前八時より東京監獄においてにわかに執行されたり。かくまで速やかに刑場の露と消ゆべしとは何人も思い到らざる処なりしなるべく、また判決言渡し後一週日を出でずして死刑を執行されたるは、恐らく今回をもって嚆矢とすべし。……

午前八時、首魁幸徳伝次郎、奥宮健之、宮下太吉、内山愚童、松尾卯一太、管野スガ（誤報。管野の死刑執行は翌日――筆者）と順次六人の執行を終り、正午頃ひとまず休憩の上、午後零時四十五分、再び刑場を開きて宮下、森近以下六名の執行を終わり、ここに逆徒十二名が全く刑場の露と消えたるは午後四時、悲風身に沁む頃なり。》（一月二五日付『東京日日』）

無期懲役を言渡され、または減刑された人たちの収監場所は次の通りである。

秋田監獄――高木、崎久保、飛松、坂本
諫早監獄――成石、岡本、岡林、三浦、武田、小松
千葉監獄――佐々木、峯尾、新村、新田

このうち五名が獄中で、自殺（高木、三浦――縊死）または病気（岡本、佐々木、峯尾）で死亡し、残りの七名が仮出獄した。

●海外での反響

片山潜は、早くも一九一〇年七月の初め段階から海外の社会主義者、機関誌に事件の処理に対する日本政府のやり方に対して、抗議の声を挙げるように要請し、日本国内ではまだ事件の本質が秘密にされたままであった八月の段階で、事件が「大逆事件」であることを通報していた。

海外の報道機関は、一九一〇年九月二一日付東京発ロイター電に基いて、事件をいっせいに取り上げた。たとえば、翌二二日付『ニューヨーク・トリビューン』は、「天皇、殺害計画　日本で共謀報道――多数逮捕さる（PLOT TO KILL THE MIKADO: Conspiracy Reported in Japan―Many Arrested Made）」と題して、「日本の臣民による天皇睦仁暗殺計画の詳細が、本日午後発表され、センセーションが引き起こされた」旨の記事を掲載した。記事の中では、ロイター電は『報知新聞』に基いて発しられているとされ、天皇が陸軍学校を訪問する機会を狙って暗殺しようという計画だったということまで、記されていた。前述のように、日本の報道機関が正式に大逆事件の本質を発表したのはそれから二カ月近く後である。報道統制による情報ギャップがあからさまに示されている。

九月二二日付の海外各紙の記事に驚いたのは、むしろ現地の日本大使館であったようだ。当日、加藤イギリス全権大使から外務大臣小村寿太郎宛に次のような文書が発信（二三日着）された。「九月二二日、当地諸新聞紙上にロイター電報を以て、日本社会主義者の一派天皇陛下の弑逆を企てたること発覚し、目下本件審理中なる旨報道せられたる処、右は何等基く所ある義なるや、諸方面より問合も之有るに付き、真相御返電ありたし。」

これによると、海外大使館も事件についてはまったく知らされていなかったようである。

この問合せに対しての返事は、「事実なるも当局においては厳に之を秘し居る次第」であるから、その点を配慮せよというものであった。以後、各国大使館から問合せが相次ぎ、外務省は対応に追われることになる。外務省は外電が誇大に報道しているとして、大使館宛てに訂正を求めよと命じたが、各国大使館は冷静で、外務省が求めた訂正は記事と大同小異だから、訂正の必要がないと思うが、という返事を出している。

九月二二日の事件報道に対して、外務省は海外の報道などの反応にかなりの神経を費やし、在外機関に対して逐一通知することを命じていた。その後、直ちには特別の反応がなかった模様であるが、一一月九日の公判開始決定後は抗議運動が展開される。海外の新聞紙上では、公判開始決定が特別裁判所における有罪・死刑判決として報道された。これは明らかな誤報であるが、ある意味では、大審院における裁判が単なる形式にすぎないことを喝破した報道とも見ることができよう。

この記事を受けて、ニューヨーク在住のアナーキスト、エマ・ゴールドマンら『マザー・アース』グループは、ワシントンの日本大使館宛の抗議電報を送るとともに、全世界の社会主義者、その機関誌に対してアピールを送った。

《アピール――人類愛と国際的連帯の名において、われわれは、幸徳伝次郎博士、彼の妻および二四名のその他の社会主義者・無政府主義者に対して下された、不当かつ野蛮な死刑に対して、ワシントンの日本大使館に精力的に抗議することを、切にお願いする。……》

ニューヨークでは、一一月二二日と一二月一〇日の二回にわたって抗議集会が開かれた。一二月一三日付『ニューヨーク・タイムズ』は、「社会主義者、日本に抗議」というタイトルで報道し、また社会党機関誌『ニューヨーク・コール』は、「七カ国の演説者が抗議」として報道した。

外務省は、海外における抗議行動が意外な広がりをもっていったことに驚き、大審院の手続や審理状況について、指摘されるような問題がない旨を再三にわたり説明している。そのうちの一つ、一二月二九日発電報の「別電」は、「日本政府の声明」として各新聞社に伝えられ、日本においても、後日（翌一九一一年一月一五日。判決言渡三日前）公表された。

《目下大審院に於て審問中なる幸徳伝次郎外二十五名に対する陰謀事件に付、裁判所の構成及其の訴訟手続等に関し、世上往々誤解を懐き、裁判所が特に本件に限り臨時便宜の裁判を為すものなるが如く思惟するものあるを以て、左に本件の訴訟手続は固より法令に準拠し毫も批議す可き点なき所由《しょゆう》の大要を説明す可し。

　本事件の内容は茲に之を詳説す可きものに非ずと雖も……此事実は被告人の多数の自白爆裂弾の存在其他の証拠に徴して明瞭なりとす。》

これに対して、石川啄木は、「日本無政府主義者陰謀事件経過及び附帯現象」の中で、「この文によりて、日本政府が裁判判決前已に有罪を予断しゐたるを知るに足る」と指摘している。

●森鴎外の作品から

「食堂」

森鴎外は、特別法廷の傍聴を許された、数少ない例外である。山縣有朋の依頼で社会主義について調査をしていた関係であったといわれている。大逆事件の弁護人平出修は、弁護人を引き受けたとき、真っ先に鴎外の所に行き、鴎外から社会主義、無政府主義についての講義を受けた。

鴎外は弁護人の理論的バックボーンであったとも言える。

鴎外の作風が事件後変化したこと、それが事件の影響であると見られていることについては、すでに述べた。「大塩平八郎」がその典型であることも述べた。

直接的に事件に触れた作品には「食堂」がある。この作品では、鴎外は、木村という人物の口を通して無政府主義について解説を行っている。注目されるのは、最後の部分で、被告人らの処遇についても話題に載せていることである。

《山田が何か思ひ出したといふ様子で云った。「こん度の連中は死刑になりたがってゐるから、死刑にしない方が好いといふものがあるさうだが、どういふものだらう。」

敷島の烟《けむり》を吹いてゐた犬塚が、「さうさ、死にたがってゐるさうだから、監獄で旨い物を食はせて、長生をさせて遣るが好からう」と云って笑った。》

この作品の発表は、死刑判決の一カ月前（一九一〇年一二月）である。当時、判決の行方についていろいろと取り沙汰されていたことがわかる。ちゃかし気味の山田の発言に借りて、裁判所が死刑という結論に至ることをけん制したと、とれないこともない。

「鎚一下」

事件後の状況について触れた作品もいくつかある。「沈黙の塔」は、ゾロアスター教徒で、回教徒からの迫害を逃れてインドに渡ったパアシイ族の話にして、事件後の言論弾圧が社会主義のみならず自然主義にまで及んでいった状況を描いている。しかし、鴎外の事件後の状況についての受け取り方を端的に示していると思われるのは、「鎚一下《ついいっか》」という、一九一三（大正二）年二月発表の作品である。五條秀麿という洋行帰りで、「新思想の分る学者」と認められ、「世間の迫害を受けている銘々の境遇を訴へ」られる人物の日記という体裁を取った作品である。五條秀麿は、鴎外自身であるといわれている。

ここに「新思想」といわれているのは、社会主義のことである。社会主義者たちが「世間の迫害を受け」、鴎外はその理解者と目され、相談を受けていたことが書かれている。大逆事件に触れているのは、H君という人物との新橋駅頭での会話の書かれた次の個所である。

《己はH君に言った。「大そう急な用事で御上京になったのださうですね。」

「ええ。矢っ張《やっぱり》周囲の窘迫《きんぱく》を受けてゐる青年の事で。」

「ははあ。思想問題でせうね。」

「さうです。むづかしい時代で。」

「どうも目上のもののそれに対する処置が、一般に宜しきを得ないのですから。」

H君は頷いた。「旧思想を強ひようとするのは駄目です。」》

鴎外は、「目上のもののそれに対する処置が、一般に宜しきを得ない」といって、政府の処置に対して批判している。これによって、大逆事件の処理に対しても鴎外は批判をもっていたであろうことが推察される。しかし、その批判を山縣有朋にぶつけたことを示す資料はない。

●石川啄木の大逆事件

鷗外のみならず、大逆事件の文学者その他の知識人に与えた衝撃は強烈であった。徳富蘆花は、死刑判決が出た数日後の一月二一日、兄の徳富蘇峰を通じて首相の桂太郎に幸徳等の減刑を嘆願したが、まったく音沙汰がないので、この上は天皇に秋水等の助命を願う以外にないと決意し、「天皇陛下に願ひ奉る　徳富健次郎」と題する文書を書き、一九一一年一月二五日付で東京朝日新聞編集局長池辺三山に託する手紙を添えて送った。しかし、その前日に死刑が執行されてしまったことを知り、「正午に手紙を仕出し、午後の三時に東京朝日を抜《ひら》きて、幸徳等十二名は昨日已《すで》に刑場の露と消へたることを承知仕候。今更何をか言はん。貴紙によりて彼等の臨終の立派なりしを知り、其遺書に接するを得たるを謝せんのみ。天下これよりますます多事なるべく候」と、池辺に書き送っている。

蘆花は、その直後に、第一高等学校において事件についての講演をすることを依頼され、快諾する。その講演が『謀叛論』である。ここで、蘆花は、秋水らとは「多少立場を異にする」と言いながら、彼らを「新式の吉田松陰等」と評し、事件を「嘘から出た真で、はずみにのせられ」たものとしている。制度の欠陥を正そうとした犠牲者であるとし、「然し乍ら犠牲を造れるものは実に禍《わざわい》なるかな」と憤懣やるかたない感情をぶつけている。

与謝野鉄幹は、被告人の中に知り合いがいた。とくに、大石誠之助とは親しかったことから、同人の平出修に弁護人を依頼し、平出が社会主義や無政府主義の研究をしたいといえば、森鷗外を紹介したりした。死刑執行後、鉄幹は、「誠之助の死」を書いて誠之助の死を憤激をもって悼んだ。

「時代閉塞の現状」

「大逆事件」に大変な衝撃を受け、以後、社会主義に急速に傾斜していった知識人の代表は、石川啄木である。事件が発生した一九一〇（明治四三）年六月当時、啄木は、東京朝日新聞に勤めていたことと、弁護人の平出修は『明星』以来の親友であったことから、かなり早い時期、六月下旬には、この事件の本質を知っていたと考えられている。この間の事情については、与謝野鉄幹が書いている。

《啄木君はその前年に社会主義者達の赤旗事件と云ふ事のあった頃から、社会主義に少しく注意し初めて居たが、大逆事件が起って以来、私との話題は多く此事に上った。有り余る才分を持ち合せながら、薄倖な境遇にのみ置かれた君の心理的推移としては自然なことであった。……其れで私は君に「平出君の所へ行って大逆事件の内容を聞かせて貰ひ給へ」と云った。君は「スバル」の用事でなくて、しばしば平出君を訪ねた。平出君は君にいろいろの話をした筈である。この前後から啄木君の歌の内容も修辞も次第に変って行った。》

八月に啄木が執筆した「時代閉塞の現状『強権、純粋自然主義の最後及び明日の考察』」は、そうした状況を端的に反映している。

《自然主義発生当時と同じく、今猶《なお》理想を失い、方向を失い出口を失った状態に於て、長い間鬱積して来た其自身の力を独りで持余しているのである。既に断絶している純粋自然主義との結合を今猶意識しかねている事や、其他すべて今日の我々青年が有っている内訌《ないこう》的、自滅的傾向は、この理想喪失の悲しむべき状態を極めて明瞭に語っている。――そうしてこれは実に「時代閉塞」の結果なのである。》

これに続けて、啄木は次のように論じる。

《我々青年を囲繞《いぎょう》する空気は、今やもう少しも流動しなくなった。強権の勢力は普《あまね》く国内に行亘《わた》っている。現代社会組織は其隅々まで発達している。――そうして其発達が最早完成に近い程度まで進んでいる事は、其制度の有する欠陥の日一日明白になっている事によって知ることが出来る。……財産と共に道徳心をも失った貧民と売淫婦との急激なる増加は将又《はたまた》今日我国に於て、其法律の規定している罪人の数が驚くべき勢いを以て増て来た結果、遂に見す見す其国法の適用を一部に於て中止せねばならなくなっている事実（微罪不検挙の事実、東京並びに各都市に於ける無数の売淫婦が拘禁する場所が無い為に半公認の状態にある事実）は何を語るか。

斯くの如き時代閉塞の現状に於て、我々の最も急進的な人達が、如何なる方面に其「自己」を主張しているかは既に読者の知る如くである。実に彼等は、抑えても抑えても抑えきれぬ自己其者の圧迫に堪えかねて、彼等の入れられている箱の最も板の薄い処、若くは空隙（現代社会組織の欠陥）に向って全く盲目的に突進している。……

斯くて今や我々青年は、此自滅の状態から脱出する為に、遂に其「敵」の存在を意識しなければならぬ時期に到達しているのである。それは我々の希望や乃至其他の理由によるのではない、実に必致である。我々は一斉に起って先ず此時代閉塞の現状に宣戦しなければならぬ。自然主義を捨て、盲目的反抗と元禄の回顧とを罷《や》めて全精神を明日の考察――我々自身の時代に対する組織的考察に傾注しなければならぬのである。》

これは、明治末の言論弾圧に閉塞する状況を見事に表している。しかし、見方を変えるならば、時代閉塞の状況は現代にも通じるのではないだろうか。当時と現代との違いはそのことを深刻に受けとめ、それを死を賭してでも打開しようとする情熱のあるなしではなかろうかと、私には思われる。

啄木日記から

啄木は、一九一一年の日記帳巻末に「前年（四十三）中重要記事」として、「六月幸徳秋水陰謀事件発覚し、予の思想に一大変革ありたり。これよりポツ〳〵社会主義に関する書籍雑誌を聚《あつ》む」と記している。前述の与謝野鉄幹の記事を裏付けるものである。

一九一〇年一二月の執筆にかかる作品「無題」では、「幸徳等所謂《いわゆる》無政府共産主義者の公判開始は近く四五日の後に迫り来れり。事件が事件なるだけに、思慮ある国民の多数は、皆特別の意味を以て結果に注目し居ることとなるべし。予も其の一人なり」としながら、この時点では、「其企画や啻《ただ》に全く弁護の余地なきのみならず国民としては、余りにも破倫無道の擧たり」としていた。

その一方で、「たゞ茲《ここ》に此の事件に関連して予のひそかに憂ふること二三あり」として、「政府が今夏幸徳等の事件の発覚以来俄かに驚くべき熱心を表して其警察力を文芸界、思想界に活用したることとなり。其措置一時は政府の意が殆ど△　一、切、の、新、思、想、を、根、絶、せしむるやにあるやを疑はしめたりき」と指摘していた。

一九一一年一月三日の日記には、平出修と与謝野鉄幹のところへ年始に廻ってから社（東京朝日新聞）に行ったと記し、次のように書いている。

《平出君の処で無政府主義者の特別裁判に関する内容を聞いた。若し自分が裁判長だったら、管野すが、宮下太吉、新村忠雄、古河力作の四人を死刑に、幸徳大石の二人を無期に、内山愚童を不敬罪で五年位に、そしてあとは無罪にすると平出君が言った。またこの事件に関する自分の感想録を書いておくと言った。幸徳が獄中から弁護士に送った陳情〔正しくは「陳弁」――筆者〕書なるものを借りて来た。……社では鈴木文治君と無政府主義に関する議論をした。》

平出修から借りて来た陳弁書を、啄木は三日かけて写した。

《幸徳の陳弁書を写し了る。火のない室《へや》で指先が凍って、三度筆を取落したと書いてある。無政府主義に対する誤解の弁駁と検事の調べの不法とが陳べてある。

この陳弁書に現われたところによれば、幸徳は決して自ら今度のような無謀を敢てする男でない。さうしてそれは平出君から聞いた法廷での事実と符合してゐる。幸徳と西郷！　こんなことが思はれた。》

この陳弁書は前年の一二月一八日に幸徳秋水が、磯辺四郎、花井卓三、今村力三郎の三人の弁護士に書き送ったものである。啄木が秋水を西郷隆盛になぞらえたのは、自ら叛乱の意志があるわけではないが、世にある政府に対する不平不満を代表する形で責任を取ったというところが共通しているということであろうか。

一月一八日、「大逆事件」の判決日の記事。

《今日程《ほど》予の頭の昂奮してゐる日はなかった。さうして今日程昂奮の後の疲労を感じた日はなかった。二時半過ぎた頃でもあったらうか。「二人だけ生きるゝ」「あとはみな死刑だ」「あゝ二十四人！」さういふ声が耳に入った。「判決が下ってから万歳を叫んだ者があります」と松崎君が渋川君へ報告した(ママ)ゐた。

予はそのまゝ何も考へなかった。たゞすぐ家へ帰って寝たいと思った。それでも定刻に帰った。帰って話をしたら母の目に涙があった。「日本はダメだ。」そんな事を漠然と考へ乍ら丸谷君を訪ねて十時頃まで話した。

夕刊の一新聞には幸徳が法廷で微笑した顔を「悪魔の顔」とかいてあった。》

その翌日の記事。

《朝に枕の上で国民新聞を読んでみたら俄かに涙が出た。「畜生！駄目だ！」さういう言葉も我知らず口に出た。社会主義は到底駄目である。人類の幸福は独り強大なる国家の社会政策によってのみ得られる、さうして日本は代々社会政策を行ってゐる国である。と御用記者は書いてゐた。

桂、大浦、平田、小松原の四大臣が待罪書を奉呈したといふ通信があった。内命によって終日臨時閣議が開かれ、その伏奏の結果特別裁判々決について大権の発動があるだらうとい

ふ通信もあった。》

管野須賀子がこの「大権の発動」の本質を喝破していたことについては、すでに見てきたが、啄木も、その年の五月に執筆した、「A LETTER FROM PRISON」の「EDITOR'S NOTES」の中で、「死刑の宣告、及びそれについで発表せらるべき全部若しくは一部の減刑——即ち国体の尊厳の犯すべからざることと天皇の宏大なる慈悲とを併せ示すこと」であったと指摘して、その本質を暴き出していた。

A LETTER FROM PRISON

「A LETTER FROM PRISON」とは、前述の秋水の陳弁書である。啄木はその全文に編者のノートを付して公表するつもりであった。もちろん、それは当時にあっては公表される可能性の薄いものであったが、啄木はいずれ発表する機会が廻ってくることを期待して執筆したのであろう。

この中で、啄木は、この事件を次のように分析している。

《かの二十六名の被告中に四名の一致したテロリスト、及びそれとは直接の連絡なしに働かうとした一名の含まれてゐたことは事実である。後者は即ち主として皇太子暗殺を企ててゐたもので、此事件の発覚以前から不敬事件、秘密出版事件、爆発物取締規則違反事件で入獄してゐた内山愚童、前者即ちこの事件の真の骨子たる天皇暗殺企画者管野すが、宮下太吉、新村忠雄、古河力作であった。幸徳はこれらの企画を早くから知ってゐたけれど、嘗て一度も賛成の意を表したことなく、指揮したことなく、ただ放任して置いた。これ蓋《けだ》し彼の地位として当然の事であった。》

「幸徳と西郷！」とした啄木の真意は、「放任して置いた」というところとこれに続く最後の一文に示されていよう。

《さうして幸徳及他の被告……の罪案は、ただこの陳弁書の後の章に明白に書いてある通りの一時的東京占領の計画をしたといふだけの事で、しかもそれが単に話し合っただけ——意志の発動だけにとどまって、未だ予備行為に入ってゐないから、厳正の裁判ではむろん無罪になるべき性質のものであったにも拘らず、政府及びその命を受けた裁判官は、極力以上相連絡なき三箇の罪案を打って一丸となし、以て国内に於ける無政府主義を一挙に撲滅するの機会を作らんと努力し、しかして遂に無法にもそれに成功したのである。》

以上は、啄木が平出修から借りて来た裁判記録や勤務先の東京朝日新聞で集めた情報に基づいて分析した結果である。「予はこの事をこの事件に関する一切の智識（一件書類の秘密閲読及び弁護人の一人〔平出修——筆者〕より聴きたる公判の経過等より得たる）から判断して正確であると信じている」と、啄木は述べている。

これより前、幸徳らに死刑の言渡しのあった直後の一九一一年一月、啄木は、「日本無政府主義者隠謀事件経過及び附帯現象」を執筆している。これは、「A LETTER FROM PRISON」と並んで、大逆事件の貴重な資料である。

●法律家・法制度への影響

法律家の三つの流れの原点

清水誠によると、戦前の法律家には主要な三つの流れがある（「戦前の法律家についての一考察」）。その第一は、「あるいは天皇制国家権力の中枢に位置し、あるいはその爪牙《そうが》として、司法を国家権力に奉仕する道具たらしめた権力的法曹の流れ」であり、第二は、「国民のための裁判を唱え、主張し、実現せんとした法曹の流れ」である。この流れに属する法律家は、国民のための裁判を実現しようとはしたけれども、残念ながら、それを貫徹しなかったのであるから、「括弧づきで『国民』法曹とでも呼ぶほかない」。第三は、「天皇制国家権力を批判し、これに反抗し、抵抗した法曹の流れ」である。

このうち前二つの流れの原点に位置するのが、大逆事件である。というより、大逆事件こそ、「日本の司法の本質規定の原点」であると位置付けられる。清水は、大津事件を日本の司法の原点であるとする見解に反対して、「仮りに大津事件を日本司法の誉れとする見解に組するとしても、それを根底からつき崩して、日本の司法の容易に拭いえない原罪としての意味をもったのが、幸徳等・大逆事件であると考えられる」という。

第一の流れは、大逆事件の立会検事で、後には検事総長、大審院長、司法大臣という司法部の要職を歴任した後、一九三九（昭和一四）年には内閣を組織し、戦後A級戦犯として終身禁錮刑を言渡された平沼騏一郎と、事件当時東京地方裁判所長であり、前に紹介した平沼の回顧録にも登場する鈴木喜三郎とで代表される。

第二の流れは、花井卓蔵ら大逆事件の弁護人に代表されている。花井卓蔵は、明治から昭和初期の時代を代表する刑事弁護士であり、事件当時には衆議院議員として現行刑法の制定などについて人権擁護の論陣を張っていた。しかし、彼には、事件について書き残したものがない。今村力三郎は、専修学校（現在の専修大学）出身で、終生反骨の在野法曹として活躍した人である。今村の所蔵していた大逆事件の記録などは、現在、専修大学に収められている。

平出修は、これまでもしばしば登場するように、弁護士活動のかたわら、詩や歌、小説などを執筆して、文学者として活躍した。大逆事件を題材にした作品は、三点ある。「畜生道」（一九一二年九月）、「計画」（同年一〇月）、「逆徒」（一九一三年九月）である。「畜生道」は、次に触れる江木衷が『陪審制度談』で用いている用語をタイトルにして、江木が保身のために大逆事件の弁護を断ったことを批判した作品であり、「計画」は、事件前の幸徳秋水と管野須賀子の関係を両者の心理描写を中心として描いた作品、「逆徒」は、事件の裁判そのものに焦点をあてた作品である。この作品の中で、平出は、事件を次のように分析している。

《之を約《つづ》めてしまへば僅か四人か五人かの犯罪事案である。共謀で或る一つの目的に向って計画した事案を見るならば、むしろこの少数に対する裁判と、その余の多数者に対する裁判とを別々に処理するのが適当であったかも知れない。否その如く引離すのが事実の真実を闡明《せんめい》にし得たのであったらう。……一寸聞けば全くかけ放たれた事実であるかのようにも思れる極めて遠い事実から段々近く狭く限って来て、刑法の適用をなし得る程度に拵上《こしらえ》げ、取纏《とりまと》め引きしめて来るまでの叙述〔判決の——筆者〕は、あの窮屈な文章の作成と共に、どれ丈の骨折りが費やされたであらう。》

江木衷の陪審制度論

江木衷《えぎちゅう》（号を冷灰《れいかい》）は一八八四（明治一七）年東京大学をトップで卒業した後、警視庁御用掛を振り出しに、検事、司法省参事官などを歴任し、順調な出世コースを辿っていたが、一八九三（明治二六）年一月、自由の天地に飛び立とうと、弁護士になった。大逆事件当時は、弁護士会の大物として活躍していた。前述したように、江木は、実は被告人等の弁護人として依頼されたが、断ったため、平出修は、これを保身から出た態度として激しく批判した。

しかし、大逆事件は江木の思想にも大きな変化をもたらしている。『陪審制度談』を事件直後の一九一一年に刊行して、独断無責任主義におちいっている裁判制度を激しく批判し、大逆事件の原因がそこにこそあるとした。

江木衷によると、日本の刑事裁判は人権によらずして、専ら裁判官の慈悲、恵によっている。そうした国は、法治国家ではなく「私恵国」であるという。私恵国の刑事裁判においては、第一に未決勾留は無制限に行われ、保釈の権利も認められない。第二には、立法上、犯罪となる行為の範囲は広く定められ、裁判官の裁量のままになっている。第三に、法律の解釈においても、人民には理解できない難しい理屈をこね、人々がおよそ夢にも思わなかった行為まで犯罪の中に取り込む。法律で犯罪を罰するのではなく、法律によって犯罪を製造する。第四に、裁判は事実に法律を適用するのではなく、法律に事実を適用する。

現在の裁判制度では、起訴前勾留は無制限ということではないが、二三日間という長期の勾留が認められている。その間保釈はない。起訴後の保釈は制度としてあるが、権利保釈はほとんど認められない。しかも、起訴後の勾留にはとくに期間的制限はない。その点では、江木が批判した当時の状態と本質的な違いはないとも言える。

刑法は江木が裁判官の裁量の余地が広すぎると批判するものが、現在も通用している。「法律で犯罪を製造する」という状態に変化はないわけである。裁判官が難しい小理屈をこねて解釈によって犯罪の範囲を拡大するということも、似たようなものだとも評価できる。とすれば、江木の批判は現代にも通用するということである。

事件から五〇年経って起こされた大逆事件の再審請求で、裁判所が汚名を雪《そそ》ぐ絶好のチャンスが到来したはずであった。

●坂本清馬の再審請求

秋水らの死刑執行から満五〇年の一九六一（昭和三六）年一月一八日、無期懲役に減刑された被告人の一人坂本清馬は、刑死した森近運平の妹栄子と共同で再審請求を提起した。

清馬は、一八八五（明治一八）年夏、高知県安芸郡室戸町、現在の室戸市の掘建小屋で生まれた。清馬が生まれる前の坂本家は、農業兼紺屋を営んでおり、暮らしも中流ぐらいだったようであるが、父親が事業に失敗し破産したため、清馬が生まれた頃は極貧の生活であった。坂本清馬自伝『大逆事件を生きる』の序を書いている色川大吉は、「かれこそ生粋の〝人民の子〟である」と記している。

清馬は、少年時代を腕白一筋に過ごし、中学校も中退し、印刷会社の文選工をしたり薬局の手伝いをしたりしていたが、一九〇六（明治三九）年八月末、東京に出た。小石川砲兵工廠の火具製造所で警備員などをしながら、社会主義の本を読んでいた。翌年二月、足尾銅山事件が起きた直後、郷里の先輩幸徳秋水にはじめて手紙を出した。以後、秋水との交信が始まる。その年の九月頃、失職した清馬は、大久保百人町の秋水の家に書生として住み込む。その後、秋水が高知に戻る時には別の家に寄宿したり、金曜会屋上事件というような事件に連座して一カ月間刑務所生活をしたりし、一九〇八（明治四一）年五月からは熊本で『熊本評論』に記事を書いていた。その年の六月二二日に赤旗事件が発生し、堺、山川ら大勢の人が検束されてしまって東京が手薄になったので、清馬に上京してくるようにという連絡があり、七月に清馬は上京し、三月はじめからは、やはり上京してきた秋水と二人で巣鴨に住んだ。

冤罪主張

大審院判決が認定した事実によると、一九〇八年三月一三日頃、宮下大吉の発意で天皇暗殺の企図が芽生え、その意を知った秋水から、東京巣鴨の「平民社」において、同月一九日に、大石誠之助、森近運平に、さらに、その頃、松尾卯一太、坂本清馬に対し「赤旗事件連累者の出獄を待ち決死の士数十名を募って富豪の財を奪って貧乏人に配り、諸官署を焼き払い顕官を殺し、宮城に迫って天皇に対して危害を加えるべし」という意志が示され、清馬らは同意したという。これが大逆の謀議として認定されている。しかし、清馬は、予審取調べの当時から、宮城に迫って大逆を犯そうなどという話は聞いていないといっていた。死刑を無期懲役に減刑されて秋田監獄に収容された後も、一九一四（大正三）年九月三〇日には、当時の司法大臣尾崎行雄宛に上申書を出して、無実を訴えた。その中で、清馬は、一九〇八年一一月当時は確かに秋水宅に寄宿して秋水の門弟たちとの話に加わっていたが、その実は、人はこう言っていたということを伝えられただけで、とくに相談を受けるというようなことはなかったとし、もし大逆の謀議の証拠のようなものが作られたとすれば、清馬が秋水と絶縁した一九〇九（明治四二）年二月の始め以後、宮下大吉の秋水訪問後のことだろうと述べている。

清馬は、その後も、再審請求をしようとしたが果たせず、結局、二五年間秋田刑務所で獄中生活を過ごした。

仮釈放後——再審請求に向けて

一九三四（昭和九）年三月三日に清馬は仮出獄した。仮出獄後は、後に不敬罪で弾圧を受ける大本教の昭和神聖会高知支部で働き、「国体明徴」運動を展開した。この頃の清馬に対しては、「転向者」というレッテルが張られ、自らもそれを自認していた模様である。

しかし、戦後は、郷里の高知県中村市で平和運動に身を投じつつ、再審請求の準備をした。一九六〇（昭和三五）年二月には、大逆事件の再審請求をバックアップするために、「大逆事件の真実を明らかにする会」が結成された。事務局長は当時参議院議員であり、後には高知市長になる坂本昭であった。この会の力もあって、多数の証拠資料が集められ、坂本清馬は、死刑執行から満五〇年の一九六一（昭和三六）年一月一八日、刑死した森近運平の妹栄子と共同で再審請求を東京高裁に行った。

大逆事件は、旧々刑訴法の下での事件である。しかし、旧々刑訴法には再審の規定がないので、一九二三（大正一二）年制定の旧刑訴法（いわゆる大正刑訴法）四八五条六号によって再審請求は起された。再審請求時の弁護人は、鈴木義男、海野晋吉、毛利与一、能勢克男、黒田寿男、森川金寿、松井康浩、斎藤一好、宮原守男、森長英三郎であった。事件は、第一刑事部に係属し、長谷川成二裁判長のほか、関重夫、小川泉、金本和雄、上野敏の五人の裁判官の担当となった。これは、旧裁判所構成法五三条に基づいている。

再審請求の理由において、弁護人は、第一に、大逆事件全体が「デッチ上げ」であると主張した。その際、弁護人らは、あくまでも請求人の人権救済という観点を貫き、事件全体といっても、宮下太吉、新村忠雄、管野スガ、古河力作の四人については、一定の計画があったことと、また、秋水についてもある時期にその計画を承認していた疑いのあることまでは争わないという態度をとった。「デッチ上げ」の事由としては、①政治権力者からの圧迫が原裁判所に加えられたこと、②起訴が予断に基づくこと、③予審手続が不公正であったこと、④公判審理手続が不公正であったこと、⑤坂本清馬と森近運平以外にも冤罪者があること、⑥諸学者の研究結果によって、この事件がまったくの冤罪であることは明白であることの六点があげられた。

第二に、坂本清馬に特有の無罪理由として、原判決に挙げられた証拠では清馬の犯罪事実は認められないこと、清馬は一九一〇（明治四三）年三月、佐藤庄太郎という人物に爆裂弾の製法を尋ねており、これが清馬の大逆の犯意を認める状況証拠の一つとされていたが、この佐藤なる人物は警察当局のスパイであり、清馬はスパイに挑発された疑いがあること、検事平沼騏一郎の回顧録には、「被告人中に三名陰謀に参加したかどうかわからぬ者がいる」という記載があるが、この三名の中に清馬が含まれていることなどの点が主張された。さらに、第三に、森近運平に特有な無罪理由として、同様の証拠不十分の主張などが行われた。

弁護人らは、右の主張を裏付けるため、一〇八点に及ぶ証拠を新証拠として提出した。これらの証拠の点検と、原記録などの記録調査後、審理は、旧刑訴法五〇三条に基づいて事実の取調べが行われた。清馬が七八歳の老齢であるところから、まず清馬から尋問が行われた。清馬は再審請求人であるとともに、大逆事件唯一の生存者として、事件を体験した貴重な証人であった。したがって、清馬の取調べは証拠保全の意味があった。その後、荒畑寒村などの証人尋問が行われ、一九六四（昭和三九）年一二月二八日、弁護人・検察官双方から意見書が提出され、翌六五年一月二九日の双方の意見陳述をもって、請求審の審理は終了した。

「変造された予審調書」

再審請求審における坂本清馬の主張を伝えるものに、「変造された予審調書」という請求審に提出された供述書がある。清馬は、再審請求に当たってはじめて予審調書を見、そこに彼自ら供述しなかったことが「随処に記録されて」あって、驚き、「裁判とはこんなものかと嘆いた」とある。

《例えば「十四問答」を見ると、直接大逆陰謀については何も記されてないが、しかし「判決理由書」に大逆事件の発端として記載されてある、明治四十一年十一月十九日の幸徳、大石（誠之助）のいわゆる大逆陰謀の茶飲話の中に出て来る「深川ノ米倉其他富豪ノ倉庫ヲ開イテ一日タリ共其貧民ヲ賑《ニギ》ハシ」云々という言葉が記されてある。これは検事調べの時、小山松吉検事正が笑いながら私に言った事柄であって、決して私がいったものではない。そんな話は聞いたことがないから、いうわけがない。》

「十六問答」には、「第二第三の革命が起こり結局無政府となし、皇室を倒すことに為るのではないか」という問いに対して、「答　主義ノ目的ヨリ申セハ理論上左様ニナルノデスガ私ハ然ウ云フコトハ一向考ヘテ居リマセヌデシタ」というのがあるが、これなども、前半は清馬自身が供述したことではないとしている。後半だけだと、純然たる否認供述であるが、前半が加わることによって、一種の自白になる。清馬の予審調書には、このような言いもしない言葉が付け加えられて、本来は否認したにもかかわらず、自供したように変えられているという。

結審直前の一九六五年一月二〇日、大内兵衛、我妻栄、宮沢俊義、大河内一男、南原繁連名の「要望書」が長谷川裁判長宛に提出された。

《非公開の秘密裁判の中に閉鎖され、ながいあいだ歴史の謎とされていたこの大逆事件も、時代の進展にともない、新資料の発見と学問的探求により、次第にその真実の姿をあらわすようになってきました。新憲法下において国民の基本的人権救済の道をひらいた再審制度のおもい意義を考え、司法権独立の権威を高め、かつ国民の疑惑をとくために、英知と勇断を

もって再審開始の決定をくだされるよう要望いたします。》

これは、当時の知識人の共通の思いを表していた。

再審請求棄却

ところが、一九六五年一二月一日、東京高裁第一刑事部長谷川裁判長は、清馬らの再審請求を棄却し、同月一〇日、請求人ほか関係者に決定書が交付された。弁護人らは、この決定にあたって、裁判長は他の裁判官と「合議」した形跡が認められないことを問題にした。そこで、請求人らは、直ちに最高裁判所に特別抗告を行うとともに、九〇余人の弁護士たちが連署して、一九六六年六月二日、東京高裁長谷川裁判長を衆議院の裁判官訴追委員会に訴追請求した。訴追理由は、長谷川裁判長は、提出された一〇八点の証拠資料を精査せず、他の裁判官と合議もしないで決定を強行したというものである。

特別抗告事件は、一旦は最高裁判所第三小法廷（裁判長裁判官柏原語六、裁判官横田正俊、五鬼上堅磐、田中二郎、下村三郎）に係属したが、一九六六年九月、柏原裁判長は、「右事件は大法廷で審理裁判すべきものと認める」旨の決定を行い、事件は大法廷回付となった。なぜ大法廷回付になったのか、その理由はいまだ明らかでない。

一九六七年七月五日、最高裁大法廷（裁判長裁判官横田正俊、裁判官入江俊郎、奥野健一、草鹿浅之介、長部謹吾、城戸芳彦、石田和外、柏原語六、田中二郎、松田二郎、岩田誠、色川幸太郎、大隅健一郎、松本正雄）は、特別抗告を棄却（刑集二一巻六号、判例時報四八七号）し、同年一二月二〇日、国会の訴追委員会も長谷川成二裁判官を訴追しないことを決定した。

それから約八年後の一九七五（昭和五〇）年一月一五日、坂本清馬は、高知県中村市の病院で気道閉塞のため、八四歳で死去した。

●裁判所のずさんな態度

形式的法律主義

再審請求棄却決定および特別抗告棄却決定についての詳しい分析はここでは避けるが、一口で表現するならば、「形式的法律主義」とでも称すべきか。請求人らの事件を「デッチ上げ」とする主張に対しては、弁護人らが一部の者の計画の存在をあえて争わない態度をもって、弁護人らにおいても、事件全体がデッチ上げられたものという見方はないとする。いたずらに再審請求審理が政治化することを避けようとする弁護人らの配慮が、逆手に取られたような形になっている。

また、諸学者の研究の結果、事件が冤罪であることは明白となっているという主張に対しては、「右著作等は、大逆事件を我が国の社会主義運動史中の一こまとして観察し、または歴史的事件のドキュメントとして叙述している限りにおいては、意義があり、興味も深いが、大逆罪という犯罪自体の成否については、全資料を綿密且つ公平に検討して引き出した結論を提示しているとはいい難い」とし、結局、「諸学者の研究の結果大逆事件の冤罪であることが明らかとなり、その定説になっているとの主張は当を得たものということはできない」としている。

これらのいずれにおいても、きわめて形式的に請求人や弁護人の主張を捉え、事件を当時の社会的背景との関係で実質的に把握しようという態度が見られない。また、弁護人らが一定の者の間に存在した計画についてはは争わないという態度を採ったのは、その計画が大逆罪として死刑に値するほどの行為であることまでも認める趣旨ではなく、むしろ、原判決の認定したような事実があったとしても、その計画自体実現の乏しい夢物語であり、到底大逆罪の名に値せず、せいぜい、爆発物製造の予備陰謀、あるいは不敬罪が成立する程度の行為であると認めるに過ぎない。おそらくは、公表された予審調書その他の証拠資料を「綿密且つ公平に」検討したとしても、同様の結果になるであろう。

「孤立評価」説

請求審において、弁護人らは、新証拠の明白性の評価については、原判決全体の事実認定の強弱との関係において見なければならないこと、提出された一〇八点の新証拠は一つ一つ切り離して見るのではなく、全体を一つとして見るべきことを主張した。これは、新証拠を原判決の事実認定で用いられた旧証拠の中に投じて、これらと総合して「合理的な疑いを超える程度の証明」がなされるか否かを判断するという、後に出される白鳥事件最高裁判所決定（白鳥決定）の示した「総合評価」説と共通の立場に立っているといってよい。これに対して、裁判所は、新証拠をバラバラに切り離して、その一つ一つについて独立で無罪を証明する明白な証拠であるか否かを検討し、いずれも無罪を証明するだけの明白性がないとした。いわゆる「孤立評価」説（＝再審請求で提出された新証拠を確定した有罪判決の基礎となった証拠と切り離して、その新証拠だけで無罪判決に達する可能性があるかを評価する考え）である。

この「孤立評価」説が打ち破られて、再審の門戸が広げられるのは、白鳥決定であり、この決定までには、それから一〇年近くの歳月を要したが、たった一つの裁判所限りの審理で死刑を決め、直ちに執行した大逆事件の再審請求を審理する態度としては、あまりにもずさんな裁判であった。そのため、原判決以来日本の刑事裁判に対して冠せられた汚名を返上する絶好の機会が失われた。

V　司法犯罪

第18話　冤罪の歴史

●冤罪の歴史的変遷

大逆事件には、さまざまななぞがあるが、いずれにしても、全体として大逆行為があったという事実は見当たらず、大逆の予備・陰謀ということを証明するに十分な証拠があったとは認められない。数人の人々の間で爆発物の製造・実験はあったとしても、それが天皇を殺害する具体的な意図をもった行為とまで証明する明白な証拠に欠けている。首謀者とされる幸徳秋水の関与の程度も明確でないし、陰謀に加担したとされる各地の人々の行為ということになると、これを大逆事件として証拠立てるものはないといってよい。すなわち、大逆事件は全体として冤罪事件として扱われるべき事件であった。

サッコ・ヴァンゼッティ事件

目を海外に転じると、アメリカでは、大逆事件から一〇年後（一九二〇年）に、無政府主義者が関与する冤罪事件として、大逆事件に並び称されるサッコとヴァンゼッティ事件が発生している。一九二〇年四月一五日、マサチュセッツ州サウス・ブラントリーの製靴工場の会計係と守衛の二人が俸給の入った金庫を事務所から工場へ運ぶ途中、二人の暴漢に襲われて射殺されるという事件が発生した。当時、司法長官パーマーの指揮の下で、アメリカ全土に赤狩り旋風が吹き荒れていた。第一次世界大戦直後の社会不安の原因を、パーマーは、共産主義者や無政府主義者の煽動に帰した。

そうした風潮の中、イタリア移民で、かねてから過激分子として眼をつけられていたサッコとヴァンゼッティが、サウス・ブラントリーの射殺事件の犯人として逮捕され、同年九月一四日、起訴された。公判は翌二一年五月三一日に開始され、七月一四日、陪審員は七時間の評議の後、有罪の評決を下した。

この裁判に対しては、アメリカ国内のみならず、世界各国から抗議が寄せられた。その中には、アナトール・フランス、ロマン・ローランなどの世界的に著名な作家、文学者、知識人からのものも多くあった。日本からも草野心平などの抗議文が寄せられた。当時ハーバード大学教授で、後の合衆国最高裁長官となるフェリックス・フランクファータは、一九二七年二月、『アトランティック・マンスリー』にこの事件の裁判を批判する論文の連載を開始し、大きな反響を呼んだ。

このような世界的な広がりを見せた裁判批判にもかかわらず、一九二七年四月、サッコたち二人に死刑が言い渡され、同年八月二七日、死刑が執行された。

冤罪の原因――思想的・人種的偏見

大逆事件同様、サッコとヴァンゼッティの場合も、起訴事実を肯定する証拠は乏しく、有罪・

死刑の理由は彼らが無政府主義者であること、さらに加えて、イタリア移民であることであった。

思想的・人種的偏見が冤罪の原因になることは、しばしばある。とくに、社会不安が人々の中に蔓延し、政府がその解消のために有効な策をもたない場合には、スケープ・ゴートとして思想や人種が利用される。一定の思想や少数民族であること自体が危険視され、事件が発生した場合には、そのような危険分子であることが事件の犯人像と結び付けられる。

サッコ・ヴァンゼッティ事件は、その典型のような事件である。大逆事件の場合には、事件そのものが創造の産物である可能性も高い。これは、事件の政治的背景の強弱の差であるといえよう。

当然のことながら、冤罪事件も時代的・地域的に変遷する。大逆事件やサッコ・ヴァンゼッティ事件は、それぞれの事件の時代と地域性を反映している。そこで、まず、冤罪の歴史的変遷の第一として、古代における冤罪事件の諸相を見てみる。

なお、サッコ・ヴァンゼッティに対しては、彼らの死刑執行五〇年後の一九七七年、当時のマサチュセッツ州知事マイケル・デュカキスは、サッコとヴァンゼッティが公正な裁判を受けなかったとし、彼らに対する汚名と不名誉は永久に拭い去られなければならないと宣言した。執行七〇周年の一九九七年には、彼らのブロンズ像がボストンに建立され、二〇〇〇年には、新しいブロンズ像の建立が計画されているという。

大逆事件とサッコ・ヴァンゼッティ事件とは、無政府主義者であるということをほとんど唯一の根拠とする冤罪事件としての共通性をもち、知識人をはじめ世界の多くの人々が死刑の執行に対して抗議をしたし、現在に至るも政治的冤罪事件として人々の脳裏に刻まれている。

●旧約聖書に見る冤罪

冤罪を受けることを「濡れ衣を着せられる」ということがある。「濡れ衣」の語源については、『大言海』は、海録、四百十一に、「人ノ科ヲ負フハ、蓑《ミノ》ナクシテ雨ニ衣ノ濡ルルヲ、実《ミ》ノナキニカケテ、無実ナル意ノ謎《ナゾ》語ナリト云フ」とあるという。また、一説には、「後撰集」巻十三の「目も見えず涙の雨のしぐるれば身の沾《ぬ》れ衣《ぎぬ》の干《ひ》る由もなし」の歌の注にある故事に由来するという。その故事とは、継母が先妻の娘の美しさをねたんで、娘には若い漁師の恋人がいると夫に告げ口をし、漁師の塩で濡れた着物（塩たれ衣）を娘の寝ているところに置いておいた。これを見た父親が怒って娘を殺したというものである。この故事に由来するという話の真偽はともかく、話としては前者よりも面白い。

ヨセフの受けた冤罪

旧約聖書の中にも、少し似た話がある。創世記第三九章には、次のような話が出てくる。ヤコブの息子ヨセフが兄弟たちに追われてエジプトに連れられ、そこでバロの役人で侍従長のボテバルに仕えた。ところが、ボテバルの妻がヨセフに目をつけて、毎日言い寄ったが、ヨセフはこれを取り合わなかった。ある日、彼女はヨセフの着物を捕えて、「わたしと寝なさい」と言った。ヨセフは着物を彼女の手に残して外にのがれ出た。妻は主人にこの着物を示して、ヨセフが彼女を襲おうとしたと告げたので、怒った主人は、彼を捕えて、王の囚人をつなぐ獄屋に投げ入れた。

日本の故事とは違うが、着物がヨセフを無実の罪に落とす道具となったことは同様である。日本の故事では、父親が娘を殺すという形で冤罪の始末をつけ、創世記では、ヨセフは獄につながれた。いずれも、そのような疑いを掛けられれば、一切弁解の機会を与えられず、もちろん、裁判などの手続は保障されていない。娘は殺されたのであるから、自分の身の潔白を証明する機会は永久に失われたが、ヨセフの場合には、獄の中に入れられたのだから、無実を晴らす機会はなかったわけではない。おそらく、ヨセフの無実は神が知っているということなのだろう、獄の中でもヨセフに対しては常に「主は恵みを垂れた」と記されている。後にヨセフは獄から出されるが、無実が証明されたからではなく、主人の見た夢の意味を解釈できる唯一の人物だったからである。ここでも、神に選ばれた者としてのヨセフの特権が作用している。

正義と公道について

創世記第一八章二三節から三三節では、アブラハムと神との正義と公道についての会話がある。有名なソドムとゴモラの民に対する制裁に関するところである。

《アブラハムは近寄って言った、「まことにあなたは正しい者を、悪い者と一緒に滅ぼされるのですか。たとい、あの町に五十人の正しい者があっても、あなたはなお、その所を滅ぼし、その中にいる五十人の正しい者のためにこれをゆるされないのですか。正しい者と悪い者とを一緒に殺すようなことを、あなたは決してなさらないでしょう。正しい者と悪い者とを同じようにすることも、あなたは決してなさらないでしょう。全地をさばく者は公義を行うべきではありませんか」。主は言われた、「もしソドムで町の中に五十人の正しい者があったら、その人々のためにその所をすべてゆるそう」。》

アブラハムは、その後さらに、四五、四〇、三〇、二〇人と正しい者の数を下げていき、最終的には、正しい者が一〇人であった場合にはどうするかとたずねる。「アブラハムは言った、『わが主よ、どうかお怒りにならぬよう。わたしはいま一度申します、もしそこに十人いたら』、主は言われた、『わたしはその十人のために滅ぼさないであろう』」。

ソドムではロトだけが神の使いを助けたので、正しい者と認められ、ロトとその家族だけが助けられる。その他の人々は、神が天から降らせた硫黄と火とによって、ことごとく滅ぼされた。しかし、アブラハムとの会話では、一〇人の正しい者がいる場合には、その一〇人のためにそこを滅ぼさないはずではなかったか。そうだとすれば、ソドムとゴモラを滅ぼした神は、約束を破ったことにならないか。正しい一〇人だけを選んで助けるというのでは、アブラハムは何のために正しい者の数を少なくして問うていったのかわからない。

正しい者の選定がもっぱら神の手に委ねられるというのは、聖書の世界ではやむをえないとして、しかし、この会話を、一〇人でも無辜の者がいる場合には、すべてを助けるのが正義であると解釈する余地があり、そうであるならば、後に標語化される無罪推定の法理を示していると見ることができる。

●記紀における冤罪

聖書の中でも日本の記紀の中でも、兄弟姉妹間での権力争いが犯罪のはじまりとなっている。天照《あまてらす》と速須佐《すさ》の男《お》の間もそうである。速須佐の男が地上に降り立つ前に、姉の天照に会いに行くが、天照は速須佐の男が自分の国を奪いに来るのだと疑い、権威を示す勾玉を体中につけて、速須佐の男に会う。速須佐の男は、自分は自国に行く前に姉に会いに来ただけで、悪い心などはないという。

天照が「それならば、心にやましいことがないことはどうすればわかるのか」と問うのに対して、速須佐の男は、自分が生む子どもの男女によって証明しようと答える。

このように、生まれる子どもの男女によって判定するという方法のほかに、不倫を疑われた姫が室戸の中で子を産み、生まれてくる子が火によって焼け死ぬかどうかで判定するという話もある（日本書紀巻の二［神代下］第九段）。

武内宿弥《たけのうちのすくね》は、弟の甘美内宿弥《うましちのすくね》の讒言《ざんげん》によって、天皇に対する反逆心があると疑われる。応神天皇九年の夏のことである。

武内宿弥は、いったんは筑紫に逃れるが、後に逮捕される。逮捕後も、彼は自分は罪を犯していないと弁明する。そこで、天皇は、武内宿弥と甘美内宿弥とを対質《たいしつ》させて尋問したが、二人ともに自分の言い分を変えようとせず、是非を決めがたい。そこで、「天皇、勅《みことのり》して、神祇《あまつかみくにつかみ》に請《まう》して探湯《くがたち》せしむ」ということになった。

ここでの証明方法は、「くがたち（神盟探湯）」という、熱湯に手を入れて神意を問うという方法である。その結果、武内宿弥が勝って、潔白を証明する（以上、日本書紀巻の十、応神天皇の項）。

●ギリシャ悲劇における古代の裁判と犯罪観

川島重成は、ギリシャ悲劇と法廷とが共通点を持っていたと述べながら、一つの疑問をも提示している。

《最近のギリシャ社会史研究は、悲劇上演がアテーナイの民主政を具現する他の二つの場――民会と法廷――と多くの共通点を持っていたことを指摘する。……しかるに、民会や法廷は市民が自らの支配根拠、女性を含む非市民排除のイデオロギーを確認し強化する場であったのに、他方、悲劇において市民イデオロギーをゆるがせにしかねない主張を掲げる女性像がしばしば描かれるという謎は、何に由来するのであろうか。》（川島重成『ギリシャ悲劇――神々と人間、愛《エロース》と死《タナトス》』）

男性の視点と女性の視点

川島は、悲劇上演が民会や法廷と共通性をもつとともに、それらにない特徴をももっていたとする。それは、「悲劇上演がディオニューソスに奉納された神事であったことに由来する宗教的特質である」とし、「悲劇は人間の存在と振舞いを『永遠の相の下に』、上から見る視点を本質的に備えていたのである。その上からの視座が、いわば九十度回転して横から立ち現われたのが女性の目と言えるのではなかろうか」と指摘する。

男性の視点における裁判などの政治的行事と女性の視点における宗教行事の対立は、悲劇「アガメムノーン」におけるゼウスの正義とアルテミスの正義の対立に象徴されてもいる。

《ゼウスによって肯定された正義の戦いそのものが、山野に棲息する獣の乳を恋う幼きものたちをいとおしむというアルテミス女神の観点からすれば、無意味な虐殺を必然的に伴う故に、不正義を内包するものに他ならないのである。ここにおいて、ゼウスの正義とアルテミスの正義、男の世界と女の世界、国家の法と家の血の絆が真向から対立している。》

こうした観点は、きわめて興味深い。前述の天照と速須佐の男の争いと証明にも共通点があるように思われる。男性の視点と女性の視点との対比において、刑事裁判と冤罪を考えるということも大切であろう。

●冤罪の原因——聖書の世界から現代を

旧約聖書アモス書第五章のアモスの予言に、「あなたがたが正しい者をしいたげ、まいないを取り、門で貧しい者を退ける」「悪を憎み、善を愛し、門で公義を立てよ」というのがある。ここに出てくる門は、町々の出入りを管理する門であるとともに、「裁きの座」すなわち「裁判官が人々を裁く裁判所」でもあった。三浦綾子は、『聖書に見る人間の罪』の中で、この予言を引いて、

「人が人を裁くということは、実に大変なことである」としながら、この予言によると、「必ずしも常に正しい裁判が行われていたわけではないようである」と指摘している。

《金があり、力のある者は裁判など、贈賄で何とでもなると、常に、たかをくくっていたようだ。自分が正しくないことを最初から知っている。知っていて、人の金を欺き取り、土地を騙し取る。正しい者がいくら抗議しても、少しも耳を傾けない。遂に、門に坐す者に裁判を訴えて出る。ここしか正しい者の拠り所はないのだ。が、その裁判官にはすでに金が贈られている。どちらが正しいか明々白々であっても、黒を白と言いくるめて、裁判官は貧しい者の訴えを退けるのだ。》

これが、二千年以上前のイスラエルの状態であった。三浦は、では現代はどうかと問う。

《その当時から、すでに二千幾百年も経た現代であるが、裁判は果たして公平であろうか。誤判はないであろうか。現代に生きる私たちの誰一人として、絶対的な信頼を、司法界に抱いている人はいないであろう。むろん、正しい人も少なくないだろう。真実な人間もいることであろう。検事にしても、裁判官にしても、弁護士にしても、金や権力に動かされない人々も少なくないと思うのだが、例えば帝銀事件、免田事件、徳島事件等々僅か何件かを見るだけで、私たちは慄然とする。

一人の人が誰かを殺したか、殺さないかという問題は、実に測り知れぬほどの重大な問題なのだ。警察においていかなる取調べをなされたか、それを受けて検察官がどのように扱ったか、裁判官に大きな思いちがいがなかったか、弁護士の突っこみが、今ひとつ力に欠けていなかったか、それぞれに専門家でありながら、どうして誤判が生ずるのか、そのへんに素人の私は、なんとしても疑問を抱かざるを得ない。》

三浦は、裁判官が被疑者の訴えを聞く姿勢に疑問を感じている。「終始一貫無罪を叫びつづける人間の、その真実の魂を、人間である以上必ず感じ得るものではないか」と、三浦は思うのに、誤判が生じるところに、裁判官が真実の魂を感じ取れないほど、権力に傾いているのではないか、三浦のいだく疑問はそこにある。また、その点が二千数百年前のイスラエルにおける現象が、現代日本にも再現されていると、三浦は感じるのである。この「素人」の声を現代の裁判官は何と聞くのだろう。

冤罪を演出する女

旧約聖書のヨシュア記には、冤罪を演出する毒婦イザベル（＝イゼベル［三浦］、イエザベル［池田］）の話が出てくる。池田敏雄『旧約聖書を読む』から引いてみる。

《時にエズラエル離宮のとなりにナボトという人のブドウ園がありました。アカブ王はそれを離宮の庭園にしたいものとナボトに交渉しました。「これは祖先の遺産で、これを売るのはモイゼの律法に固く禁じてありますから」ナボトはきっぱり断りました。アカブはすっかりしょげていると、毒婦のイエザベルは、「それでもあなたはイスラエルの王さまですか……」といって、エズラエルの長老たちに命じ、二人の偽証人をつくらせて、「ナボトは神と王をのろった」とナボトに無実の罪を着せ、これを市外で石殺しにしました。》

ふたりの証人を必要としたことについて、三浦綾子は、「イスラエルの律法によれば、一人の証人の言葉だけでは人を罪に定めることができなかった。二人の証人を必要としたというのは、現在の日本の裁判より、かなり先を行っているように私には思われる」（『聖書に見る人間の罪』）と評価している。

この逸話は、権力が冤罪を作り出すことをも示している。男中心の社会構造の中では、権力をもつのは男である場合が圧倒的に多く、したがって、権力を背景とする冤罪の場合には、冤罪を作り出すのは大抵は男であるが、ときには、イザベルのように、女の権力者が冤罪を作り出すこともある。要するに、男・女に関わらず、権力と欲望にとりつかれた人間は冤罪を作ってでも、その権力を示し、あるいは欲望を果たそうとする傾向があるということだろう。

無実の姦淫罪に落されたスザンナ

右のエピソードでは、女性の権力者が偽証人を作ってナボトを無実の罪で処刑したが、旧約聖書には、他方、女性に対して邪な感情を抱く者たちが、自分たちの感情を満足させない女性をうその証言によって罪に落そうとしたという話もある。ダニエル書への付録には、有名なスザンナと二人の老人の話が出ている。

《ある日、スザンナが水浴しているところへ、ふたりの老人がこっそりやってきて、誘惑しました。ところが断られたので逆に、「スザンナはある男と姦淫罪を犯した」と訴えでたのです。スザンナはたちまち死刑をいい渡され、刑場へ引いて行かれました。そこへダニエルが現われ、聖霊に感じて、「諸君！早まってはいけない。もう一度、裁判をやり直しなさい。証人はうそをいっています」と叫びました。そこで今度はダニエルが裁判官となり、ふたり

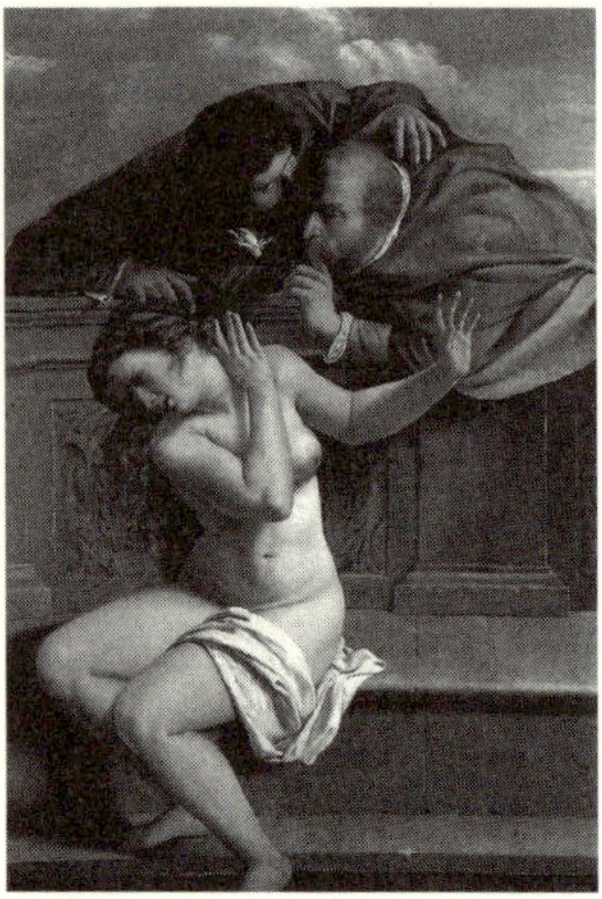

「スザンナと老人たち」(アルテミシア・ジェンティレスキ作、1610年)

の老人を別々に分けて、「おまえはどの木の下でスザンナの姦淫を見たか」と尋ねました。するとひとりは、「乳香樹《にゅうこうじゅ》の下です」と答え、もうひとりは、「梅の木の下です」といい張るのです。

これで偽証がばれ、老人はふたりとも石殺しにされました。》

ここでも、二人の老人が証人として登場している。ダニエルは二人の証人を別々に調べることによって、そのうそを見抜いて、スザンナの潔白を証明した。犯罪の証明には、二人の証人を必要とするという法廷証拠主義を採用していたことがわかる。三浦は法廷証拠主義を高く評価しているが、他方、目撃証人と称する者に依拠することにも、危険があることをこの逸話は示している。

イエスの裁判

新約聖書の中で、最も問題になる事件は、イエスの裁判である。イエスの裁判および十字架刑は、当時の法律に照らして合法的だったのかどうかは、現在でも論争の的となっている。古くは、滝川幸辰「イエーズスの裁判」があり、比較的最近では、J・ブリンツラー『イエスの裁判』が翻訳されている。

イエスは、ユダの裏切りによって逮捕され、ユダヤの裁判所によって審判され、涜神《とくしん》の罪などの罪状が認定され、死刑を言い渡された。滝川幸辰は「イエーズスの裁判」で、その模様を次のように描いている。

《審理の時刻は明らかでないが、夜中にはじまって明方までに終了したらしい。裁判官は犯罪要件に対応する証拠の不足に当惑したが、とにかく、涜神の罪、民衆誘惑の罪、偽予言の罪の想像的競合と認定した。ユデーアの律法によれば、すべて死刑にあたる。判決は金曜日の早朝に再開された法廷で言渡された。結審と判決言渡の間には、多く見積っても数時間しか経過していない。》

その後、ユダヤの官憲は、イエスをローマの代官ピラーツス（あるいはピラト）に引き渡した。ピラーツスは、ユダヤ人にイエスの罪についての陳述を求めた。ここで、ユダヤ人たちは、イエスがユダヤの王と僭称したという罪状を付け加えている。その後、ピラーツスは、取調べを始め、イエスを狂信者ではあるが、とくにローマ法で処罰すべき罪を犯していないと認めた。ピラーツスは、外にいる群衆に対して、有罪にすべき証拠がないと宣言した。しかし、群集はイエスが民衆を煽動したと叫び、あくまでも死刑を要求した。ピラーツスは、イエスに罪があるとすれば、せいぜいむち打ちの刑程度であるとして、現にイエスをむち打って放そうとしたが、群集はなおもイエスの死刑を求めてやまない。万策尽きたピラーツスは、遂に、ユダヤ人たちの下した死刑の宣告を承認し、十字架刑に処した。

この一連の手続をめぐって、合法説と司法殺人説が闘わされ、さらに、司法殺人説の中でも、ローマ責任説とユダヤ責任説との間での論争がある。ここでは、それらの論争の内容よりも、ローマの役人がイエスを処罰する証拠がないと説明しているにもかかわらず、群集がイエスの死刑を求めてやまなかったという点に注目したい。
冤罪を作り出すのは、裁判官や政治的権力者だけではない。熱狂的な群集の声も冤罪を作り出す。とくに、宗教的な対立は人々の冷静な目を曇らせ、冤罪の主張に耳を貸す余地を無くしてしまうことが多い。魔女裁判を作り出した中世の状況もそうであるし、あとで紹介するフランスのカラス事件もそうである。

●庶民の読み物と冤罪

『棠陰比事』

江戸時代の裁判物語として有名なものには、井原西鶴の『本朝桜陰比事《ほんちょうおういんひじ》』や滝沢馬琴の『青砥《あおと》藤綱模稜案《ふじつなもりょうあん》』、そしてそれらをもとにして書かれたと思われる『大岡政談』がある。それらの中に登場する裁きの多くは、実際にあったものではない。むしろ、これらの話の源泉は、中国で著された『棠陰比事《とういんひじ》』にあるといわれている。

その中の一つに、「僧侶の災難」という話がある。「僧侶の災難」という話は、殺人の罪で逮捕され、拷問にかけられた僧侶が拷問に堪え切れずに自白したが、当時西京の知事で裁判官でもあった向《しょう》敏中《びんちゅう》だけは、凶器も盗品も見つからないことを不審に思って調べを続けて、ついに僧侶とは別の真犯人を発見したというものである。同様の話は、次の「書記の誣告《ぶこく》」にも出てくる。「寡婦の冤罪」というのも、同じように、自殺した姑殺しの罪で、親戚の者に訴えられ、拷問に堪え切れずに罪を自供した嫁の無実を晴らした、臨淄《りんし》という地方の長官だった、晋の曹攄《そうちょ》という人の話である。「鄭克《ていこく》いう。思うに、裁きをなす者はあくまでもその無実を疑うべきである。罪人が無実を訴えなくても、急いで判決をくだしてはならない」。これは、「僧侶の災難」の末尾につけられている一節である。鄭克というのは、宋の人で、『折獄亀鑑《せつごくきかん》』を編纂した人物である。

『青砥藤綱模稜案』

青砥左衛門尉《さえもんのじょう》藤綱は、鎌倉時代の実在の人物である。しかし、馬琴の『青砥藤綱模稜案』（一八一一［文化八］年の作）は、現に藤綱が行った裁判を描いているのではなく、当時伝えられた裁判話を集めたものである。藤綱という人物については、有名なエピソードが伝えられている。井原西鶴の『武家義理物語』（一六八八［元禄元］年の作）第一話「我物ゆへに裸川」は、藤綱が馬で滑川《なめりかわ》を渡っている時に、火打ち袋を取り出してあけた拍子に、一〇銭足らずを川に落とし、これを拾うのに三貫文を出して人足に探させたというものである。馬琴も『青砥藤綱模稜案』の冒頭の青砥左衛門尉藤綱伝に藤綱の人柄を伝えるエピソードとして紹介している。そこでは、一〇文の金を探すのに、五〇文で松明一〇把を買わせたということになっている。

金銭の有効な使い方についての説教じみた話であるが、当時の江戸庶民には受けたのであろう（もっとも、太宰治は『新釈諸国噺』中の「裸川」で、この話をパロディー化している）。

『青砥藤綱模稜案』の最初の話は、『棠陰比事』の「僧侶の災難」に範を採ったのではないかと思われる冤罪話である。「縣井司三郎《あがたいつかさぶろう》禍を転じて福を得たる事」と題されたもので、話全体は、上中下の三巻続きで、「僧侶の災難」に比べて長く複雑になっている。「僧侶の災難」は、単純な強盗事件の犯人として旅僧が捕まるが、裁判官は、旅僧の罪であることに疑いをもち、ひそかに調べて真犯人と突きとめるという話である。これに対して、「縣井」は、司三郎という青年と親の決めた娘との恋をからませており、まず司三郎が娘十六夜《いざよい》の家の下女で二人の恋の取持ち役弱竹《わかたけ》を殺害した盗賊の犯人として逮捕され、藤綱のところに連れてこられる。次いで、被害にあった屋敷の裏の古井戸に落ちていた旅僧も怪しい人物として、連れて来られる。まず司三郎の取調べが行われ、それを聞いていた旅僧は自分が犯人だと言い出す。司三郎は十六夜から贈られた笄《こうがい》と指輪を持っていたことから、強盗犯人と目され取調べを受けるが、終始否認する。これに対して、旅僧の落ちていた井戸からは証拠の品らしい物は何も出てこないが、この者は犯人であると自白する。藤綱は、「中《うち》に必ず縁由《わけ》あらん。われ大かたは事の情を捞《さぐ》り得たり。しかれども盗賊《ぬすびと》を今いづれとも定むべからず。且《しばら》くこれを獄舎《ひとや》に繫《つな》がん」と決定して、ひとまず二人を拘束する。

下巻では、藤綱が密偵を放って諸所方々を調べさせた結果、老婆の話から真犯人を探り出し、逮捕し、司三郎と僧侶の冤罪が晴らされる。実は、僧侶は司三郎の異父兄で、弟の罪を引き被るならば本望と思って、あえて虚偽の自白をしたことも判明する。

右のように、話はかなり複雑になっているが、僧侶の冤罪と真犯人を探索する手法においては、「僧侶の災難」と同じである。いずれも、自白に対しても疑いをもった名裁判官の存在が、冤罪を晴らす最大の要素とされている。

『大岡政談』

江戸時代の刑事裁判を伝える物語として、最も有名なのが『大岡政談』である。『大岡政談』のなかで語られる、いわゆる大岡裁きのうち、実話に基づくものは三つほどで、そのうち、大岡越前守が実際に裁いたのは、一件だけであるようである。しかし、ここでは、そこに語られるものが実話であるか創作であるか、あるいは中国からの模倣であるかは、それほど重要な問題ではない。重要なことは、当時の庶民がそれをどう受け止めていたかである。

辻達也編『大岡政談1』の「総解説」の中で、辻は興味深い指摘をしている。『大岡政談』を考える場合、庶民の役割を無視できないという。

《例えば『越後伝吉』前段の場合、伝吉が江戸でかせいだ金を詐取した犯人を村長上台憑司の子昌次郎と看破するのは、野尻の宿の旅館の女中お専であるが、その原型である『本朝桜陰比事』巻一の「失いたる金子再手に入大工」では、地頭の明察によって犯人が判明する。『小間物や彦兵衛』では、真犯人の逮捕の主因をなしたのは、権三《ごんざ》と助十《すけじゅう》二人の駕籠かきで、大岡越前守は彦兵衛の罪を疑って助けておいたのは明察であるが、白州では権三・助十らにさんざんやりこめられる。ところが、義侠心ある駕籠かきの原型である「豊島屋重右衛門」(『隠秘録』『板倉政要』)では、証人に出た駕籠かき十八は被害者弥兵衛と共に、わけのわからぬまま牢に入れられたり、釈放されたり、大岡越前守に翻弄されている。……

このようにそもそもは、もっぱら名裁判官の活躍の物語であったのが、『大岡政談』になると事件の解決に庶民の役割が大きく加わってきている。》

庶民の中でも、ことに家主の役割が大きいと、辻は指摘する。

《「小間物屋彦兵衛」では、彦兵衛の住んでいた長屋の家主八右衛門が、彦兵衛の子彦三郎や駕籠かき権三と助十の話をきき、正規の手続きをふんだのではとても奉行所は取り上げないと思って一計を案じ、問題を大岡越前守の南町奉行所に持ち出すことに成功した。「村井長庵」では、長庵の奸計によって罪をなすりつけられた藤崎道十郎の後家お光の相談を受けた家主長助は、江戸でも屈指の公事好きの家主で、彼はお光に、事件担当の中山出雲守の番所を避け、大岡の番所に駆け込み訴えをさせ、再審請求を受理してもらった。……つまり大岡越前守の明察を呼び出すのに家主の活躍は甚だ大きい。義侠心ある家主が乗り出すことによって、無実に泣く庶民はほとんど救われているのである。》

無実で泣く庶民を救うのは、名奉行の存在よりも、庶民の代弁をする者、江戸時代にあっては、家主の義侠的活動であって、そのような活動を前景としてこそ、名奉行の存在が浮き立ち、庶民はこのような物語を歓迎するという。

これは、現代においても同様である。冤罪・誤判からの救済は、冤罪を受けた人自身の訴えはもちろんであるが、その周囲、とくに家族の血の滲むような訴え、主張があり、その訴えを的確に代弁し、裁判所に持ち出すために力を注ぐ人々の存在があってこそ実現できる。

●カラス事件

一七六二年三月九日、南フランスのトゥールーズ裁判所は、ジャン・カラス（Jean Calas）に対して、息子マルク－アントワーヌ殺しの罪で死刑を宣告した。翌一〇日、裁判所の前で車裂きの刑が執行された。死刑宣告からちょうど三年を経た一七六五年三月九日、パリの裁判所は、処刑されたジャンの妻などの申し立てを受けて開かれた再審公判において、ジャンに無罪を言い渡した。これが、カラス事件である。事件は、ある日の夕食後、被害者の弟ピエールが、首を吊って死んでいる被害者を発見したところから始まる。ピエールからこのことを知らされたジャンは、死体を降ろし、首からロープをはずして地面に横たえた。ジャンは、その後にショックから混乱してだれかれなしに意味のない質問をしているピエールに対して、「兄が自ら死を選んだということをだれにも話すな。家族の名誉のためだ」と警告している。

当時の法律によると、自殺は処罰されるべき罪とされていた。自殺した者は、裸にされて横木の上にうつぶせに置かれ、町中を引き回され、その間、群集に石や泥を投げつけられた。そのあげく、絞首台にさらされ、一切の財産が没収された。

ジャンは、こうした不名誉から息子と家族を守るために、ピエールに忠告し、死体を発見したときには、マルク－アントワーヌは、地面に横たわっていたというように、皆にうそをつくように申し渡した。これが、後の裁判でジャンに不利に働いた。ジャンに殺人の嫌疑がかけられたのは、ジャンの家族はプロテスタントであるが、被害者のマルク－アントワーヌはカトリックに改宗をしたがっており、家族との間には、宗教上のトラブルがあったことと、検死の際に群衆の中から「ジャンが殺した」という叫びがあがり、これを聞いたトゥールーズの代官（Capitoul）がごりごりのカトリックであるため、直ちに、宗教上の理由で父親が息子を殺したと信じてしまったことが、原因であった。

ヴォルテールの冤罪救済活動

啓蒙思想家ヴォルテールは、当時、ジュネーヴと、その郊外ともいうべきフランス領フェルネィ（Ferney。ここは、現在も「ヴォルテールの里」と呼ばれる）の二ヵ所に家をもって、ダランベールら百科全書派の人々をはじめとする思想家、プロテスタントの僧侶や商人らと交流していた。ジャン・ジャック・ルソーもフェルネィの客の一人であった。

一七六二年三月、ヴォルテールは、訪ねてきたマルセーユの商人ドミニーク・オードベールの口からカラス事件のことをはじめて聞いた。オードベールは、たまたまトゥールーズに立ち寄った際に、ジャンの処刑の場面に出くわし、ヴォルテールに自分が見聞した生々しい場面を伝え、あわせて、ジャンはプロテスタントの故に無実の罪で残酷にも処刑されたと語った。ヴォルテールは、この話にショックを受け、自ら事件について調査を開始し、ジャンの息子ドーナ（Donat）と会って話を聞き、ジャンの無実を確信した。以後、ヴォルテールは、ジャンの再審開始のために精力的に活動し、その努力の甲斐あって、一七六五年二月二八日、遂にパリの裁判所に再審を開かせるに至った。

このキャンペーンの最中の一七六四年、ベッカリーアの『犯罪と刑罰』が出版され、当時のヨーロッパに広がっていた不当な刑事裁判制度を告発し、人々に大きな衝撃を与えた。ヴォルテールはそのフランス語版序文を書き、カラス事件にも触れ、冤罪を作り出す刑事司法制度の改正を主張した。近代刑事裁判制度への歩みはこうして始まった。

第19話　戦後日本の冤罪

●終戦直後の状況

終戦直後の犯罪・司法統計は整備されていないので、一九四〇年代については司法統計が発表される一九四八年まではっきりしたことはわからない。一九四六年から『刑事統計年報』は刊行されているが、検察統計だけである。裁判統計についてもできれば掲載する予定であったようであるが、整備が間に合わないということで、検察統計だけの刊行となったという。それでも、若干の事情は、一九四六年四月から作成された検察統計の基礎資料を通じて窺い知ることができる。

そうした基礎資料の一つに、東京区裁判所検事局調査部の『調査月報』がある。一九四六年四月に第一巻第一号が発刊されている。発刊の辞は、東京区裁判所検事局上席検事馬場義続（後に、検事総長）が書いている。そこには、戦前の検察に対する人権蹂躙批判への反省の弁も見られ、興味深いものがある。新かな使いに改めて、冒頭部分を引用しておく。

《不幸なる敗戦以来我が検察は各方面よりの深刻なる批判の対象となっている。固より其の中には誤解に基づく謂われなき非難も多々あると信ずるのであるが、一面虚心坦懐に耳を傾け反省の資となすべきものも亦尠《すくな》くない。今や我々検察陣は執務の態度に、捜査の技術に、深き省察を加え新しき検察道を確立すべく再発足をなすべき時期に際会して居るのである。》

さて、その後の検察権の運用がこの反省どおりであったかどうか、数多くの疑問符が付かざるを得ないであろう。それでも、戦後間もなくの検察には、反省の姿勢があったことは評価しておかなければならない。

この『調査月報』の創刊号に興味深い事件の捜査報告が掲載されていた。被疑者は、終始一貫事実を否認しているので、冤罪主張のある事件である。

二代目仕立屋銀次スリ事件

明治時代のスリの名人に仕立屋銀次というのがいた。その子分に、二代目銀次新井多助がいる。多助は、一九四三年五月一〇日に東京区裁判所で言い渡された懲役三年の刑で府中刑務所に入所し、三年後の一九四六年二月一日に出た。ところが、早くもその月の二七日、新宿駅西口シバタサーカス前露店で、鉄道員の尾城昭二という人物の外套左ポケットから財布を抜き取ったということで、現行犯逮捕されている。

多助は、逮捕の当初から、「二人の他のスリが捨てた財布を拾ったところを検挙された。スリのうちの一人も交番に同行されたが、刑事部屋で帰されてしまった」と主張した。証拠は、簡単な同行報告書と被害者の「被害にあった時は気付かず、後で付近の者に君の財布を掏った犯人が検挙されたと注意を受け、交番に行ったところが、新井が検挙されており、自分の財布を同人が持っていた」旨の聴取書があるだけである。

検事は、逮捕した矢代巡査を調べたところ、被害者の外套について間違ったことを述べるなど、供述があいまいである。同行人名簿を調べるなどした結果、検事は、先に帰したスリと多助は共犯でもう一人幕の役割の若い男とチームを組んでスリを働いたと認定して、被疑者否認のまま公判請求した。

この検事は、報告書の中で、矢代巡査が刑事係でないため、検事の取調べを受けて、確実性を強調するあまり、記憶にないことまで述べたなどしたために、採証上非常に困難を感じたこと、共犯と思われるスリを受け取ったのに、ろくに調べもしないで帰してしまったことも、「不注意極まりない」と、警察捜査のあり方に対して、厳しい指摘をしている。

この事件の報告の最後に、「銀次が仕立屋であるに対し、子分と称せらるる新井が洋裁業であるのは、時代の推移であろうか」と書かれてあること自体にも、また時代を感じる。

●松川事件

一九四〇年代後半から五〇年代にかけては、免田・財田川・島田・松山の死刑再審四事件や、弘前大学教授夫人殺害事件や榎井《えない》村事件のように、死刑を含む有罪判決が確定し、後に再審無罪となった事件のほか、松川事件や三鷹事件のように、思想的背景をもつ組織的犯罪として多数が

写真５　松川事件、列車転覆の現場

起訴され、いったんは死刑を含む有罪判決が下されたが、上級審においてそれが覆された事件、八海事件のように、有罪と無罪が繰り返され、三度目の最高裁判所の判断によって、すでに確定した一人を除き、主犯格として死刑を言渡されていた被告人を含むその他全員の無罪が確定した事件など、冤罪・誤判の典型例ともいうべき事件が多数発生している。ここでは、そのうち、当時の時代背景を色濃く映し出しており、また、それが誤判の原因の一つでもあった事件として、まず、松川事件を取り上げる。

一九四九年八月一七日未明、当時施行されていた夏時間で午前三時九分、現在でいえば、午前二時九分、青森発奥羽本線回り上野行き上り第四一二列車が、東北本線金谷川駅を出発して松川駅に向かう急カーブの地点で、突然、脱線転覆した。この事故によって、先頭のC51型機関車に乗務していた機関士の石田正三（当時四八歳）と機関助士の伊藤利市（当時二七歳）の二人は全身打撲と火傷のショックで即死、もう一人の機関助士の茂木政市（当時二三歳）は右半身複雑骨折と全身出血のため救出中に死亡した。その他、乗客乗務員一〇人程度軽傷。一本の外側レールの継ぎ目板と犬釘が抜かれ、そのためにレールが外れて脱線事故を引き起こした。

事件当初から、集団的な思想的傾向の事件として喧伝され、そうした方針のもとで捜査機関のみならず、報道機関も動いた。まず、当日午後一時の福島地検検事正と国警福島県本部長の記者会見では、「今度の事件は明らかに玄人の計画的犯行であり、鉄道内部の事情を知っている者の犯行である」と発表され、さらに、翌一八日正午の官房長官記者会見は「今回の列車転覆事故は、集団組織をもってした計画的妨害行為と推定される。その意図するところは、旅客列車の転覆によって被害の多いことを期待したもので、この点、無人列車を暴走させた三鷹事件より更に凶悪な犯罪である。……今回の事件の思想的傾向は、窮極において行政整理実施以来惹起した幾多の事件と同一傾向のものだ」とした。

写真6　松川の塔

当時の新聞報道も、たとえば、八月一八日付『朝日新聞』朝刊は、「東北線に第二の三鷹事件？」と白抜きの見出しを付け、「旅客列車が転覆　三名死亡　集団的犯行か」と報じた。

事件の年

《昭和二四年という年は、この国はまだ連合国——というよりもアメリカの占領下にあったが、鉄道関係で大小いろいろな事件が起った。六月に吉田内閣は占領軍の指示により人員整理のために定員法なるものを作った。その頃から全国の所々方々で線路に石や材木が載せてあったとか、信号機が破壊されていたとかいったような列車妨害の報道が、頻々として新聞に掲載され、それが左翼的な思想犯罪であるように宣伝されて、国民の心に何とも知れない不安を与えていた。》

作家広津和郎は、その著『松川裁判』(『中央公論』一九五四年四月号から一九五八年一〇月号まで連載)の冒頭を右のように書き出している。

この年の始めの第二三回総選挙では、共産党が二九八万票を獲得し、三五人が当選した。政府はこれに大変な脅威を感じた。労働運動も勢いづき、とくに国鉄労働組合を中心とした公務員労働組合の活動は活発化した。五月三一日、行政機関職員定員法が公布され、これに基づき、国鉄職員など大量の首切りが行われた。七月五日、下山国鉄総裁の轢死体が発見される。いわゆる「下山事件」の発生である。これについても、死後轢断であるか、轢死であるかが問題になるが、当局は、最初から思想的背景のある事件として喧伝した。この事件は、首切り反対闘争で盛り上がりを見せていた労働運動に水をかける役割を果たし、政府・財界はこれによって救われたという感想をもったようである。さらに、その一〇日後、中央線三鷹駅で無人電車が暴走し、市民に死傷者が出るという「三鷹事件」が発生した。これも、当初から、政府・捜査機関は国労内部の犯行という線で捜査を進める方針を固め、そのことを公表した。「松川事件」は、その二カ月後の発生である。

こうした状況であったから、後には、「松川」の被告人の冤罪を晴らすために大きな働きをした広津でさえ、「当時においては、筆者なども迂闊に増田官房長官の談話を信じ、それを思想的犯罪と思いこまされた」し、「筆者と同じように、国鉄労働組合や共産党は、何というあさはかなことをするものだと当時眉をひそめた国民も少なくなかったであろうと思う」と述べている。

別件逮捕から死刑判決、上告へ

九月一〇日、元国鉄線路工手赤間勝美（当時一九歳）が、一年前のけんかを理由に逮捕され、列車転覆計画の謀議について取調べられる。いわゆる別件逮捕である。ここにも、冤罪事件に共通の要因が見られる。軽微な、本人や被害者でさえ忘れてしまっているような古い事件をほじくり返して、それをもとに逮捕状を取り、本件についての自白を求める。これは、死刑再審四事件をはじめとする誤判・冤罪事件の捜査に共通する手法である。

同月一九日から、いわゆる「赤間自白」というものが行われる。その後、二二日から一〇月二二日までの間に、国鉄労働組合の幹部の逮捕（第一次逮捕）からはじまり、東芝松川工場労働組合幹部に及ぶ四次にわたる逮捕が行われ、合計で二〇名の者が逮捕された。

一〇月一三日、赤間を含む第一次逮捕者、同月二六日、第二次逮捕者、一一月七日、第三次逮捕者、同月一二日および一二月一日、第四次逮捕者が起訴され、その年の一二月五日には、福島地裁で公判が開始された。

一九五〇年八月二六日に行われた検察官の論告求刑は、一〇名に死刑、三名に無期懲役、三名懲役一五年、三名一三年、そしてただひとりの女性被告人に対しては、懲役七年というものであった。

その年の暮れの一二月六日、第一審福島地裁は、被告人側の主張をすべて否定して、死刑五、無期懲役五、懲役一五年一、一二年三、一〇年二、七年三、三年六月一人という有罪判決を言渡した。被告人等は即日控訴した。

一九五三年一二月二二日の控訴審仙台高裁判決では、三名について無罪が出たが、国労側と東芝労組側の共同謀議による犯行という基本構造は維持され、死刑四、無期二、一五年二、一三年一、一〇年三、七年四、三年六月一名という有罪判決であった。

一九五六年一二月二二日、仙台弁護士会は、弁護士法（二三条の二第二項）によって国鉄、東芝に証拠不明事項の報告を求めた。これが、被告人らの無罪証拠となる「諏訪メモ」発見の糸口になる。

被告人に有利な証拠の隠匿

この事件では、列車転覆の共同謀議があったかどうかが、大きな争点であった。被告人側は皆それぞれにアリバイを主張したが、裁判所は被告人相互で補完しあっているだけだということで、アリバイを信じない。「諏訪メモ」は謀議が福島で行われたとされる八月一五日に、東芝松川工場の工場長室で開かれた団体交渉の模様を記載した会社側の諏訪事務課長補佐の作成したメモである。当日、東芝側の被告人の一人が団体交渉に参加していたことは、検察側も認めていたが、午前中で退席して列車で福島の謀議の会場に行ったと主張し、裁判所もこれを認めていた。謀議に間に合うように松川から福島に行くには、午前一一時一五分の列車に乗らなければならない。団体交渉に参加して、なお、共同謀議に間に合うことが可能であったか。「諏訪メモ」はこの点を明らかにする客観証拠であり、アリバイを証明する決定的な証拠でもある。検察側が共同謀議で重要な役割を果たしたと主張する者のアリバイが証明されると、検察側のシナリオ全体が崩れる。

一九五七年六月二九日、『毎日新聞』は、「諏訪メモ」が福島地検にあると発表した。検察側は、長い間、被告人に有利な証拠を隠していた。記事によると、検察側では、メモの内容について検討したが、当該被告人が団体交渉を退席したかどうかについて記載がないので、重要なものとは思わず、提出しなかったと述べたという。この点について、広津は、「会社側で記録した団体交渉についてのメモに、S被告が退席したかどうかについて何も記してないとすれば、それはS被告が退席したと解釈するより、退席しなかったと見るのが常識であろう」と指摘し、検察側は「重大なものと思わなかった」というのではなく、「むしろそれは検察側の主張を覆す『あまりに重大なものと思った』からこそ、鈴木久学検事は会社側に返還せずに、今日まで自分の手に握りつぶしていたのではないか」とする。

同年一一月一日、最高裁は、福島地検に対して「諏訪メモ」の提出命令を発した。

一九五九年八月一〇日、最高裁大法廷は、「諏訪メモ」も事実上考慮に入れて、共同謀議の存在に疑問を呈し、原審有罪判決を破棄して、仙台高裁に差戻した。

●広津和郎と松川事件

作家広津和郎が松川事件と関わったのは、松川事件の被告人の文集『真実は壁を通して』(一九五一年一二月五日刊行) を読んでからである。控訴審の審理中のことである。

《この本は私よりも宇野浩二の方が先に通読していた。私がそれを読み始めた話を彼にすると、「あ、あの事件は全くひどい。無茶だ。あの被告達は可哀そうだよ」と宇野は云った。

その後で私は全部を通読したが、なるほど、宇野の云う通り、これはひどい事件である。

私は慄然とし、且つ烈しい憤りを感じた。》

広津は、一九五二年四月六日付『朝日新聞』に「回れ右――政治への不信ということ――」を書き、そこではじめて松川事件に触れている。この一文は、松川事件を直接扱っているわけではない。終戦後の民主主義の掛け声から、再び「回れ右」の掛け声で右旋回が始まった政治状況を批判するのが、その直接の目的であった。その中で、松川事件に触れられているのである。

《殊に最近の松川事件などを見ると、せめて裁判だけでも、公正にやってもらいたいものだと思う。

第一審で死刑その他の重い判決を受けた被告達が第二審で今その判決に抗争中であるので、今度こそはその真相が判明するであろうと思うが、私はどちらに加担しているわけでもない。ただどんなイデオロギーの政治であっても、裁判だけは公正にやってくれるものということが信じられなければ、生きているのが不安でやりきれないと思う。無実の罪が警官や検事によってネツ造されるなどということがほんとうにあるのかどうか、そんなことは信じたくないために、第二審はあくまで厳正であって欲しいと思う。》

次いで、『群像』一九五二年七月号掲載の「熱海にて」、『新潮』同年一二月号「政治ということ」でも、松川事件について触れている。しかし、これら三つの作品は、松川事件を主題にしたものではない。『広津和郎全集第一一巻』「あとがき」で、編者平野謙が指摘するように、「松川事件についても触れられた文章という方が適当だろう」。単独で松川事件をテーマにした文章は、『改造』一九五三年三月増刊号に発表された「裁判長よ、勇気を」が最初である。平野は、「おそらく第一審の法廷記録を読んだり、仙台まで傍聴にでかけたりするような積極的関心は、このころから深まりつつあったと推定される」と、書いている。

●裁判批判問題

広津の精力的な裁判批判に対しては、好意的に受けとめる者も多かったが、法曹関係者の中には素人が裁判の中身まで口出しして行き過ぎだというような反応が強かったようである。このような反応に対しては、広津は、国民としての当然の発言であると反論している。

《われわれがこうした「裁判」というものについて発言する事を、最高裁判所や最高検察庁は喜んでいないらしい。新聞やラジオでその事が伝えられている。

併し国民としては国民の気持ちがある。……検察庁や裁判所は、裁判の事は検察庁や裁判所にまかせて置けというかも知れないけれども、これは国民にとっては重大な関心事なのである。何故かというと、裁判官は検事と判事だけで成立つものではない。調べられ、裁かれるものがなければ成立たない。そして調べたり裁いたりするのは、検察庁であり、裁判所であるが、調べられ裁かれるのは国民だからである。それだから国民はどんな調べられ方をし、どんな裁かれ方をするかという事を注視しないではいられないのである。そして国民側に云わせれば、その調べられ、裁かれるという事は、生死の問題であり、一生の自由がどうなるかという問題だからである。》

ここで述べられている視点は、刑事裁判と国民との関わりを示すものとして大変に重要である。広津は、「裁判が調べる者と、裁く者、調べられさばかれるものの三者から成立」っていると、裁判官と検察官と被告人との三面構造という刑事裁判の構造を基礎において、そのうちの調べられ、裁かれる被疑者・被告人の立場に国民が置かれることを明確にする。そして、その国民の立場からするならば、「仲間の国民の調べられ方裁かれ方について発言する事を、たとえそれが素人であるにしても、寛大に聞いてもらいたい」という。「調べる側に見方があり、裁く側に意見があると共に、調べられ裁かれる側の国民にも云いたい事がある」、これを「面子などという事にこだわらずに、国民の云う事を冷静に聞いて欲しい」だけだと、広津はいう。

しかし、このような広津の冷静で、論理的な反論にもかかわらず、裁判関係者の非難は、とくに、第二審判決批判以後、いっそう強くなった。

《私の松川裁判第二審判決に対する検討も、一昨年四月以来今日まで二ヵ年以上本誌に書き続けて来たが、多くの読者から激励の手紙が寄せられる一方、裁判所関係方面からは又しばしば非難の言葉を浴びせられた。「人民裁判」とか、「ペーパー・トライヤル」とか、「文士裁判」とか、「法廷侮辱」とか、「裁判所の権威無視」とか、「雑音」とか、「係属中の裁判であるから批評するな」とか。》（「裁判官の非難に答える」『中央公論』一九五六年六月号）

「雑音」発言

当時の最高裁判所長官田中耕太郎は、一九五五年五月二六日の全国裁判所長官・所長会同において、次のような訓示を行った。

《最近公安事件などの裁判をきっかけとして裁判官の良心と独立との問題がとり上げられ、論議されていることは、われわれの無関心であり得ない事実である。

いうまでもなく裁判官が憲法と法律以外には拘束されず、良心に従い独立して職務を行うべきことは憲法の要請しているところで、裁判官がどんな圧迫にも屈せず、どんな勢力にも動かされてはならないことは当然である。……

この見地から最近一部有識者が現に裁判係属中の事件に関し裁判の実質に立入って当否を問題にし、その結果裁判制度そのもの、あるいは裁判官の能力や識見について疑いを抱かせ、ひいては裁判に対する国民の信頼に影響を及ぼすおそれがあるような言説を公表していることは非常に残念である。

このようにいうことは裁判官が個人的の特権や官僚的意味を主張しようとするものではな

く、裁判所の権威が国家、社会存立のため重大な支柱だからだ。それればかりでなく、もしこのようなことが許されるなら、その事件の裁判の公正と適正に影響し、ひいては司法権の独立を犯すおそれがないとはいえないからだ。われわれはこの問題について広く社会一般の識者の関心を呼び起したい。裁判官としては世間の雑音に耳をかさず、流行の風潮におもねらず、道徳的勇気をもって適正、敏速に裁判事務の処理に最善の努力を尽くすことが裁判官倫理であり、わが司法部の最も誇りとする伝統の一つであることを忘れてはならない。》

「外形よりも内容に耳を傾けよ」

右の訓示を「外部の雑音に迷うな」という見出しを付けて、大きく報道した五月二六日付『朝日新聞』夕刊は、この訓示が、松川事件判決に対する広津の批判や、八海事件の被告人の無罪を主張して刊行した弁護士正木ひろしの単行本に向けられていると見られるとしている。

しかし、松川事件について書いている広津の心持には、「法廷侮辱」とか「裁判所の権威無視」とかいう観念は、「およそない」と言明する。「この裁判の判決……が、われわれの常識では到底割切れないような強引で不合理な論理によって、証拠のキメ手がない……のに、被告たちを死刑、無期等の極刑重刑に処していることが、いかにわれわれに納得できないものであるかということを表明したに過ぎない」のに、裁判所の権威無視だとか裁判所侮辱だとかというのは、「裁判所もあまりに神経過敏に過ぎはしないであろうか」、「もう少し冷静に、虚心坦懐に、国民が何を云おうとしているかに耳を傾けて見ようくらいの余裕を見せてくれてもよいのではないか」と、広津は、難じる。そして何よりも広津が驚き、また不満を禁じえないことは、「私に対するそうした非難は、私が松川裁判の判決を批判しているという外形的行為に向って浴びせられるだけで、私の書いていることの内容に触れたものは一つもない」ことであった。

《私が裁判官諸君から聞きたいのは、外形的非難ではない。私の内容についての諸氏の意見である。法廷に出されている資料と判決文と私の文章とを比較検討した上で、私の文章が間違っているとか、私が曲解しているとかいうのなら、どこが間違いであるか、どこが曲解であるかということを具体的に、実証的に示してもらいたい。そういう非難なら私は喜んで聞きたいし、その上で、また私に異論があれば私は再び自分の意見を諸氏に示すであろう。抽象的外形的に、「裁判所の権威を無視するな」とか、「法廷を侮辱するな」というのなら、いかに繰返されても、私の行為が「法廷侮辱」であるとも「裁判所の権威無視」であるとも思っていない私は、この松川裁判批判を中止する必要を認めない。》

まことにもっともな主張である。このような理性的な発言を「雑音」として切捨てることが、裁判の権威を高めるどころか、おとしめることになるのは、明らかである。むしろじっくりと耳を傾け、「外形的な非難」ではなく、内容的に問題があれば、正面からその内容に対して批判していくことこそ、裁判に携わる者の良心的態度である。

事実認定と世論

当時法務省民事局検事味村治は、「雑音」発言直後の一九五五年六月一六日付『朝日新聞』に、「裁判と世論——批判者の公正・慎重・寛容を望む」という文章を寄せている。その中で、味村は、「私は裁判の批判を絶対に不可とはしない」としながらも、以下の理由から、「批判者に対してはいっそうの公正、慎重、寛容を、読者に対しては裁判の性格についての一層の理解をお願いしたい」と述べている。味村の上げる理由の一つに、事実の認定に世論の介入する余地がないことがある。事実認定は証拠によって行うのであって、「事実認定に裁判官が世論の影響を受ける可能性を意識的に与えることは証拠裁判の原則を破り裁判の公正を害するおそれがある」と味村はいう。

いかにも法律家の議論であるが、事実認定が世論の影響を受けると、証拠裁判の原則を破ることになるという前提そのものを、慎重に吟味する必要がありそうである。憲法七六条三項は、「すべて裁判官は、その良心に従ひ独立してその職権を行ひ、この憲法及び法律にのみ拘束される」としている。これは、憲法や法律以外の不当な圧力に影響されずに、裁判官が独立して職務を行うことを保障する規定である。その意味では、世論という名で、憲法や法律の範囲外のことが裁判官に押しつけられて来たときには、裁判官は断固としてこれを排斥しなければならないし、また、そうしたところで、国民の意見を無視した不当な判断だという評価を受けることにならない。そうした評価を受けてはならないことをこの条項は保障している。

他方、この条項は、裁判官の独善を保障しているものではない。「その良心に従ひ」という文言は、そうした独善を認めているのではなく、むしろ、独善にならないことを要請していると考えられる。憲法や法律の見方はもちろん、事実の見方も、人によって異なる可能性がある。その見方を形成するにあたって、裁判官は自らの良心を働かすわけであるが、その際の裁判官の「良心」は独善的なものではなく、なるほどと人々が了解するものでなければいけないだろう。そこに、世論の働く余地がある。

事実認定にあたっては証拠以外のものによって左右されてはならないことは、味村のいうとおりであるが、一つの証拠の見方にも人によっていろいろと違う可能性がある。「人によって違うのだ」ということを謙虚に認識するという態度が、裁判官にあるかどうか、これが、国民というものを意識した裁判だと、広津は言いたかったのだろう。ところが、現実の裁判官たちは、「雑音」だとか、「法廷侮辱」だとかと高みからの発言しかしない。そこには、「謙虚さ」のかけらさえない。このことを指摘したところに、松川裁判を超えて、広津の裁判批判がその後に普遍的な影響力をもった理由がある。

●エミール・ゾラと広津和郎

「日本のゾラ」


広津は、しばしばドレフュス事件の有罪判決を糾弾したエミール・ゾラと比較され、「日本のゾラ」と呼ばれたりした。しかし、広津は、そうして呼ばれることに対して、「ゾラはゾラ、私は私」といって、これを拒んでいた。広津が拒む理由については、松川事件弁護団の中心メンバーであった大塚一男は、その著『最高裁調査官報告書――松川裁判にみる心証の形成』において、「ゾラの活動ぶりと広津氏自身のやり方の違い」にあったのではないかと指摘している。

ゾラは、反ユダヤ主義の嵐が吹きすさぶ中でユダヤ人将校ドレフュスの冤罪を訴えた。広津は、共産党、労働組合活動への政府の攻撃があからさまに展開される中で、共産党系労働組合員を中心とする被告人らの冤罪を訴えた。ゾラも広津も筆の力を最大限に利用し、世論に訴えかけた。こうした点においては、ゾラと広津には共通性がある。しかし、世論への訴えかけの仕方において、両者には根本的な違いがある。

ゾラはあえて権力者を挑発して、名誉毀損で起訴させ、その法廷を利用してドレフュス事件の真相を訴えようとした。自らを法廷に立たせることによって、主張を展開しようとした。ピエール・ミケルはいう、「民事法廷に召還されれば、事件を直接民衆の目に指し示すことはできるし、傍聴禁止も秘密書類もなく、公開の席上で、要するにかれ自身ドレーフュスの十字架を胸にいだいてドレーフュスになりかわり、正当な裁判をやりなおさせることができる、こうゾラは考えていた」(ミケル『ドレーフュス事件』)と。公開状の発表はあくまでもそのための手段に過ぎなかった。

これに対して、広津は、徹頭徹尾筆の力によって自らの主張を展開した。彼が書く内容こそ、彼の議論そのものであり、その内容こそ、人々に、また、権力者に、裁判関係者に知ってもらい、それについて検討し、賛成できれば賛成し、反対であれば理論的に反論を展開してもらいたいことであった。

ゾラは、世界的文豪としての自らの社会的名声を最大限に利用して、世論を喚起しようとした。それに対して、広津は、そうした外形的なことではなく、松川裁判の「重要な問題点をえぐりだしては、明快な分析でじゅんじゅんと有罪判決のいつわり、非合理を国民にわかるように説きつづけ」（大塚一男『最高裁調査官報告書』）た。

　ゾラのとったやり方は、正当な言論手段ではもはや訴えるに十分でないときの、いわば緊急行為としてのものである。これに対して、広津の裁判批判は、あくまでも正攻法であり、それだけに説得力があり、持続性がある。広津は、裁判批判の一つのモデルを示したことは疑いがない。

　それでは、ゾラの方法は、裁判批判として許されないものか。必ずしもそうとはいえない。場合によっては、批判が人々の耳に入る方法として、自らを犠牲にして訴えかける場を見付けざるを得ないこともあろう。ゾラの置かれた状況下においては、これも一つの方法であった。

　日本においても、丸正事件の弁護人の正木ひろしらは、自ら名誉毀損罪で有罪になるという危険を犯して、被告人たちの無罪を主張しようとした。その手段方法においては、「日本のゾラ」と称されるべきは、広津ではなく正木らであるといえよう（正木ひろしの刑事弁護の方法については、村井敏邦「刑事弁護の原点研究」、龍谷大学矯正・保護研究センター『研究年報Ⅰ』）。

　いずれにしても、「ゾラはゾラの方法（それがフランスの社会に適していたのであろうが）でたたかい、広津和郎は、右対談でのべるような（「一人一人の思いを爆発させないで総体のエネルギーとしてじっくりやってい」く）活動を息ながく積み重ねて真実の勝利に貢献した」（大塚・前掲書）ということである。

　広津の主張は、裁判批判のあり方を示したものとして、以後の裁判批判の模範となり、冤罪・誤判から多くの人を救済する力となった。

第20話　司法犯罪としての冤罪

●犯罪のカテゴリー区分

犯罪の区分には、いろいろなものがある。刑法各論上は、法益区分が用いられる。犯罪がどのような法律上保護されるべき利益を侵害しているかによる区分である。個人的法益に対する罪、国家的法益に対する罪、社会的法益に対する罪というように区分される。また、犯罪の性質上からは、凶悪犯、粗暴犯、財産犯という区分がある。その他、動機のうえからの区分、行為者別の区分など、区別の基準をどこにおくかによって、いろいろな区分が可能である。

ここでは、少し社会学的な区分基準を用いてみる。第一四話では、丸山眞男による忠誠と反逆の相互関係において、犯罪パターンを見、関連してマートンの理論に触れた。そこでは、反逆が「不忠誠の極限形態」であり、忠誠が不忠誠となり、反逆に転化する契機について丸山は述べ、さらに、価値への帰属感の減退と疎外意識から、ときには「隠遁」という行動様式を、またときには「反逆」という行動様式を生み、あるいは、熱狂的な帰依と忠誠に転化するとする丸山の分析を紹介した。そして、私は、「この分析は、マートンのアノミー論を思い起こさせる」とも指摘した。そこで、第一に、権力という文化的目標に対する態度を区分基準にして犯罪の分類を考えてみよう。

権力を文化的目標とした場合、それに向かう制度的手段が用意されているとき、同調的態度が生じる。丸山流に言えば、権力に対しての忠誠である。この忠誠が適法な手段の範囲内で示される限りでは、そのこと自体で直ちに犯罪性を帯びない。ただし、いかにも適法な手段を用いているようでいて、実は単にそれに仮託したに過ぎないという場合もある。この場合や、マートン流では、「革新」や「儀礼主義」は権力濫用などの犯罪を生じさせる。

権力に対する忠誠の作り出す犯罪

権力に対する忠誠が犯罪となるとき、人はそれを「権力犯罪」と呼ぶ。権力行使が手段方法を無視して行われた場合、これを犯罪として告発することは比較的容易である。もっとも、権力に対する服従が強制されていた時代には、そうした場合に権力に服従する側に告発する手段が用意されていないことがしばしばであったので、「権力犯罪」は顕在化しないままであることが多かった。

右の権力犯罪の型は、マートン流にいうならば、「革新」の行動パターンから生じるものである。権力という成功目標を得るためには、手段を選ばない権力犯罪である。これに対して、目標と手段との間に一見齟齬《そご》がないかに見えて、その実は本来的な目標を手段に合わせて切り下げるという過剰同調が、権力犯罪を作り上げることもある。いや、大概の権力犯罪は多かれ少なかれこの型のものであると見ることができる。

近現代においては、独裁政権といえども、まったく手段を制度的に整備しないで、抜き身の権力を人々に突きつけて服従を強いるということは少ない。何らかの正当化手段を用意して、それに則ったような体裁をとってくる。たとえば、ナチスの身体障害者、不治の病人、遺伝性疾患者など、「生きるに値しない者」に対する安楽死政策はヒトラーの指令で実施されているが、一九三三年に制定された全権委任法によって、このような指令も法律と同様の効果をもち、また、ユダヤ人の絶滅政策にしても、一九三五年に制定したユダヤ人排撃のためのニュールンベルグ法を一応の典拠にした指令という形がとられていた。

一応の制度的手段を整えた形での権力行使の場合には、その犯罪性が顕在化するのは、いっそう困難である。忠誠の対象が司法権力である場合には、権力犯罪性はいっそう悪質であったとしても、それが犯罪として社会的に承認されるのは、容易なことではない。法を司る裁判官、法を執行する警察や検察官が一応の手続に則って無実の人に対して刑罰を下す場合、その職にある者は職務に従っただけと考え、社会の人々も職務上の行為を犯罪として糾弾することに躊躇を感じる。

しかし、「職務に忠実のあまり」というのは、犯罪性を否定する理由にはならない。むしろ、権力犯罪の本質は、この職務への忠実にこそある。

ナチス犯罪の手本としての日本

ポーランドのアウシュヴィッツ強制収容所所長として、ヒムラーの指令によるユダヤ人殲滅計画を忠実に実行したルドルフ・ヘスは、その手記『アウシュヴィッツ収容所』の中で、「たしかに、この命令には、何か異常なもの、途方もないものがあった。しかし、命令ということが、この虐殺措置を、私に正しいものと思わせた……――私は命令をうけた――だから、それを実行しなければならなかったのだ」と述べ、戦後、彼が逮捕されてから繰り返しいわれたこと、すなわち、「まさにこの命令を、私は拒否しえたのではないか、ヒムラーを射ち殺すことさえできたのではないか」という非難に対して、それが不可能であったことを、次のように説明している。

写真7　アウシュヴィッツ強制収容所の正門。「労働は自由を生む」とある

《たしかに、多くのSS隊長は、ヒムラーの苛酷な命令に不平をいい、毒づいたりもした。しかし、それでも、彼らは、それをすべて実行した。……彼に手をかけることを敢えてしようなどと、心の奥底で考えるだけでもした人間が一人でもいたとは、私は信じない。SS全国指導者としての彼の人格は、神聖冒すべからざるものであったのだ。総統の名における、彼の原則的命令は、聖なるものだったのだ。それにたいしては、いかなる考慮、いかなる説明、いかなる解釈の余地もなかった。》

同様のことは、ユダヤ人問題の「最終的解決」の全権を委任され、その絶滅計画の準備と遂行にあたったアドルフ・アイヒマンも、イエルサレム地方裁判所における審理において、再三にわたり、自分の行ったことはすべて、「法を守る市民として行っていること」であり、「(アイヒマンは) 自分の義務をおこなった。命令に従っただけでなく、法律にも従ったのだ」(ハンナ・アーレント『イェルサレムのアイヒマン』)と主張した。

また、ナチスの軍需相として建築を担当したアルバート・シュペールも、その回想録『ナチス狂気の内幕』の中で、ナチスの体質について、次のように述べている。「末端の党員たちは、政治というものは末端であれこれいえるほど簡単ではないのだと教育されていた。だからいつも責任は他人にあると感じていて、進んで自分の責任とする態度がまったくなかった。ナチズムの構造全体が、良心の問題を棚上げするようにできていたのだ。」

このようなナチス犯罪の基礎を形成した命令への絶対的忠誠心という体質は、一体どこから生まれてきたのだろうか。ヘスは、日本人の忠誠心こそ彼らの手本であったと述べている。「SSの訓練機関で、国家のため、同時に彼等の神である天皇のため、自らを犠牲とする日本人が輝かしい手本と讃えられたのも、いわれないわけではない」。「天皇を中心とした神の国」日本こそ、ナチス犯罪の精神的支柱を提供していたのである。

権力に対する不忠誠の罪

権力に対する不忠誠が罪となる場合には、消極的な形では不服従の罪であり、積極的な形では抵抗の罪ということになる。不服従が意識的に行われるときには、消極的な形での権力に対する抵抗を形成する。この場合には、不服従は、たとえば、権力が命じる労働や作業、あるいは税金支払いのサボタージュや権力が立ち退きを命じた場所からの不退去などのように、明確な形での権力を拒否する意思的行動となって表される。

権力に対する意識的な不服従は、それが積極的な作為として表されるか不作為として表されるかにかかわらず、権力という文化的目標を否定し、かつ、法律、命令という制度的手段をも否定するのであるから、マートンのいう「反抗」のパターンになる。これが犯罪を構成するというのは、権力が服従を強制するからであり、不服従を表明する側は、その強制を承服しない場合に生じる。

不服従の罪については、刑法的には、義務の衝突として扱われる領域の問題が生じる。権力から強制される義務に対して服従を強いられる者が、その義務を果たすと別の義務に抵触するという場合を「義務の衝突」という。宗教上その他の理由で兵役を拒否する、いわゆる「良心的兵役拒否」は、その一例である。権力者の命令に対して意識的に不服従の態度をとる者の多くは、自らの信じるより高度の義務のためにたとえ罪となってもよいという信念をもっている。したがって、犯罪類型的には、思想犯罪、確信犯罪などとなって表われ、違法阻却や責任阻却が議論される。

権力に対してとくに積極的に否定する態度をとるわけではないが、あえてその命じることに従うというわけではないという行動パターンも、不服従にあたるが、これはマートンの類型では「逃避主義」ということになろう。薬物犯罪や浮浪行為的不退去などがこれにたる。

官と民のカテゴリー区分

権力への忠誠度による犯罪区分と似ているが、必ずしも同じではないカテゴリー区分としては、犯罪主体が官であるか民であるかによって区分するという方法があるだろう。

権力犯罪、司法犯罪は、官による犯罪である。権力を政治的権力に限定しないで、富による権力を想定するならば、民による権力犯罪も考えることができるが、富が権力的に作用し、それが手段を選ばずに犯罪性を帯びるという場合には、多かれ少なかれ政治権力との結びつきがある。政・財・官の癒着による汚職構造は、まさにこうした場合である。

次に、官と民の狭間の犯罪とでも呼ぶべき犯罪類型が考えられる。官による思想的・政治的抑圧に対する抵抗や反抗が犯罪とされる場合である。いわゆる思想犯罪や確信犯罪は、このカテゴリーに含まれることになるだろう。先の権力に対する不服従の罪は、多くは官の命令に対して民が従わないという形をとり、その意味では民の側の犯罪であるが、時には、官の命令に対して官が従わないという不服従形態も生じる。

ナチス犯罪のような権力によって犯される犯罪も、殺人罪や窃盗罪などの一般犯罪を構成するが、多くの場合には、このような一般犯罪は民間人によって犯される、民による犯罪である。刑事法に関する諸理論は、一般に、権力をもたない民間人が殺人や窃盗などの一般犯罪を犯すことを想定して立てられている。犯罪の主体として個人を中心に置いたとき、個人としての民間人が犯罪の主体として登場する。犯罪学においては、そうした場合を想定して、犯罪の動機や原因が論じられることが多い。

前に触れたような権力に対する不服従という明確な動機をもたない場合でも、民による犯罪は、権力の設定した手段によらずに、また、必ずしも権力の追求する目標ではない目標のために行われるという意味では、「反抗」の要素がある。前に、森林窃盗についてのマルクスの弁護論を紹介したが、その弁護論は右のような意味で人民による犯罪の正統性を主張した。

もちろん、民による犯罪すべてが正当性を得るというものではないが、官による犯罪に比較して、緊急性や必要性に迫られた犯罪が多く見られるという意味で、刑法理論上も、犯罪を阻却する要因について慎重に吟味する必要が出てくる。「緊急は罪を作らない」といわれるように、緊急による行為は、正当防衛や緊急避難のように、刑法上、犯罪を構成することはない。

官による犯罪と民による犯罪を比較した場合、官尊民卑の時代には、前者の問題性は後者のそれよりも重視されなかったが、現在では、むしろ、前者の問題性にこそ焦点が当てられる必要がある。とくに、司法に関わる犯罪は、犯罪を取り扱う当の機関によるものであるだけに、よりいっそう重大視されなければならない。

●冤罪の司法犯罪性

司法犯罪の要素

松川事件を例にとって、冤罪という司法犯罪が作出される要素を引き出してみよう。

第一に、犯人あるいは犯人集団への予断が冤罪を作り出す。松川事件のような大事件で、複数人による犯行以外には考えられないという場合には、当初から一定の集団による犯行との予断が形成され、その方向での捜査が進行する。とくに、時代状況が政治的に緊迫している場合には、その集団はその時の支配的政治傾向に反対・抵抗する思想的背景をもった集団の犯行という予断が、社会的にも疑いのないものとして広まり、否定し難い力をもって裁判官の意識をも形成する。

したがって、右の場合には、第二に、冤罪に向う力は政治ぐるみのものとなり、冤罪の政治的犯罪性が顕著なものとなる。司法権も政治権力の一つであることから、一般的に司法犯罪は政治的犯罪性を帯びるが、松川事件のような事件の場合には、行政権、立法権などの司法権以外の権力も一体となって、冤罪作出への力となっていくという意味で、明確な政治犯罪という様相を呈することになる。

第三に、特定の反社会的あるいは反権力的集団による組織的犯行という予断と偏見がある場合には、その組織と運動への打撃目的による捜査・起訴が行われ、その結果、大量逮捕と大量起訴という事態が生じる。往々にして、不必要な逮捕、捜索が行われ、起訴されない場合でも、そうした拡大した捜査による被害者は、組織や運動の直接の関係者ではない人々にも及ぶ。

第四に、予断と偏見による捜査と裁判は、意識的、無意識的な被告人に有利な証拠の隠匿あるいは無視となる。松川事件における「諏訪メモ」問題は、意識的な証拠隠匿として、その司法犯罪性はあまりにも明瞭であり、しかも、証拠隠匿が明らかになった後においても、捜査機関がそれを糊塗し、正当化しようとした点において、その行為の悪質さは重大である。こうした行為の問題性について、裁判官は鋭敏でなければいけないのだが、残念ながら、今に至るも同様の事態が生じている。証拠開示の制度化が主張される理由は、ここにある。

第五に、本命とは異なる軽微な犯罪で逮捕・勾留し、その間に本命とする犯罪について自白を得るという別件逮捕・勾留の問題がある。多くの冤罪事件の場合には、別件逮捕・勾留によって自白がとられ、そのために誤判が生じ、中には、免田事件や島田事件などの死刑再審四事件のように、死刑判決が確定し、再審無罪まで、長い間死刑執行の恐怖の毎日を過ごす人々を生み出した事件もある。松川事件のように、集団的犯罪という見こみを捜査側がもった場合には、的となった集団の中の比較的若い部分や集団周辺部分で、過去に軽微犯罪を犯した者に焦点を当て、別件逮捕し、自白を得て、そこから芋づる式の逮捕を行う。別件逮捕と共犯者の自白の結合による問題がそこにはあり、より深刻である。

第六に、右に指摘した冤罪を生み出す要素の問題性について、裁判官が十分にチェックするという意識をもつならば、司法犯罪が生じる危険性ははるかに減少するのだが、現実の裁判官の中には、そうした意識構造とは逆のものが形成されている。事実認定においては、それは、無罪推定の法理に反して、独善的有罪心証が形成されるということを意味する。裁判官の心理に関わる問題については、後に少し詳しく見ることにする。

以上に加えて、犯罪報道の問題がある。捜査側の一方的情報を無批判的に受け止め、いや、最近ではむしろ積極的に犯人探し的な興味から、時にはうわさに過ぎないような被疑者や関係者に不利な情報を流して、捜査の初期の段階から人々に被疑者が有罪であるという見方を植え付けるような報道が見られる。報道の自由が重要な権利として尊重されるのは、権力による圧力に抗するからであって、自らが権力として被疑者・被告人に対し、予断を助長するような報道を行うことは、司法機関による犯罪と同様の「報道の犯罪」である。

意図的に作られる冤罪

権力者が自分自身で罪を犯しながら、それを自分に反対する者の責任とすることによって、権力をより強固なものにする場合がある。松川事件や三鷹事件についても、権力側が意図的に事件を作り出して被告人たちの犯行と見せかけようとしたのではないかという疑いを表明する人もいる。松川事件や白鳥事件における捜査官による証拠隠匿や証拠の加工は、冤罪を意図的に作り出す行為といわざるを得ない。一九八九年、再審理の結果、有罪の評決が覆されたイギリスの有名な誤判事件、マグワイヤ・セブンでは、政府の調査委員会の報告書において、被告人たちの有罪の決め手になった科学証拠が、捜査官によって作出された疑いがあるとされた。

より明確な形で冤罪が作られた事件としては、菅生《すごう》事件がある。この事件の場合には、現職警察官が上司の命令を受けて、共産党員をわなにかけて派出所爆破事件の犯人にしたてようとしたものであった。

このような明確なでっち上げ事件は、一九五〇年代にのみ特徴的なものではない。最近においても、「現代の菅生事件」ともいうべき事件が生じている。たとえば、覚せい剤を他人の車の中に入れ、覚せい剤所持で逮捕したりする行為や、飲酒運転の取締において、口臭スプレーでアルコール検知濃度をあげて、飲酒運転の検挙数を上げようとした那覇警察の警察官の行為が見られる。後者の警察官の行為に対しては、裁判所は、「すでに社会的制裁を受けている」として執行猶予判決を下したようであるが（二〇〇〇年七月二五日那覇地裁判決・七月二六日付『中日新聞ニュース』）、このような行為に対しては、裁判所には一般民間人の犯罪以上に厳しい態度で臨むことが要請されよう。
その他、しばしば起きるのが、白紙調書に署名させ、自白調書を作出してそれを証拠に起訴し、有罪判決を得るという調書偽造事件で、このような事件が起きる背景には、警察の取調べの構造的問題が横たわっていると指摘せざるを得ない。

●無罪判決と裁判官の心理

裁判官として担当した吹田事件の審理において、被告人たちが黙祷するのを認めたということで、国会で問題にされたことのある佐々木哲蔵は、無罪判決を書くことへの裁判官の心理的抵抗について、自伝的論文集『一裁判官の回想』の中で、次のように述べている。「無罪の裁判をするには裁判官に一種の勇気を必要とした、ということをかつて裁判官だった人が述懐したのを読んだことがあるが、これは少なくとも旧司法省時代の一般的の風潮としては素直に認めねばならないことではなかろうか。」

戦前、裁判官は検察官と同様に、司法省に属していた。その時代には、裁判官の人事の実権は検察官出身者に握られるということが多かった。そこで、検察官に対してきがねが生じ、無罪判決には勇気がいるという心理が働く。しかし、戦後は、司法省が廃止されて、裁判官は法務省から独立した職務となった。そうなると、戦前のような検察官に対するきがねをする必要はなくなったはずである。

《しかし、それでもなお一般的には、有罪の裁判の場合よりも無罪の裁判の方に裁判官がより多く心理的抵抗を感ずるということは、現在でも実情ではないかと思われる。これは、有罪の裁判の場合を含めて、裁判一般についての根本的な裁判官の法意識の問題につながっているのである。一部の人々は、裁判官が裁判にあたって特に勇気を必要とするのは何も無罪の裁判の場合だけに限らない。有罪の裁判の場合でも、たとえば有罪無罪の判定が非常に難しい事件の場合に、しかもそれが有罪とすれば当然極刑であるような場合には、裁判官はやはりひとつの勇気を必要とする場合がある、という。これは一応素直にうけとれる言葉であるし、わたくしも一応その通りであると思う。しかし、これをもし、裁判官が難事件の裁判にあたってもつべき美徳としての勇気であるとして、積極的にこれを肯定要請するとしたならば、わたくしは裁判官としては、大いに警戒すべきものがあると思うのである。なぜならばこの感じ方には、裁判官をしてやがては「疑わしきは罰せず」という原則を踏みにじる方向に向かわせる危険をはらんでいると思われるからである。》（『一裁判官の回想』）

「検察官恐怖症」

裁判官には、「検察官恐怖症」があるという指摘もある。現職の裁判官だった喜多村治雄は、次のように述べて被告人の主張に耳を傾けることの心理的困難性を吐露している。

《真犯人に無罪を言い渡すのも誤判には違いないが、無辜《むこ》の被告人に有罪を宣告するのと比較すれば、まだ罪が軽いというべきだろう。しかし実際に事件を担当してみると、圧倒的な証拠量で整然と立証する検察官と、たどたどしいやり方で、時には経験則に反するような弁解をする被告人を比較したとき、それでもなお被告人の主張に真剣に耳を傾けることは、相当な忍耐を必要とするものである。いつしか検察官の方が真実であるように思え、しかも大多数の事件はその通りであるという統計的事実にも支えられて、検察官の方に傾斜していくのは、職業裁判官としてある程度はやむを得ないことかも知れない。》（喜多村治雄「裁判所の黄昏」）

喜多村はこれを「検察官恐怖症」と呼ぶが、もちろん、喜多村自身はこの恐怖症に従って被告人の主張に耳を傾けるなといっているわけではない。むしろ逆に、そうした恐怖症のため、裁判官は知らず知らずに検察官の主張立証に引きずられがちであるから、よりいっそう意識的に被告人に顔を向けなければ、公正が保てないとしている。

裁判官の中に巣食う「検察官恐怖症」という業病を自覚して、意識的に被告人の主張立証に耳を傾けようとする裁判官は、決して少なくないだろうと信じたい。しかし、現実の裁判を見る限り、この業病に深く冒されていて、病識すらない裁判官が多数いると思わざるを得ない。

この業病退治に利く薬は、第一には、弁護人がすべての被疑者・被告人について、被疑者・被告人の言い分と立証を十分に行うことであり、第二には、職業裁判官という馴れの中で業病にとりつかれた裁判官に代わって、新鮮な感覚をもった民間人による事実認定を行う制度、すなわち、陪審制度の採用を考えることであり、あわせて、第三に、裁判官を弁護士経験者から任命する法曹一元制度を採ることであろう。

二〇〇四年五月、刑事裁判に一般の人が参加する裁判員に関する法律と、被疑者についても国費による弁護人が付せられる公的弁護制度の採用を含む刑事訴訟法改正法が成立した。このような改革が右の「業病」退治薬としての効能をよく発揮しうるか、今後の展開を厳しく監視する必要がありそうだ。

エピローグ――犯罪と刑罰を見る視点

●庶民の発見

本当のものをつかむ「庶民」

「汽車に乗って山陽線をゆききするとき、車窓からの風景を見て、私は日本の風土に限りなきしたしさを覚える。何という平和で明るく律義な人々の住んでいる国だろう……と」。民俗学者宮本常一は、『庶民の発見』の中でそう書いている。

《あんなに解放的に思い思いのところに家をつくって住んでも、迫害をうけることもなければ泥棒もはいらない。夏など人々はろくに戸もしめないでねている。人が人を信じあえる平和がなくしては、こうした生活はできないはずである。》

石川県の内灘でアメリカ軍の射撃地設置に反対する運動が起きたことがある。このとき、この地区には、多くの新聞記者や雑誌記者がやってきた。それに応対する地元民のひとつのタイプは、相手に調子をあわせようとするもので、しかし、宮本は、そういう人たちには会わなかった。

《それとは別に「あんなことしてみんなわれわれをけしかけるけれど、やってきた人たちがわれわれの生活の面倒をみてくれるわけでもなければ責任を負うてくれるわけでもない。自分のくらしはやっぱり自分でたててゆかねばならぬ。どっちかにはなしがきまれば外からきてわいわい言っている人たちは二度と再びふりむいてもくれないだろう。私らがおそれているのはわれわれなりにうちたててきたくらしのたて方が新しくきりかえられることの不安で、新しくきりかえられてうまくゆくものなら、またそういう方法があるのならそれでもいいのであって、そういうことも考えてくれる人があっていいはずだ」というような考え方をした人が、村をおとずれる人に背を向けてだまっていた。私はそういう人の声をきいてみたいと思った。》

宮本のいう「庶民」とは、そういう人のことをいうようである。そして、「そういう人たちこそ本当のものをつかみ、本当のことを考えているのではないかと思う」と、述べている。

権力におもねらず

「権力におもねらず、おだてにのらず、人生を悠久なものとして考える気迫が、そうした人たちの中にある」。こうした気風は、「農民のもっている共通の感覚ではないか」と宮本は思う。

《権威のまえには素直であるが、権力に屈しない。そういう人間的な生き方をもってみると、この人たちにとって恐ろしいものは権威であり真理だけであるようだ。そうしたものをこの人たちは無意識のうちにもっている。》

農民たちの気風がそうしたものだとすれば、農村風景は、そうした気風の総和としての「かたちのある文化」であり、「開放的な家も実はそうした気持ちの具象でしかない」ということになる。

●「無告の民」

宮本が「庶民」と称したものを、谷川健一は、「無告《むこく》の民」と呼ぶ。「無告の民――とは自分の苦しみを告げ知らせるところのない人たちのことである。ものいわぬ民衆のことであり、訴えるすべを知らぬよるべない小民のことを指す」(谷川健一『常民の照射』)。表現の手段をもつ知識人、支配層に対して、文字を知らず表現の手段をもたない民衆は、捨身の愁訴か対立によってしか、自分を表現することができなかった。こうした民衆のもつ善悪の観念は、知識層がもつ観念とはまったく倒立していると、谷川はいう。

《というのは、民衆の世界では、生活と遊離して自律する善悪の観念は存在しないからである。生活者である民衆にとっては、自分の生活を守るのに有利なものは善であり、不利なものは悪である。これは民衆には自明の理である。善悪を判定するこの単純明白な基準は、歴史以前から今日まで民衆の中に、一貫して不変である。》

意識されざる権利意識

自分の生活に有利なものを破壊される危険が生じたとき、時に民衆は命をかけてそれを守ろうとする。谷川は、共有林の使用を禁じることに抵抗した小繋《こつなぎ》事件と、どぶろく製造禁止に対する抵抗を例にあげる。

《日々の用をはたすための共有林の使用と日々の疲れをいやすためのどぶろくの製造は、民衆生活とは不可分をなすものであり、あらためて、権利などをふりかざすに価しないものに違いなかった。なぜならそれは民衆の共同体がはじまってこのかた誰も疑うもののなかった当然至極の慣行であり、共同の作業をいとなみ、共同の祭をおこなうための最小限の要求でもあったからである。》

明治以前の日本人には権利意識がなかった、権利という観念は西洋から持ち込まれてきたものであって、日本本来のものではない、というような俗説に対して、谷川はそうではなく、あえて権利というまでのことはない当然至極のこととして考えていたまでのことだと指摘した。

《帝王神権説に対して、人民神権説とも呼ぶべきものを、民衆は意識するとしないとにかかわらず信じ、したがってこの慣行をおかすものにたいしては、国家権力であろうと法律であろうと、徹底して反抗する「抵抗権」の存在することも自明のものとしてうたがわなかったのである。》

生活者としての視点から権利意識を捉えるならば、日本の「民」にも古くから権利意識があったということになり、民衆の支配者に対する抵抗は、その権利意識の表現形態であったということになる。

さらに、こうした生活者としての視点から、犯罪を見ると、どうなるのだろう。

●庶民の生活と犯罪

明治末までの庶民の生活は、総じて貧しかった。中世や近世の庶民の生活を庶民自身が正確に伝える資料はない。庶民にはそのすべがなかったからだ。しかし、『今昔物語』や『日本霊異記』には、貧しい庶民がしばしば登場する。芥川竜之介の「羅生門」には、死人の衣服をはぎ、髪の毛を切る老婆などが登場する。

こうした貧しい庶民が生活をしていくのは大変である。そこに盗賊が登場する。「庶民の世界ではこうした窮迫《きゅうはく》はあたりまえのことであった。だから腕っぷしのつよいものは盗賊などして生計をたてたのである。」（宮本常一『庶民の発見』）

しかし、そうした力のないものもいる。そうした者は、何かに頼ろうとする。神仏に頼ることが利益になるということになると、そのご利益《りやく》に少しでも預かろうとする。中世の説話文学に神仏の利生《りしょう》談が多いのはそのためであると、宮本は述べる。「まずしい者が神仏にいのって財産を得られるというのであれば、これにこすほどのよい招福《しょうふく》の方法はない」のである。

義賊伝説なども、この種の庶民の願望の表れであったろう。貧乏人を助けるために金持ちから盗むなどという泥棒がいるわけがないと思っても、そうした泥棒がいればなあというはかない夢が、義賊伝説を生んでいったのであろう。

「まびき」

宮本はまた、「まびき」の話をしてくれた老婆について書いている。

《長男はあるのにつぎつぎに子供が生まれる。今日のように避妊《ひにん》の方法もないから、つい妊娠してしまう。なけなしの財産の中で多くの子供をかかえてはやっていけないし、子供たちが苦労をするるので、やむなく生まれでる子を処分したのである。「子供たちはみんなこの床の下にうずめてあります。私はその上に毎晩ねています。私は極楽へいこうとは思いません。地獄でたくさんです。あの世でどんな苦労をしてもいい。はやく死んだ子供たちと一緒に賽《さい》の河原で石をつもうと思います」としみじみはなしてくれた。》

「まびき」という行為は、現在ならば、嬰児殺であり、立派な殺人罪である。この老婆も「まびき」が悪いことは重々承知している。「罪の意識」はあるどころか、それにさいなまれている。老婆にとっては死ぬことだけが、その償いである。

こうした状況にある人を犯罪者として処罰しても、何の解決にもならない。貧しさの中で「まびき」をしたのは、この老婆だけではない。同じような状況にある人々の共通の行動だった。

こうした「庶民」の犯罪も、生きるための行為であり、公的には「悪」とされるとしても、生活者としての「民」の目から見るならば、善悪の観念を超えていたのである。

●犯罪を見る目線

中国での経験

北京の中国政法大学で公務員賄賂罪に関するシンポジウムが開かれたことがある。その席上、賄賂という行為が違法な手段であるとしても、それが正当な目的のためだったら、処罰ができるのか、という質問が発せられた。この質問を発したのが、検察官であるということに、私はいささか驚いた。

中国では、診察ひとつ受けるのにも、正規の料金ではちゃんとした診察をしてもらえない。そこで、病院に正規の料金以上の金銭を渡して、やっと普通の診察を受けることになる。病院の医師等は公務員であるから、こうした金銭のやり取りは賄賂の授受であり、賄賂罪の対象になる行為であるが、金銭を送るほうからすると、こうした金銭を渡さない限り、まともな扱いをしてくれないのだから仕方がないということになる。金銭を受け取る公務員の側も、国から支給される給料があまりに低いため、それだけを収入源としていたのでは、日々の生活さえ満足に送れない。そうなると、給料以外の金銭収入を得る道を考える。それが、賄賂を受け取るという行為になるという。

こうした現象を指して、「正当な目的のための違法な手段」というのだそうだ。国は、賄賂罪に対しては、大変厳しい対応をして、多くの人をこの罪によって死刑にしている。しかし、右のような状況があるため、処刑される人の多くは、自分のした行為を反省するよりも、そうせざるを得なかった、そのために死刑になるならばしょうがないということで、むしろ、堂々といってもよい態度で処刑場に赴くという。

期待可能性

中国の賄賂罪正当化のために、「正当な目的のための違法な手段」という論理が使われているのは、明らかにおかしい。しかし、そのおかしさを指摘できても、そうした状況が中国においては生じていて、いくら賄賂罪を重罰化しても、あとからあとから同様の行為が行われる。同じことは、かつて日本の農村の風習としてあった「まびき」についてもいえる。「まびき」については、中国の賄賂の授受以上に切実な生活上の問題が背景にあった。

こうした行為に対しては、刑罰をもって対応するより先にしなければならないことがある。貧困の問題が第一であり、そうした違法な行為をしなければ生きていけない社会の仕組みを変えることであろう。現代中国においても、社会の仕組み上、賄賂の授受がなければ動かないようになっているとすれば、その仕組み自体を変える以外にない。それを変えないで刑罰を科しても、問題は再生産されるだけで、一向に解決はされない。

刑法上では、こうした行為に対しては、適法行為が期待できなかったということで処罰しない、あるいは、処罰するとしても軽い責任を問うという「期待可能性」の理論が適用されよう。

この「期待可能性」の理論は、問題となる行為の社会的背景や、行為を行った人の物質的・精神的状況についての十分な資料調査と分析があってこそ適用可能な理論である。行為や社会の実態に迫る理論といえよう。しかし、それだけに刑事裁判という限られた世界においては、実際に適用されることがほとんどない。

民の目線

適法行為が期待できたとか、期待できなかったとかという判断は、どのような目線から社会の実態を見るかによって、かなり大きく異なってくる。高い立場から見るならば、期待の程度はかなり高くなり、その分、適法行為が期待できなかったと判断される率は低くなる。これに対して、目線を低くすれば、期待できないと判断される率のほうが高くなる。

社会の大半を占める庶民のほとんどが貧困であった時代にあっては、社会の多くの人々の適法行為への期待の程度は低かったといえよう。まびきというような行為に対してはもちろん、窃盗のような犯罪に対しても、その行為の事情を汲むことができた。ただし、その頃は、庶民には行為の判断権はなく、一握りの武士階級に裁判権や刑罰権が握られていた。支配する武士階級はその階級の目線で処罰を行ったから、窃盗など庶民の犯罪に対しては、現在以上に厳しい判断を下した。もちろん、期待可能性を考えるなどという思想的背景は存在しない。前に見た荻生徂徠の考えには、後者の公式的な武士階級の犯罪・刑罰観が示されている。

しかし、こうした武士階級の公式的犯罪観、刑罰観とは違うところでは、庶民の犯す犯罪に対しては、かなり寛容であった。それは、罪を犯す人と、社会の大半の人の意識がある程度共通であり、立場の互換性を無意識的に感じていたからである。武士階級以外の部分では、犯罪の背景にある行為や社会の実態への見方が共有できたということである。

社会が安定化し、多くの人々が中流階級意識をもつに従って、庶民意識はうすれ、その程度に応じて、犯罪を見る目線も高くなってきた。少なくとも、社会の多くの人の意識の中では、罪を犯す人と社会一般の人とが乖離してきて、その分、犯罪行為やその行為を取り巻く社会状況、それが行為者に与える影響についての見方に共通の部分が少なくなった。

同一化のメカニズム

長尾龍一は、法秩序を安定させるためのイデオロギー的基礎として、「同一化」のメカニズムがあると指摘している（長尾龍一「法秩序安定のイデオロギー的基礎」）。

人が自らの利己的理由からふるまう場合にも、支配層がその行為に利用価値を認めれば、その行為を支配層の行為と同一化させればよい。支配と被支配という構図が不明確なものとなり、観念の上では「民」が主権者として存在するようになると、この同一化メカニズムは、広く一般的に浸透する。同一化が浸透すればするほど、罪を犯す人と社会の人々との間には共通項が失われ、人々は行為の背景にある諸事情への目配りの余裕をなくし、犯罪に対して、犯罪者に対して厳しい制裁を要求する度合いが激しくなる。

「民」は常に表現手段をもたない「無告の民」であってよいわけはない。表現手段をもつ「主権者としての国民」への転化は、当然あるべきことであった。しかし、それは「権威にはすなおだが、権力には屈しない」という庶民から「権力に同一化した国民」への転化と同じではない。言葉の正しい意味での「表現手段」をもたない「民」は、依然として存在し、その視点の重要性は、依然として失われていない。

文献

本文で紹介した文献について、出版社、刊行年等を記し、著者名（著者の特定できないものは、末尾にタイトルで）の五〇音順に配列した。版が複数あるものについては、おもに入手しやすさを目安に選択した。したがって、ここに表記された刊行年は、書かれた時期とは異なる。


H・アーレント、大久保和郎訳『イェルサレムのアイヒマン――悪の陳腐さについての報告』、みすず書房、一九六九年。

赤瀬川原平『外骨という人がいた！』、ちくま文庫、一九九一年。

芥川竜之介『地獄変・邪宗門・好色・藪の中』、岩波文庫、一九八〇年。

芥川龍之介『侏儒の言葉』（改版）、岩波文庫、一九六八年。

芥川龍之介「鼠小僧次郎吉」、『或日の大石内蔵之助・枯野抄　他十二篇』、岩波文庫、一九九一年。

芥川竜之介『羅生門・鼻・芋粥・偸盗』、岩波文庫、一九六〇年。

池田敏雄『旧約聖書を読む』、中央出版社、一九六八年。

池波正太郎「市松小僧始末」「江戸怪盗記」、『にっぽん怪盗伝――暗黒時代小説集』、立風書房、一九九二年。

池波正太郎『鬼平犯科帳』（1～24）、文春文庫、一九七四年～一九九四年。

石井研堂『明治事物起源』、ちくま学芸文庫、一九九七年。

石井良助「日本刑罰史上における人足寄場の地位」、人足寄場顕彰会編『人足寄場史――我が国自由刑・保安処分の源流』、創文社、一九七四年。

石川啄木『時代閉塞の現状・食うべき詩』、岩波文庫、一九七八年。

石川啄木「日本無政府主義者陰謀事件経過及び附帯現象」「A LETTER FROM PRISON」、『啄木全集第十巻』、岩波書店、一九六一年。

井原西鶴『西鶴諸国咄・本朝桜陰比事』、岩波文庫、一九四八年。

井原西鶴『武家義理物語』、岩波文庫、一九六六年。

上野美子『ロビン・フッド物語』、岩波新書、一九九八年。

内村剛介『ドストエフスキー』〈人類の知的遺産51〉、講談社、一九七八年。

江川卓『謎とき「罪と罰」』、新潮選書、一九八六年。

江木衷『陪審制度談』、『冷灰全集』第四巻、冷灰全集刊行会、一九二七年。

江口渙「作家小林多喜二の死」、臼井吉見編『現代教養全集』第一三、筑摩書房、一九五九年。

H・M・エンツェンスベルガー、野村修訳『政治と犯罪』(新装版)、晶文社、一九八三年。

大木雅夫『日本人の法観念——西洋的法観念との比較』、東京大学出版会、一九八三年。

大塩中斎『洗心洞劄記』、岩波文庫、一九五五年。

太田南畝『一話一言』、『太田南畝全集』(第一二巻〜第一六巻)、岩波書店、一九八六年〜一九八八年。

大谷晃一『大阪学』、新潮文庫、一九九七年。

大塚一男『最高裁調査官報告書——松川裁判にみる心証の軌跡』、筑摩書房、一九八六年。

荻生徂徠『政談』、岩波文庫、一九八七年。

葛西重雄、吉田貫三『増補三訂・八丈島流人銘々伝』、第一書房、一九八二年。

勝俣鎮夫「ミミヲキリ　ハナヲソグ」、網野善彦ら編著『中世の罪と罰』、東京大学出版会、一九八三年。

川崎浹「ドストエフスキーとソルジェニーツィン」、『現代思想』一九七九年九月号。

川島重成『ギリシア悲劇――神々と人間、愛と死』、講談社学術文庫、一九七六年。

河竹黙阿弥「極附幡随長兵衛」「四千両小判梅葉」、『黙阿弥名作選　第五巻』、創元社、一九五三年。

管野須賀子・獄中手記「死出の道艸」、神崎清編『大逆事件記録第一巻・新編獄中手記』、世界文庫、一九六四年。

菊池寛『日本武将譚』、文春文庫、一九八六年。

喜多村治雄「裁判所の黄昏」、小野慶二判事退官記念論文集『刑事裁判の現代的展開』勁草書房、一九八八年。

木下尚江「臨終の田中正造」、鶴見俊輔ほか編『いのちの書』〈ちくま哲学の森2〉、一九八九年。

曲亭馬琴「青砥藤綱模稜案」、『近代日本文学大系　第一六巻　曲亭馬琴集　下』、国民図書、一九二七年。

曲亭馬琴『椿説弓張月』（上下）、〈日本古典文学大系〉（60、61）、岩波書店、一九五八年、一九六二年。

熊田葦城『江戸懐古録』、村田書店、一九七六年。

黒田弘子『ミミヲキリ　ハナヲソギ――片仮名書百姓申状論』、吉川弘文館、一九九五年。

郡司正勝『かぶきの美』、社会思想研究会出版部、一九六〇年。

桂万栄編、駒田信二訳『棠陰比事』、岩波文庫、一九八五年。

ジョージ・ケナン、左近毅訳『シベリアと流刑制度』、法政大学出版局、一九九六年。

小宮山綏介『徳川太平記』、博文館、一八九七年。

近藤富蔵『八丈実記』（第一巻〜第七巻）、緑地社、一九六四年〜一九七六年。

堺利彦「獄中生活」、『楽天囚人』、売文社、一九四八年。

坂本清馬『大逆事件を生きる――坂本清馬自伝』、新人物往来社、一九七六年。

佐々木潤之介『世直し』、岩波新書、一九七九年。

佐々木哲蔵『一裁判官の回想――佐々木哲蔵論文集』、技術と人間、一九九三年。

司馬光『資治通鑑選』〈中国古典文学大系一四巻〉、平凡社、一九七〇年。

清水誠「戦前の法律家についての一考察」、『現代の法律家』〈現代法六巻〉、岩波書店、一九六六年。

十辺舎一九『東海道中膝栗毛』〈新編日本古典文学全集81〉、小学館、一九九五年。

アルバート・シュペール、品田豊治訳『ナチス狂気の内幕』、読売新聞社、一九七〇年。

向象賢『中山世鑑』、沖縄県教育委員会、一九八二年。

ウォルター・スコット、菊池武一訳『アイバンホー』（上下）、岩波文庫、一九六四年、一九七四年。

関幸彦『説話の語る日本の中世』、そしえて文庫、一九九二年。

ソルジェニーチン、木村浩訳『収容所群島』、新潮文庫、一九七五年。

高橋敏『江戸の訴訟――御宿村一件顛末』、岩波新書、一九九六年。

滝川幸辰「イエーズスの裁判」、『刑法史の断層面』、一粒社、一九六三年。

瀧川政次郎『長谷川平蔵――その生涯と人足寄場』、朝日新聞社、一九七五年。

武谷三男編著『特権と人権――不確実性を超える論理』、勁草書房、一九七九年。

太宰治「裸川」『新釈諸国噺』、『太宰治全集6』、ちくま文庫、一九八九年。

田中圭一『佐渡金山』、教育社、一九八〇年。

谷川健一『常民の照射』、冬樹社、一九七一年。

辻達也編『大岡政談』（1・2）、東洋文庫、平凡社、一九八四年。

妻鹿淳子『犯科帳の中の女たち』、平凡社選書、一九九五年。

鶴見俊輔他編『民間学事典』、三省堂、一九九七年。

鶴屋南北「浮世柄比翼稲妻」、『鶴屋南北全集第七巻』、三一書房、一九七四年。

ディッケンズ、中村能三訳『オリヴァ・ツイスト』（上下）、新潮文庫、一九五五年。

ディッケンズ、石塚裕子訳『デヴィッド・コパーフィールド』（1〜5）、岩波文庫、二〇〇二年〜二〇〇三年。

手塚英孝『小林多喜二』（上下）、新日本新書、一九七一年、一九七二年。

東京日日新聞社会部編『戊辰物語』、岩波文庫、一九八三年。

徳富健次郎『謀叛論　他六篇・日記』、岩波文庫、一九九五年。

ドストエフスキー「現代的欺瞞の一つ」『作家の日記1』（一八七三年）、ちくま学芸文庫、一九九七年。

ドストエフスキー、工藤精一郎訳『死の家の記録』、新潮文庫、一九七三年。

ドストエフスキー、池田健太郎訳『罪と罰』、中公文庫、一九七三年。

ドストエフスキー、米川正夫訳『白痴』（改版、上下）、岩波文庫、一九九四年。

永井荷風「隠居のこゞと」、『森鷗外研究』、筑摩書房、一九六〇年。

永井路子『長崎犯科帳』、文春文庫、一九九三年。

長尾龍一『政治的殺人――テロリズムの周辺』、〈叢書・死の文化7〉、弘文堂、一九八九年。

長尾龍一「法秩序安定のイデオロギー的基礎」、川島武宜編『経験法学の研究』、岩波書店、一九六六年。

中嶋繁雄『歴史を歩く　諸藩騒動記』、立風書房、一九九四年。

中田薫『徳川時代の文学と私法』、半狂堂、一九二三年。

中村栄助「一商人と明治維新」『現代日本記録全集第2　維新の風雲』、筑摩書房、一九六八年。

中村栄助述『九拾年』、中村エン、昭和一三年。

夏目漱石『それから』、岩波文庫、一九八九年。

波平恵美子『ケガレの構造』、青土社、一九八四年。

根岸鎮衛『耳袋』（1・2）、平凡社ライブラリー、二〇〇〇年。

平出修「畜生道」「計画」「逆徒」、『現代日本文学大系25』、筑摩書房、一九七一年。

平岡好道「佃つれづれ草」、『年輪一一号』、一九七〇年（安藤菊二「人足寄場周辺記事」、人足寄場顕彰会編『人

足寄場史――我が国自由刑・保安処分の源流』より）。

『平沼騏一郎回顧録』、平沼騏一郎回顧録編纂委員会、一九五五年。

平松義郎「人足寄場の成立と変遷」、『人足寄場史――我が国自由刑・保安処分の源流』。

広津和郎『松川裁判』（上中下）、中公文庫、一九七六年。

『広津和郎全集』（第一〇巻・第一一巻）、中央公論社、一九八九年。

船戸与一『蝦夷地別件』（上中下）、新潮文庫、一九九八年。

ヨーゼフ・ブリンツラー『イエスの裁判』、新教出版社、一九八八年。

ルドルフ・ヘス、片岡啓治訳『アウシュヴィッツ収容所』、講談社学術文庫、一九九九年。

ベッカリーア、風早八十二他訳『犯罪と刑罰』、岩波文庫、一九九二年。

J・ホール、大野真義訳『窃盗、法および社会』、有斐閣、一九七七年。

穂積陳重『法窓夜話』、岩波文庫、一九八〇年。

E・J・ホブズボーム、斎藤三郎訳『匪賊の社会史――ロビン・フッドからガン・マンまで』、みすず書房、一九七二年。

松平定信『宇下人言・修行録』、岩波文庫、一九四二年。

松本清張「海嘯」、『無宿人別帳』、文春文庫、一九九六年。

松本清張『半生の記』、新潮文庫、一九七〇年。

マルクス「木材窃盗取締法に関する討論」、『マルクス＝エンゲルス全集』第一巻、大月書店、一九五九年。

丸山眞男『忠誠と反逆――転形期日本の精神史的位相』、ちくま学芸文庫、一九九八年。

三浦綾子『聖書に見る人間の罪――暗黒に光を求めて』カッパブックス、一九八六年。

ピエール・ミケル、渡辺一民訳『ドレーフュス事件』、白水社、一九九〇年。

三田村鳶魚『江戸の白浪』〈鳶魚江戸文庫6〉、中公文庫、一九九七年。

三田村鳶魚『泥坊の話　お医者様の話』〈鳶魚江戸文庫22〉、中公文庫、一九九八年。

宮武外骨著、吉野孝雄編『刑罰・賭博奇談』、河出文庫、一九九七年。

宮武外骨「是本名也」「在獄日記」「予の獄中生活」、吉野孝雄編『予は危険人物なり――宮武外骨自叙伝』、ちくま文庫、一九九二年。

宮武外骨「私刑類纂」『宮武外骨著作集　第四巻』、河出書房新社、一九八五年。

宮本常一『庶民の発見』、講談社学術文庫、一九八七年。

村井敏邦『刑事訴訟法』、日本評論社、一九九九年。

村井敏邦「刑事弁護の原点研究」、龍谷大学矯正・保護研究センター『研究年報』第一号。

本居宣長撰『古事記伝』岩波文庫、一九四〇年。

本居宣長「玉くしげ別本」、滝本誠一編『日本経済大典23』、明治文献、一九六九年。

森鴎外「食堂」「沈黙の塔」、『森鴎外全集2』、ちくま文庫、一九九五年。

森鴎外「鎚一下」、『森鴎外全集4』、ちくま文庫、一九九五年。

森鴎外「大鹽平八郎」、『森鴎外全集5』、ちくま文庫、一九九五年。

森鴎外「最後の一句」「山椒大夫」、『山椒大夫・高瀬舟』、新潮文庫、一九七二年。

森鴎外『澀江抽斎』（改版）、岩波文庫、一九九九年。

森永種夫『犯科帳――長崎奉行の記録』、岩波新書、一九六二年。

山口貞夫「伊豆大島図誌」、『日本民俗誌大系　第八巻［関東］』、角川書店、一九七五年。

山本周五郎『さぶ』、新潮文庫、一九六五年。

与謝野寛（鉄幹）「誠之助の死」、『日本プロレタリア文学大系　序』。三一書房、一九五五年。

吉野孝雄『過激にして愛嬌あり――宮武外骨と「滑稽新聞」』、ちくま文庫、一九九二年。

吉野孝雄『宮武外骨』、河出書房新社、一九八〇年。

吉野俊彦『権威への反抗　森鷗外』ＰＨＰ研究所、一九七九年。

吉村昭『赤い人』、講談社文庫、一九八四年。


『宇治拾遺物語』〈日本古典全書〉、朝日新聞社、一九七六年。

『江戸名所図会』（第一～第六）、角川文庫、一九六六年～一九六八年。

『沖縄の伝説と民話』、月刊沖縄社、一九七三年。

『古今著聞集』（上下）、角川文庫、一九七五年、一九七八年。

『古事記（改訂版）』、岩波文庫、一九四七年。

『今昔物語集』（1～4、索引）〈新日本古典文学大系33～37、別巻4〉、岩波書店、一九九三年～二〇〇一年。

『言経卿記』〈大日本古記録［第11］〉（1～11）、東京大学史料編纂所編纂、岩波書店、一九五九年～一九八〇年。

『日本書紀』（1～5）、ワイド版岩波文庫、二〇〇三年。

『日本霊異記』〈新日本古典文学大系30〉、岩波書店、一九九六年。

『常陸国風土記』、講談社学術文庫、二〇〇一年。

あとがき

本書は、一九九八年一〇月から二〇〇〇年一二月までの二年二カ月、日本評論社の『法学セミナー』に連載した「知られざる罪と罰——民衆の中の法意識」を元にして、章立てと文章の再構成と加減を行って作った。

もともと、一般の人々の中にある犯罪観・刑罰観に焦点を当てて考えてみたいという気があった。一九九四年一二月に島根大学から集中講義を頼まれた時、その年来の思いを「文芸と犯罪」というタイトルで話をすることを思いついた。この集中講義で、出雲風土記やその他の風土記、民衆から民衆に伝えられてきた民話や文芸という、法律とは一見関係のない文化の中に、一般の人の犯罪観、刑罰観を探ろうと試みた。

これを「知られざる罪と罰」として『法学セミナー』誌上で連載するということになったのは、当時、同誌の編集長であった串崎浩氏との間で、「古典などの基本的な書物や文芸には、現代を理解する上でも重要なものがあるが、学生や若い人に限らず、現代人にはあまりにそうしたものを軽視する傾向があるのではないか、一度そうしたものの中にある犯罪や刑罰についての基本的な観念を掘り起こす必要があるのではないか」というような話が出たことがきっかけである。これは、まさに私の考えていたことである。

そうしたいきさつの中で、『法学セミナー』の連載が開始され、二年以上もの長きにわたって続いた。連載中、読者の方から貴重な指摘をいただいたりもした。連載中に、私は一橋大学から龍谷大学に移ったが、龍谷大学では一、二年の学生には、連載を読んで感想を書いてもらったりした。

連載を一冊の本にするということになった段階で、学生や法律に関係をもつ人以外の人たちにも読んでもらいたいと思い、花伝社の平田勝社長に構想を話したところ、出版を快諾していただいた。その後の作業は、編集長の柴田章氏との間で進められた。柴田氏とは、できるだけ読みやすい形式と分量にするということで、全体の構成や文章上の問題についてかなりの時間を費やして検討した。連載後の事態の進展によって、訂正や加筆が必要となった部分の手直しはもちろんのこと、「民衆から見た罪と罰」というテーマをできるだけ明確にするための話や文章の削除についての柴田氏の助言は、つい、もとの文章にこだわろうとする私にとっては過酷な鞭のように響いた。しかし、こうした助言のおかげで、連載時のものより本書の構成や文章はすっきりとし、全体の内容がテーマによりふさわしいものとなった。

本書では、日本における犯罪観・刑罰観の変遷にかなりのスペースを割いて記述している。私の所属する龍谷大学矯正・保護研究センターでは、二〇〇四年二月から四月まで、矯正協会などの協力を得て、「矯正・保護の歴史展（1）近代行刑の夜明け――人足寄場から仁愛主義へ――」を開催した。こうしたところから、同センター副センター長石塚伸一氏の尽力により、同センター研究叢書として出版するはこびになった。

今日、本書を刊行することができたのは、以上に言及した方々のお力添えのおかげである。加えて、他の出版社からの出版を快諾された日本評論社の林克行社長には、心より感謝したい。

二〇〇五年三月

村井敏邦

村井敏邦（むらい　としくに）

1941（昭和 16）年 9 月 8 日大阪市に生れる。

1964（昭和 39）年 3 月、一橋大学商学部卒業後、法学部学士入学。1966（昭和 41）年 3 月、一橋大学法学部卒業し、同年 4 月から 1966 年 4 月まで、司法修習生。1968（昭和 44）年 4 月、一橋大学法学部助手、講師、助教授、教授を経て、2000（平成 12）年 3 月末　同大学法学部を退職し、4 月より、龍谷大学法学部教授となる。

2001（平成 13）年 11 月より同大学矯正・保護研究センター長となり、現在に至る。

主な著書等

『公務執行妨害罪の研究』（成文堂、1984 年）、『刑法――現代の「犯罪と刑罰」』（岩波書店、1990 年）、『疑わしきは…　――ベルショー教授夫人殺人事件』（エレン・ゴドフリー著、村井のり子と共訳、日本評論社、1995 年）、『刑事訴訟法』（日本評論社、1996 年）、『罪と罰のクロスロード』（大蔵省印刷局、2000 年）など

<龍谷大学矯正・保護研究センター叢書第 3 巻>

民衆から見た罪と罰 ―― 民間学としての刑事法学の試み

2005年4月15日　初版第 1 刷発行

著者 ―― 村井敏邦
発行者 ―― 平田　勝
発行 ―― 花伝社
発売 ―― 共栄書房
〒101-0065　東京都千代田区西神田2-7-6 川合ビル
電話　03-3263-3813
FAX　03-3239-8272
E-mail　kadensha@muf.biglobe.ne.jp
URL　http：//www1.biz.biglobe.ne.jp/~kadensha
振替 ―― 00140-6-59661
装幀 ―― 澤井洋紀
印刷・製本　モリモト印刷株式会社

ISBN4-7634-0439-3 C0036